ALEXANDER
FEST
VERLAG

Konrad Heidkamp   **It's all over now**

Musik einer Generation – 40 Jahre Rock und Jazz

Alexander Fest Verlag

So nah, so fern

Langsam nähern sich die Reiter. John Wayne steigt ab, hebt Debbie vom Pferd, führt sie zum Haus, den wartenden Alten entgegen. Er bleibt im hellen Sonnenlicht der Veranda stehen, zögert kurz, und einen Moment denkt man, er könnte ihnen ins Innere folgen. Aber dann macht er eine kleine Drehung und wendet sich ab. Mit schwerem, schwankendem Schritt kehrt er in die gleißende, staubige Hitze zurück, geht aufrecht ins Nichts. Die Holztüre schließt sich, es wird dunkel. »THE END«.

Die Geschichte ist schnell erzählt: von Ethan Edwards, der nach dem verlorenen Bürgerkrieg wieder heimkommt, der sich auf die Suche nach seiner Nichte Debbie macht, die Indianer verschleppt hatten, sie nach Jahren findet, die junge Frau aber lieber töten will, als nach Hause zu bringen, eine geschändete Weiße. Es ist die Geschichte des Schwarzen Falken – ›The Searchers‹. Tief gerührt wischten sich Oma und Enkel die Tränenspuren von den Wangen, erzählten Opa, der sie vom Kino abholte und heimführte, von John Wayne, von seinem bitteren Haß, vom verrückten Mose, der sich nichts mehr wünschte als einen eigenen Schaukelstuhl auf der Veranda, von jener endlosen Weite zwischen den schroffen Felskathedralen. Seine Oma sprach vom Monument Valley, von ihrer Vermutung, daß John Wayne wahrscheinlich der Vater von Debbie sei, da ihn seine Schwägerin so seltsam angesehen habe. Den

Enkel berührte das nicht, er hörte noch den Klang dieses Liedes, das jemand am Ende des Films sang – traurig und sehr nah.

Den Namen John Ford kannte keiner, man ging in John-Wayne-Filme, in Lichtspieltheater, die »Trixi« und »Luxor« hießen und sich heute Tengelmann und Apostolische Kirche nennen. Die Westernbesuche häuften sich, ›Red River‹, ›Rio Bravo‹, ›Der Mann aus Laramie‹, ›Vera Cruz‹, die Helden ritten einsam auf jenen weiten Horizont zu, hinter dem etwas zu warten schien, das keiner beschreiben konnte. James Stewart, Gary Cooper, Gregory Peck – sie waren so überlebensgroß in ihren Gewissenskonflikten zwischen Pflicht und Neigung, daß der gefährlich schwankende Gang des jungen Filmbesuchers nach dem Verlassen des Kinos auch von der Last der tragischen Entscheidungen geprägt war. Dies ließ sich nicht vergleichen mit dem weißen Flieder, der im deutschen Film immer wieder blühte, oder dem letzten Duell des Försters, der im Silberwald den Wilderer stellte. Adenauer-Land war Grenzland, Gut und Böse waren in hier und drüben klar geteilt, der Western erwies sich als passendes Genre. Doch in jedem Western steckten mehr Schattierungen und Tragik als in der bundesrepublikanischen Wirklichkeit. Selbst die Bösen erschienen in Amerika faszinierend, die Guten leicht verloren, und sie prägten ein Leben. Oder wie Neil Young Jahrzehnte später sang: »There's more to the picture than meets the eye.«

»Wir gehen nach Hause, Debbie«, spricht John Wayne mit seiner sonoren deutschen Stimme und hebt das Mädchen zu sich aufs Pferd. Danach nur noch Filmmusik und dieser schmelzende Western-Song: »A man will search his heart and soul / go searching way out there / his peace of mind he know he'll find / but where oh Lord, but where / Ride away, ride away …« In zahllosen Variationen durchzog der Song alle Western und Herzen, versprach uns eine Heimat, die wir nicht in Deutschland suchten. Unsere Musik kam anfangs nicht allein aus dem Radio, nicht von den Plattenspielern, die nur wenige besaßen, sie tauchte vor allem zu den Bildern der Filme auf, und manchmal war sie bloß zu sehen.

›Wo meine Sonne scheint‹: Trotz La Paloma, der Gitarre und dem Meer blieben Italien und Frankreich nur Urlaub vom Ich, zwei oder drei Wochen Erholung von der Unbehaustheit in der Bundesrepublik. Die Kälte kroch nicht allein aus dem Alltag der Schule, beschränkte sich nicht auf die begradigten Fassaden der dreistöckigen Mietshäuser oder die sicherheitslockende Berufslaufbahn »Bankkaufmann«. Sie resultierte aus der stummen Nähe zu jenem Nullpunkt, hinter dem sich der Krieg verbarg, wurde blitzartig spürbar, wenn die Armprothese des Englischlehrers auf die Schulbank donnerte oder der Schuldirektor erzählte, wie man mit einem Maschinengewehr um die Ecke schießen konnte. Eine seltsame Ratlosigkeit herrschte, nur manchmal von Rissen durchzogen, von kurzen Versprechern aus einem fernen Land. Von der Verräterin Marlene Dietrich war da die Rede, die zum Feind übergelaufen sei, von Zarah Leander, die – obwohl Schwedin – hier geblieben war: »Ich weiß, es wird einmal ein Wunder geschehen.« Es klang wie ein Liebeslied, auch zum Durchhalten. Unvermittelt murmelte der heißgeliebte Opa »Negermusik«, regelmäßig identifizierte der ansonsten herzensgute Onkel kurz und ausdruckslos Schauspieler und – später – Nachrichtensprecher: »Auch a Jud.« »Weißt du, er war halt im Krieg«, entschuldigte man ihn, wenn der tote Goldhamster mit Schwung im glühenden Küchenofen verschwand, wenn mit dem Luftgewehr Tauben von der Regenrinne heruntergeschossen wurden. Über den Krieg sprachen sie nur in privaten Anekdoten, den Rest der Geschichte hatten andere gemacht. Als die Siedler ihre Planwagen im Kreis auffuhren und aus der Deckung die vorbeigaloppierenden Indianer abknallten, fühlte man sich wirklich zu Hause. Amerika zeigte uns die Geschichte zu den Geschichten und die Moral dazu.

Nachdem wir die Indianer und Mexikaner an John Wayne und Burt Lancaster verraten hatten, blieben uns nur die Schwarzen, um sie als »unsere« Juden zu schützen und zu verehren. Trotz Double-bubble, Donald Duck, Cola und Bluejeans (mit denen man sich nicht setzte, um sie nicht schmutzig zu machen) bestimmten sie die andere Hälfte vom Bild der Vereinigten Staaten. Wir sammelten Ikonen: »Photos bekannter Negerkünstler« von Hanns Hubmann aus New York – »Unter den Besuchern von Harlems Lokalen findet man abenteuerlustige Damen, seriöse Ehepaare und melancholische Studenten« –, William Claxtons Aufnahmen zu einer Jazzexpedition durch die USA mit Joachim Ernst Berendt für ›Jazz Life‹ oder die erste Langspielplatte (»microgroove«)

mit Louis Armstrongs Spirituals: ›Swing Low Sweet Satchmo‹. Wir kamen den Schwarzen etwa so nah wie den Cowboys. Dem einen Teil der Deutschen galten Jazz wie Rock'n'Roll als Musik der Besatzer, demnach unausgesprochen undeutsch, den anderen erschienen New Orleans und Swing als Ausdruck einer neu gewonnenen Freiheit. Der moderne Jazz spielte unter der schützenden Narrenkappe der abstrakten Kunst, ebenso brot- wie wirkungslos, ein bißchen verrückt, aber dafür bedeutend harmloser als das aufrührerische Geschwür Rock'n'Roll. Die Brillantine-Hardliner, Verehrer eines Little Richard oder Chuck Berry, blieben eine kleine radikale Minderheit, Vespa-Rebellen ohne Grund, sie tanzten nur ein paar Sommer, dann verschwanden sie im Borgward oder DKW.

›Go Tell It On The Mountains‹: Als der fortschrittliche Musiklehrer mit seinen Schülern Spirituals dreistimmig als Kanon sang, Benny Goodman für seine verblüffend gefühlvolle Interpretation des Mozart-Klarinettenkonzerts lobte, anerkennend auf die stupende Technik des Bebop-

Mitte der fünfziger Jahre: »In England tauchten die Teddyboys auf. Sie trugen Röhrenjeans, Dreivierteljacken, spitze Schuhe, Kordelschlipse, und meistens waren sie klein, dünn und pickelig. Als sie aufwuchsen, waren die Lebensmittel rationiert, und daher waren sie meistens unterernährt und rattengesichtig. Wenn sie aufgeputscht waren, dann zogen sie ihre Schnappmesser und stachen aufeinander ein. Um das zu verhindern, wurde Bill Haleys ›Rock Around The Clock‹ in manchen Städten verboten.« Nik Cohn

Trompeters Dizzy Gillespie hinwies, wähnte man sich im Oberschulhimmel. Erst die Anfänge des Free Jazz rückten die Verhältnisse wieder gerade. Kunst kommt von Können, war da vom kritischen Pädagogen zu hören, bei aller Liebe. Joachim Ernst Berendts ›Jazzbuch‹ von 1956, die Quelle aller Musikreferate zum Jazz, mußte erweitert und neu gewichtet werden. Die provozierend schrägen Melodien eines Ornette Coleman und die hymnischen Schreie von Albert Ayler sprengten die Schablonen des Jazz ebenso wie die Klangschichtungen und religiösen Beschwörungen eines John Coltrane. Ob es die offene musikalische Lyrik Jimmy Giuffres und Paul Bleys war oder die mikrokosmischen Cluster von Cecil Taylor – die Jazzwelt stand wieder vor einem Schisma zwischen Tradition und Moderne, ihrem letzten Glaubenskrieg vor dem finalen Jazzrock-Syndrom.

Und es kam ein neuer Ton ins alte Spiel. Von den Bluessängern über den Rotlichtdistrikt zu den Ballsälen, von den Nachtclubs in New York über den Cool Jazz bis zum Hard Bop hatten die schwarzen Musiker – um zu überleben – die Kultur der Weißen assimiliert, ihr eigene Bedeutungen unterlegt und sie mit anderen Untertönen gespielt. Sie beherrschten wie Billie Holiday die Kunst, banale Melodien mit Gefühlen aufzuladen, erzählten wie Lester Young die Geschichten der Songs, doch die Weißen verstanden von dem einen und einzigen ›Body And Soul‹ wie immer nur die Hälfte. Dafür klauten sie jeweils den Teil, der sich gut verkaufen ließ. Dazu aber waren die neuen Klänge zwischen 1959 und 1967 gänzlich ungeeignet. Zu widerborstig kratzten die Musiker an den Melodien, sprengten sie die Formen und Harmonien – waren so schwer zu vermarkten wie manche ihrer Vorläufer, wie die stolpernden Improvisationen Thelonious Monks oder die harsche Perfektion Charlie Parkers. Zur

Strafe legte man den Free Jazz in der Abteilung »Protest, Freiheit und Politik« ab – wo er noch heute sein Leben fristet. Die neuen »Sounds« wurden schließlich doch fruchtbar: Mitte der sechziger Jahre infizierten sie die Rockmusik, die an ihre Dreiminutengrenze gestoßen war.

›Inside Outside – U.S.A‹. Als die Beach Boys 1963 wärmend in Ohren und Beine krochen, endlich den Twist – in seinen deutschen Abarten als ›Babysitter-Twist‹ und ›Liebestraum als Twist‹ – ablösten und den Kampf mit den ›She Loves You‹-Beatles aufnahmen, blieb vielen diese britisch-amerikanische Konkurrenzveranstaltung, das Gerede von der »British Invasion«, ein tiefes Rätsel. Beide sangen doch jenes »Lern mit Bravo«-Englisch, beide machten Popmusik. Großbritannien hielten viele für einen Ableger des großen amerikanischen Sears-Katalogs, aus dem man inzwischen sogar ein weißes Plastiksaxophon bestellen konnte. Das Jungmännerherz vollführte mit den Beatles zwar einen Riesensprung, musikalisch klang die Revolution aber eher bescheiden, über Chuck

Berry und Buddy Holly reichte das meiste nicht hinaus. Ein bildungs-
bürgerlicher, aufrührerischer Hoffnungsschimmer zeigte sich erst, als
zumindest die Texte an Substanz gewannen: der Protestsong griff in die
Saiten.

»I hammer 'bout justice, I hammer 'bout freedom« sang Trini Lopez live
im Club, dazu ließ es sich anfangs bedeutend beschwingter protestieren als zu den quälenden Liedern eines Bob Dylan, dessen Song-Helden
Emmett Till und Hattie Carroll ohnehin keiner kannte und dessen kryp-
tisch verschleifende Aussprache uns für die nächsten Jahre vor unlös-
bare Aufgaben stellte. Doch man mußte nicht jede Zeile verstehen, es
war der Tonfall, der für sich sprach: »You don't need a weatherman / To
know which way the wind blows« klang wie ein Folk-Bruder zu Albert
Aylers ›Ghosts‹, Barry McGuires ›Eve Of Destruction‹ wie der weiße
Kommentar zu Coltranes ›Alabama‹. Immer waren es Phrasierungen,
Bruchstücke einer Melodie, die sich am Ende tiefer einfraßen als jede
noch so einsichtige Argumentation, als jeder Text, den wir verstehen
oder tanzen durften. Daß ›Blowing In The Wind‹ erst in der klangreinen
Folk-Fassung von Peter, Paul and Mary zum Hit werden konnte, war
allerdings ebenso abzusehen wie die Tatsache, daß er *so* nie überleben
würde.

In einem Kino mitten im Pariser Quartier Latin stieß John Wayne die
Tür zum Saloon auf, schleuderte den Kombattanten des Bösen und Fei-
gen sein »Messieurs« entgegen, um dann in flüssigem Französisch seine
große Rio-Bravo-Rede zu halten. Zum erstenmal wurde mir bewußt,
wie man mich jugendlang mit deutschen Synchronstimmen betrogen
hatte. Welche Offenbarung, als man in den Filmkunsttheatern, im Stadt-
museum, im Theatiner, der Lupe, in der fernen Cinemathek die wahren
Stimmen von Humphrey Bogart und Lauren Bacall, von Jean Gabin und

Simone Signoret, von Orson Welles und Rita Hayworth hören konnte. Eine Sucht setzte ein, das zweite Mal zum ersten Mal zu machen, alles nachzuholen, was man versäumt hatte, die Stimmen des Jazz und der Rockmusik auch im Film wiederzufinden.

Wer zu spät kam, mußte in den hinteren Reihen seinen Platz suchen. Die Augen im sechzig Grad Winkel nach oben, den Nacken in der roten Samtlehne, die Beine ausgestreckt, keine Chance für Schwätzer – die erste Reihe der Nachtvorstellung war besetzt. Die Songs von Fats Domino, ›Be My Guest‹, ›I'm Walking‹ und ›Blue Monday‹, zählten als Vorfilm, dann kamen John Fords ›My Darling Clementine‹, Howard Hawks' ›Red River‹ oder Nicholas Rays ›Johnny Guitar‹. Die Geschichten vom Loner, von jenen amerikanischen Outlaws und Verlierern, die unbeirrbar ihren Weg gingen, meist an ihren Prinzipien zerbrachen, wurden zur zweiten Haut, diesmal mit der Wahrheit des Originals gesegnet. Im Klang schienen sich alle Widersprüche Amerikas aufzulösen: zwischen puritanischem Erbe und grenzenloser Freiheit, zwischen Wohlstand und Armut, zwischen Intoleranz und großer Gastfreundschaft. Wie sehnte man sich nach einer Sprache, die ihre Brüche in sich trug, jenseits der aalglatten Verlautbarungsorgane und Betroffenheitsfloskeln deutscher Politiker von Kiesinger bis Barzel. Manchmal war diese Sprache auch in der Bundesrepublik zu hören, bei Herbert Wehner, bei Willy Brandt, manchmal.

»Genossen! Wir haben nicht mehr viel Zeit. In Vietnam werden auch wir tagtäglich zerschlagen, und das ist nicht ein Bild und ist keine Phrase. Wenn in Vietnam der US-Imperialismus überzeugend nachweisen kann, daß er befähigt ist, den revolutionären Volkskrieg erfolgreich zu zer-

»Elvis beginnt mit einem hohen, wilden ›WELLLLLLLLLL ...‹ und steigt schnell und hart in die erste Strophe ein, noch ehe das Echo seines Schreis verklingen konnte. Seine Stimme ist roh, flehend und eindringlich, voll unbeschreiblich sinnlicher Untertöne, voll kehliger Nuancen. Mitten in einer Zeile hält Elvis eine Sekunde lang inne, singt schleppend, über seine Schulter, so als traue er sich nicht auszusprechen, wie toll die Party werden wird. Heute nacht bekommt sein Mädchen alles, was ihr gefehlt hat. ›We're gonna rock – ALL OUR BLUES AWAY!‹« Greil Marcus

schlagen, so beginnt erneut eine lange Periode autoritärer Weltherr-schaft von Washington bis Wladiwostok.« Rudi Dutschke war nicht zu widersprechen, und John Wayne mochte sich noch so widerlich als Green Beret präsentieren, die Demonstrationen gegen den Vietnam-krieg veränderten verblüffenderweise kein Jota an der Treue zu unse-rem Amerikamythos. Man konnte im Laufschritt »Ho Ho – Ho Chi Minh« skandieren, »Johnson – Verbrecher« rufen und dennoch nachts im Wechsel mit Fats Domino dem anderen Amerika lauschen, dem Belfast-Cowboy und seiner Sehnsuchtsstimme: »Street choir sing me the song of a new day«. Danach begleitete man ›Butch Cassidy and the Sundance Kid‹ auf ihrer Reise, die in jenem wunderschönen Zeitlupentod endete, um beim Nachhauseweg vor sich hinzusingen: »Why did you leave America, why did you let me down?« Beides zugleich, den Trini Lopez-Sonnenstaat und das Easy-Rider-Utopia in der einen Hand, den täg-lichen Faschismus Amerikas von Reinhard Lettau und die repressive

Toleranz von Herbert Marcuse in der anderen, dazu einen Artikel von
Peter Handke herausreißen und rot anstreichen. Fünf Jahre früher geboren oder fünf Jahre später, die Gleichzeitigkeit des scheinbar Unvereinbaren war nicht mehr zu kapieren: »In der Nacht habe ich mir wieder Peckinpahs ›Sacramento‹ angeschaut. Auf diesen unendlich schönen, ruhigen und traurigen Film, in dem man aufatmen und schauen
konnte, reagierten die linken Nachtvorstellungsbesucher … mit besof-
fenem Grölen, Brüllen und Schreien. Sie waren gar nicht mehr fähig,
was zu SEHEN, sie reagierten nur dumpf auf Reizwörter, wie die Meer-
schweinchen. Mein Wunsch: daß man sie zusammentun würde, die
linke Scheiße und die rechte Scheiße, die liberale Scheiße dazu, und
eine Bombe drauf schmeißen.« Soviel zur Generation.
Etwas neu zu sehen, neu zu hören wurde zum lebenslangen Credo, das
im politisch eindeutigen Engagement vor allem Begrenzung und Einen-
gung sah. Jean-Luc Godards Montagefilme zählten ebenso zum Kanon
wie Andy Warhols 16-mm-Rollen, Vlado Kristl verehrte man wie Jean-
Marie Straub und Danièle Huillet, kein Bild sprach so von der Kälte im
Nachkriegsdeutschland wie deren Film ›Nicht versöhnt oder Es hilft nur
Gewalt, wo Gewalt herrscht‹. Man hörte Velvet Underground neben
Miles Davis, Marianne Faithfull neben Franz Josef Degenhardt – und
man *kannte*, was man nicht mochte. Das Vertrauen in die staatliche Toleranz hatte man spätestens beim ersten Sit-in verloren, mit dem ersten
provozierenden Stiefeltritt eines Polizisten ins Rückgrat. Lächelnd richtete sich sein Blick in die Ferne, während er unten immer wieder zutrat.
Es waren kleine Anstöße, die später Lebenswege veränderten. Einer trat
der DKP bei, einer ging zu Siemens, einer wurde Lehrer, der andere Journalist, einer machte den Dr. phil., der andere arbeitete als Gebrauchtwa-
genhändler, einer erhängte sich zu Hause, einer stieß mit einem Traktor

zusammen, einer eröffnete einen Buchladen, der letzte eine Apotheke. Sie hörten nicht die gleiche Musik, sie lebten nur in derselben Zeit. Drei, vier Dinge, die wir voneinander wußten, gaben uns aber doch die Illusion, diese eigenartige Schnittmenge als Generation zu empfinden: der politische Protest, die Suche nach einer Heimat im Mythos Amerika, der moralische Rigorismus des einsamen Verlierers, die allergische Reaktion auf Autoritäten und die Sehnsucht nach einer neuen Sprache mit einem Klang, dem man vertrauen konnte. Gewiß, es war immer auch das alte, im Fünfjahreszyklus wiederkehrende Pop-Spiel von Auflehnung, Mode und Verzweiflung. Doch wo Elvis Presley und James Dean Arm in Arm ihre Mütter suchten und für sie sangen, während die Väter verlegen mit dem Kopf nickten und versuchten, nichts falsch zu machen, wo die Beatles und Rolling Stones wie Rattenfänger die Kinder von zu Hause weglockten, da entstand jetzt mit Jefferson Airplane, Bob Dylan oder den Doors eine Welt, die man für den Rest seines Lebens nicht mehr verlassen mußte. Rebellion und Moral gingen eine Verbindung ein, die wenig Spaß verstand. »We are anarchists with heart« meinte das Velvet-Underground-Mitglied John Cale, »we have a true moral code.«

Heute Pop, morgen weg: Natürlich starrte man da fasziniert auf Jane Birkin und Vanessa Redgrave, auf jenen ›Blow up‹-Tod im grünen englischen Park, und hörte das psychedelische Plop des unsichtbaren Tennisballs am Ende des Films von Michelangelo Antonioni. Aber am tiefsten prägte sich eine andere Szene ein. Sie hatten sich im Publikum geprügelt, als der Gitarrist der Yardbirds die Reste seiner zertrümmerten Gitarre in die Menge geworfen hatte – ein geläufiges Ende gefilmter Rockkonzerte; schließlich war es David Hemmings gelungen, die Ikone zu erbeuten, den kreischenden Mädchen zu entkommen, und nun, da er an den erleuchteten Schaufenstern der Stadt vorbeischlenderte, hatte die Gitarre keine Zeit und keinen Raum mehr, er warf sie weg, als habe er sie eben erst vom Boden aufgehoben. Morgen ist ein anderer Tag. Nichts übertraf diese große Pop-Geste, die später Legionen von Musikern und Kritikern als Alibi diente, den Irrtum von gestern als Haltung von morgen zu feiern. Wie gerne hätten wir diese Geste nachgeahmt, allein es war – und ist – uns zu ernst.

Der Bruch kam zu schnell. Als sei der Kopf zu weit voraus gewesen, als hätte man mit dem Herzen schon gefühlt, was keiner einlösen konnte, als habe man für Wirklichkeit gehalten, was doch nur in der Musik zu hören war. John Coltrane starb 1967, Jimi Hendrix, Janis Joplin und Jim Morrison folgten, es ging nicht mehr vorwärts und weiter, Musik und Leben hatten sich müde gelaufen. Einige verschwanden im Unter-

grund, von heimlicher Sympathie und öffentlicher Verurteilung begleitet, viele machten sich auf den Marsch durch die Institutionen, von
denen sie am Ende mehr verändert wurden als umgekehrt, die meisten
ergriffen mit leichter Verspätung die Berufe, die ihnen schon in der
Schule ins Gesicht geschrieben standen, sangen zum Aufstehen ›Morning Has Broken‹, mittags ›Summer In The City‹, nachmittags ›Mercedes Benz‹ und am Abend ›Lola‹. Rockmusik war in dem Augenblick er-
wachsen geworden, als die Sehnsucht wieder in Liedern verschlossen
wurde, lebenslänglich.

»No future, no future – for meeee!« Als 1976 der Punk zum letzten Blitzkrieg der Wut gegen das Establishment ansetzte, schien die Hoffnung schon Vergangenheit. Der Glam-Rock von T-Rex, Roxy Music oder David Bowie hatte zwar einen neuen, intelligent-ironischen Ton mit arroganter Geste angeschlagen, Musik, die etwa mit einem Fingerschnippen Bryan Ferrys die Mär von Authentizität und tiefer Bedeutung wegzauberte, der musikalische Alltag aber versank immer mehr in schwergewichtigen Gitarrensoli, kulturbeladenen Concerti und gutgemeintem Gefühlsmatsch. Doch plötzlich, Mitte der siebziger Jahre, schienen auch die Wunden der Dreißigjährigen durch neue Geschichten zu verheilen: Bob Dylan sang 1975 von ›Blood On The Tracks‹, den schwarzweißen Covern von Neil Youngs ›Zuma‹, Lou Reeds ›Coney Island Baby‹, David Bowies ›Station To Station‹ folgten im selben Jahr Patti Smiths weißschwarze ›Horses‹ und Bruce Springsteens ›Born To Run‹. Lou Reed liebte Neil Youngs Gitarre, David Bowie bewunderte Lou Reeds Attitüde, Patti Smith verehrte Bob Dylan, Bruce Springsteen schrieb Patti Smith ›Because The Night‹, und Bob Dylan sang »Beauty walks a razor's edge, someday I'll make it mine«. Man konnte sich in Namen und Gesichtern verlieren, wurde von einem zu anderen geführt, die Wege der Musik kreuzten sich, selbst bei fernen Verwandten und zufälligen Freunden fühlte man sich zu Hause.

Das fröhliche »Do it yourself« des Punk brachte frisches Blut in die Familie, man feierte einen kurzen Sommer der billigen Akkorde und fliegenden Bierdosen, bevor der Kreislauf aus Rebellion, Musikindustrie und moralisch-künstlerischem Ausverkauf die Kotze wieder in Tantiemen verwandelte. Es war die letzte funktionierende Revolte gegen guten Geschmack und das politisch Korrekte. Danach konnte man lechts und rinks immer leichter velwechsern, um Ernst Jandl zu zitieren,

zugleich lösten sich die Symbole in Beliebigkeit auf. Ob zerrissenes T-Shirt oder Peace-Zeichen, Sicherheitsnadel oder SS-Rune, Hundehalsband oder Anarchisten-A, den künftigen Subkulturen wurde die Luft abgedreht, Aggressionen verpufften in der semiotischen Katastrophe. Und doch verlieh der große Knall, jener »Great Rock'n'Roll Swindle«, den Bands noch einmal die nötige Fliehkraft, um sich aus dem trägen Zentrum des Mainstreams für immer zu verabschieden. Auch wenn sie wenig gemeinsam hatten, die düstere Siouxsie und der bittere Mark E.

Smith, die anarchische Poly Styrene und der krude Joe Strummer, sie kamen nie wieder zurück, blieben unsere britischen Outlaws forever.

Und wie schon nach ein paar Jahren die Beschriftungen »Punk« und »New Wave« in den Schallplattenläden wieder aufgelöst wurden – Elvis Costello unter C vor Kevin Coyne und The Stranglers unter S hinter Springsteen zu finden waren –, so existierte das New Yorker Etikett »CBGB's«, der Name jenes legendären Clubs in der Bowery, bald nur noch als Touristenattraktion. Obwohl sie alle aus der einen Tiefe des CBGB's kamen, hatte jeder seinen eigenen Irrsinn, seine eigenen Ikonen, gemeinsam war ihnen nur die Bühne. Und wieder waren es Bilder aus einer neuen Welt. Manchmal, wie bei Tom Verlaine, faszinierten diese unglaublich schönen Finger, diese verschlungenen Gitarrendialoge von Television, die eher an eine unterkühlte Variante der Grateful Dead als an Punk gemahnten. Bisweilen genügten fünfzig Minuten, in denen man dreiunddreißig Songs spielen konnte, wie bei den Ramones, die das Beach-Boys-Feeling mit der Physis eines Baseballschlägers knüppelten. Ab und zu genoß man die mitsingbaren Popklassiker von Blondie, ließ sich von den mörderischen Elektronik- und Schreiausbrüchen des grandiosen und unerträglichen Suicide-Duos erschlagen oder suhlte sich in jener legendären Refrainverzögerung, die Richard Hell mit seinen Voidoids schuf: »I belong to the ... Blank Generation.« Mit den hypernervösen Skizzen der Artschool-Band Talking Heads, deren Songs Titel trugen wie ›Love Goes To A Building On Fire‹, ›The Book I Read‹ oder ›Don't Worry About The Government‹, oder den elektrischen Gitarrensymphonien eines Glenn Branca hatte der Rest ohnehin wenig zu tun.

Die Bundesrepublik Deutschland blieb – bis auf wenige Ausnahmen – stumm. Kraftwerk und Can liefen abwechselnd mit J. J. Cale und Creedance Clearwater Revival im Kassettenrecorder auf der Autobahn; wer passend zu seinen langen Haaren einen alten Wagen fuhr, wurde regelmäßig auf Parkplätze herausgewunken und von Sondereinheiten überprüft. Gudrun Ensslin und Andreas Baader waren der einzig verfügbare Bonnie-and-Clyde-Ersatz, eher Pop-Ikonen denn politische Realisten. Weder Holger Meins noch Horst Mahler eigneten sich als Billy the Kid, Helmut Schmidt in der Rolle des Wyatt Earp – eine peinliche Fehlbeset-

zung. ›Deutschland im Herbst‹ lebte nur im Film, eine unausgesprochene Trauer senkte sich über das Publikum, als der Vorhang über die
Vergangenheit fiel. »Entweder Schwein oder Mensch / Entweder überleben um jeden Preis oder Kampf bis zum Tod / Entweder Problem oder
Lösung / Dazwischen gibt es nichts« schrieb Holger Meins in seinem
letzten Brief, dazu gab es keine Begleitmusik, dagegen wirkte »God
save the Queen / A fascist regime / It made you a moron / A potential
H-Bomb« wie Oberstufenlyrik. Bezeichnend, daß es der Engländerin
Marianne Faithfull überlassen blieb, den einzig wichtigen Song über
Baader/Meinhof zu schreiben: Say it in ›Broken English‹. Doch hinter
der deutschen Tonlosigkeit lag noch ein zweiter Verdacht: Nie hatte
man das Gefühl, als gehe es ums Ganze, als gebe es keinen anderen Aus-
weg als die Musik. Der Sänger hätte auch Lehrer werden können oder
Rechtsanwalt, der Gitarrist Automechaniker oder Werbegraphiker, nur
die Schlagzeuger bildeten wie immer die Ausnahme. Musik schien Beiwerk, nicht überlebenswichtig, sondern Hobby, es gab bessere Wege,
reich zu werden und schöne Frauen zu kriegen. Zugegeben, als der
deutsche Pop dann wesentlich oder zumindest hörbar wurde, war es für
viele schon zu spät: Lindenberg oder Neu, Fehlfarben oder Ideal, We-
sternhagen oder DAF. Doch warum sollte man sich Jörg Fauser kaufen,
bevor man Selby und Kerouac gelesen hatte? Die DDR – Verzeihung –
existierte nicht.

»Inglan is a bitch / dere's no escapin it / Inglan is a bitch / dere's no run-
nin whey fram it.« Als Linton Kwesi Johnson 1979 seine Jamaika-Pit-
chin-Lyrik zur Reggae- und Dub-Begleitung sprach, spätestens aber
1982 mit Grandmaster Flash & The Furious 5 und ihrem Rap ›The Mes-
sage‹, ahnte man, daß die Rockmusik noch nicht an ihrem Ende angekommen war: »Don't push me cause I'm close to the edge.« Und doch
legte sich ein leichter Schleier über künftige Erregungen, als sehe man
durch einen Nebel die Umrisse bekannter Muster und Klänge. Manchmal schien es, als handle es sich dabei um die üblichen Ermüdungs- und
Wiederholungserscheinungen des Musikhörers mittleren Alters, manchmal steckte die Langeweile schlicht im Objekt. Mühsam registrierte man
zu jedem Jahreswechsel neue Bands, hörte Synthie- und Zitat-Pop, verfolgte ABC, Soft Cell, Culture Club, Haircut 100, denen von der 1981 ge-

Open-air-Festival 1978. »Auf
meinem Nachhauseweg sinniere
ich über das, was ich erlebte. Mir
wird klar, daß ich mich in einer
Atmosphäre angestrengter Groß-
familien-Gemeinschaftlichkeit
befunden habe – als ein Typ aus
Versehen einem neben ihm
schwankenden Mädchen den
Ellbogen ins Auge stieß, bat er um

Verzeihung, indem er ihr über die
Haare strich. Ich komme zu der
Einsicht, dies müsse das Resultat
des Zusammenbruchs der Klein-
familie sein. Als ich zu Hause bin,
rufe ich meine Mutter an. Sie ist
nicht da, also verriegle ich die Tür,
nehme noch eine Valium und lege
mich schlafen.« Lester Bangs

gründeten Musikzeitschrift ›Spex‹ subversiver Gehalt attestiert wurde,
hörte sitzend statt tanzend, fand die Musik eher schal als beglückend.
Man hatte sich seit 1967, seit der ersten Nummer des amerikanischen
›Rolling Stone‹, langsam daran gewöhnt, daß Rockmusik mit einem Bein
im Feuilleton, mit dem anderen auf der Straße stand, man liebte Autoren wie Greil Marcus, Nik Cohn und vor allem Lester Bangs, konnte sich
aber nur schwer damit abfinden, die Musik im »Diskurs« verschwinden
zu sehen, das eine zu hören, das andere nur zu lesen. Die Stärke der
Rockmusik, ihre eigenen Widersprüche auszuhalten, aus dem »und«
Kraft zu ziehen – Ekstase *und* Inszenierung, Authentizität *und* Maske,
Revolte *und* Kommerz –, verwandelte sich in ein Entweder-Oder.
Der böse Scherz des Kinks-Sängers Ray Davies, er wisse nicht, was es in
der Popmusik Neues gebe, da er zwei Wochen krank gewesen sei, wurde
in den achtziger Jahren zum unübersichtlichen Alltag. Und dazu trug
das Verschwinden eines revolutionären Mainstreams ebenso bei wie die
Atomisierung der Stile und das »anything goes« mit seinem Verzicht auf
jede Streitkultur. Was auch soll der HipHop-Afficionado dem Techno-
Tänzer erzählen, was der Drum-’n’-Bass-Hörer dem World-Music-Ken-
ner? »It's like a jungle, sometimes it makes me wonder how I keep from
going under.« Kriterien gelten nur noch in einer Sparte, Meisterwerke
nach Belieben, keiner kennt sie außer den Spezialisten. Das Massen-
phänomen Rockmusik hatte sich zur massenhaften Randerscheinung
entwickelt, dem Ende der Kritik entsprach das Ende jener Öffentlichkeit, wie wir sie kannten, der öffentliche Raum wurde zum MTV-
Medienraum.
»It's the end of the world as we know it (and I feel fine).« Nicht nur

R.E.M. der achtziger Jahre fehlen in diesem Buch. Der tanzende Gott Michael Jackson könnte hier ebenso auftauchen wie der Videoclip-Star Madonna oder Prince, jener kleine Orson Welles des Pop. Allein, sie haben ihre Masken und Identitätswechsel zu sehr zum Programm erhoben, als daß noch Brüche erscheinen, aus denen der Klang des Widerständigen zu hören wäre. Schmerzhafter: Da fehlen Solitäre wie Scott Walker, Einsiedler wie Tom Waits, Chronisten wie Elvis Costello und Stimmen wie Van Morrison, ein Mann wie John Cale. Allerdings sollte genügend Sand der Erinnerung gestreut sein, genug Widerständiges in den Geschichten stecken, um sie mitzuhören.

Es gibt kein Ende der Popmusik, so wie kein Tod des Jazz anzuzeigen ist. Einige Namen sind dazugekommen, die Schwerpunkte haben sich nach Europa verschoben, Cecil Taylor, Peter Brötzmann oder Ornette Coleman stellen noch immer dieselben bohrenden Fragen, manche wie Paul Bley oder Annette Peacock harren noch immer der Entdeckung. Die meisten haben aus dem Jazz ein wohnliches und oft aufregendes Museum gebaut, doch während Jazz ehedem ein Schwamm für die Einflüsse anderer Musikkulturen war, ist er jetzt Ferment in den neuen Genres der Musikwelt. Nach wie vor verändert er keine Gefühle, er reinigt den Kopf.

Gegen Ende des Jahrhunderts sitzt der große Tenorsaxophonist Archie Shepp auf einem Stuhl direkt am Rande der Bühne und starrt ins deutsche Publikum. Er hat sein Saxophon quer über den Schoß gelegt, die Spitzen der schweren schwarzen Schuhe zeigen nach vorne. Von Black Revolution hatte er in den sechziger Jahren gespielt und gesungen, von Malcolm X und der Freiheit für alle Brüder und Schwestern. Es geht ihm gut, er unterrichtet an einer Universität in Massachusetts, vorwiegend weiße Studenten, begibt sich regelmäßig auf Europatournee, erzählt dort mit rauchiger, tiefer Stimme vom Blues, streichelt mit rauhem Ton die Balladen von Duke Ellington und bricht manchmal in jene berstenden Saxophonschreie aus, denen er einst seine musikalische Geburt verdankte. Kein Grund zu klagen. Mit unbewegter Miene mustert er seine Zuhörer, als sitze das Publikum hinter Gittern im Zoo, als wundere er sich, was er hier verloren habe.

Oder: »I'll be your mirror. Reflect what you are. In case you don't know.«

Meine blauen Wildlederschuhe

Im Sommer 1957 sah ich sie im Schaufenster
eines Schuhgeschäftes in Vechta ausgestellt.
Ich ging rein und kaufte sie mir.
Sie standen mir gut,
und ich sagte zu dir,
mach, was du willst,
aber tritt mir bloß nicht
auf die neuen Wildlederschuhe.

Einmal wegen des Geldes
und dann wegen der Schau
und schließlich sind die Schuhe so unwahrscheinlich blau;

mach, was du willst,
aber tritt mir nicht
auf die neuen

Wildlederschuhe, meine neuen, blauen Wildlederschuhe,
die blauen, blauen Wildlederschuhe,

mach, was du willst,
aber tritt mir bloß nicht
auf die neuen blauen

Wildlederschuhe, war alles
was ich denken konnte, als ich mitten
in dem Sonnenlicht langsam auf
dich zuschlenderte.

Rolf Dieter Brinkmann

Elvis, Bird und Tipp-Kick

Die Hinspiele fanden bei ihm statt, die Rückrunde bei mir. Mein Spielfeld war auf Hartfaserplatte aufgeklebt, seins lag auf grauem Filz, ein Vorteil für Spieler, die gelupfte Schlenzer bevorzugten. Jeder brachte seinen Torwart mit, dazu zwei Spieler, deren rechter Metallfuß mit einer Feile zugeschliffen war: für pfeilgerade Flachschüsse, gefühlvolle Heber oder Effetbälle. Wir spielten die Regionalliga Süd nach, imitierten die Vorrunde zur Deutschen Meisterschaft, das Endspiel, die Weltmeisterschaft in Schweden, mit buchhalterischer Genauigkeit und sportlichem Ernst, der zwölfeckige Ball kollerte, die Farbe, die oben lag, hatte Schußrecht, der Torwart knallte auf den Stoffboden. Zu spät, Tor, Tipp-Kick.

»Well, it's one for the money, two for the show, three to get ready, now go cat go!« Zwischen den Spielen – zweimal fünf Minuten – sang Elvis. Bei ihm aus der Polydor-Musiktruhe mit den eingebauten Lautsprechern und dem Seitenfach mit den leeren Kognakflaschen, bei mir vom Philips-Plattenspieler, der auf der Kirschholzkommode stand, direkt vor dem Glasvitrinenaufsatz mit dem Kaffeeservice und der nackten, sitzenden Rosenthal-Porzellanschönheit aus Vorkriegszeiten. Das evakuierte Mobilar war unbeschädigt zurückgekehrt, die Teppiche verdeckten die schwarzen Brandbombenlöcher im Parkett, in der Zweizimmer-

wohnung mit Küche und Klo herrschte das Fünfziger-Jahre-Bieder-
meier mit Stofftapeten und Korbgeflecht, von Nierentisch und Metall-
hängeregalen keine Spur. Es war ein ferner Traum: »Do anything that
you want to do but uh uh, honey, lay off of my blue suede shoes, don't
step on my blue suede shoes.«

Er hörte Rock'n'Roll, ich Jazz. Es war offensichtlich, daß er die Mittlere
Reife nicht überstehen würde. Elvis in allen Lagen und Farben und Frisuren, als lebensgroßes Bravo-Starschnitt-Puzzle, Postkarte, Single-
Cover und Faltblatt-Pin-up. Die Schule langweilte uns beide, doch er
hatte den Sänger und die überzeugenden Texte auf seiner Seite. Wir
wechselten uns ab: Nach Elvis legte ich Charlie Parker auf, spielte Lennie Tristano oder Louis Armstrong. Es klang ein bißchen bemüht und
gewollt, zugegeben, Elvis oder Fats Domino inspirierten die Tipp-Kicker
bedeutend mehr.

Am Anfang war nicht Elvis, am Anfang war das UND. Beides zeigte Wirkung, beides kam aus dem gleichen Grundig-Wohnzimmerradio mit dem
magischen grünen Auge, das vor allem und beinahe ausschließlich René
Carol, Freddy Quinn, Caterina Valente, Lys Assia und dem Hafenkon-
zert diente. AFN Munich mit ›Bouncing in Bavaria‹ hatte zwar den Geruch des Feindsenders verloren, doch selbst der liebevoll genervte Seufzer der Älteren reichte aus, um die gewünschte Wirkung zu signalisie-
ren. Ob Wolfman Jack sein Markengeheul zum Rock'n'Roll ausstieß
oder Willis Conover mit sanfter Stimme nachts die ›Voice of America –
Jazz Hour‹ ankündigte, die Rhythmen klangen bedrohlich synkopiert,
die Texte englisch unverständlich, es kroch aus demselben fruchtbaren
Leib der alliierten Besatzungssender.

Das Gefühl einer unentwirrbaren Mixtur wurde von »drüben« auch
noch genährt: In den Filmen, die man bald mit den Halbstarken und
Halbzarten gleichsetzte, mischte Hollywood bedenkenlos Jazz und
Rock'n'Roll. In ›Die Saat der Gewalt‹, jenem archetypischen Schule-
und-Gewalt-Film von 1955, war zwar Bill Haleys Initiationshymne ›Rock
Around The Clock‹ zu hören, das musikalische Schwergewicht lag jedoch auf dem Jazz von Bix Beiderbecke bis Stan Kenton. In ›Der Wilde‹
von 1953 mit dem lederjackigen Marlon Brando als Anführer einer
Motorradgang, der in einer Kleinstadt dem aggressiven amerikanischen

»Since my baby left me / I found a new place to dwell / down at the end of Lonely Street at Heart-break Hotel« – Elvis Presley während eines Konzerts 1956.

Elvis in allen Lagen und Farben
und Frisuren, als lebensgroßes
Bravo-Starschnitt-Puzzle, Post-
karte, Single-Cover und Faltblatt-
Pin-up. Er, mein Freund, hörte
Rock 'n' Roll, ich Jazz. Es war
offensichtlich, daß er die Mittlere
Reife nicht überstehen würde.

Volksempfinden zum Opfer fällt, beschränkt sich die Jukebox-Untermalung allein auf den Westcoast-Jazz von Shorty Rogers und seinen Giants. Kein Wunder, daß das ›Hamburger Abendblatt‹ verwirrt die Bill-Haley-Krawalle von 1958 einem »Ausbruch von Jazzfanatismus« zuschreibt. Der Veranstalter Collien hatte in falscher Einschätzung des musikalischen Geschmacks das neue Jugendidol mit dem gepflegten Auftritt des Jazzorchesters von Kurt Edelhagen kombiniert.

Die »Musikreferentin« desselben Blattes wußte zu unterscheiden: »Kein Jazzfreund wäre zu dieser Veranstaltung gegangen, wenn nicht Edelhagen seinen Namen dafür hergegeben hätte, und kein Anhänger des echten (!) Jazz wird sich mit diesen Rock-'n'-Roll-Besessenen identifizieren.« Wie wahr, und doch hatte es gerade bei Louis Armstrongs Konzert 1955 in Frankfurt Krawalle gegeben, war der biedere Bill Haley wohl selbst am meisten über die zertrümmerten Holzstuhlreihen schokkiert, saß Elvis the Pelvis inzwischen als wohlerzogener G. I. am Rhein und fand beim Besuch des Haley-Konzertes in Frankfurt nette Artigkeiten für den älteren Kollegen, den er so sehr bewundere. Davon abgesehen, daß es bei Konzerten des rebellischen Elvis nie zu Ausschreitungen gekommen war – Manager Colonel Tom Parker sorgte stets für die richtigen Orte und wohlerzogenen Interviews –, hatte er sicherheitshalber vor seiner Stationierung in Friedberg/Germany genügend gefühlvolle Balladen aufgenommen, um die beiden Army-Jahre unbeschadet zu überstehen. Yes, Sir. »Was ich tun werde und immer getan habe, ist: mich so zu benehmen, daß man den Rock'n'Roll respektieren kann.« Yes, Ma'am. Die fünfziger Jahre taugten nicht für bekennende jugendliche Helden und Rebellen, diese mußten sich immer verstellen und heimlich umziehen. Die privaten Revolten richteten sich höchstens gegen numerierte Holzsitze, die das Tanzen unmöglich machten, oder gegen übermächtige Väter – doch beides endete meist in den Armen der Angebeteten: »Now and then, there's a fool such as I.«

Natürlich legte mein Tipp-Kick-Freund auch Eddie Cochrans lakonischen ›Summertime Blues‹ auf. Manchmal Buddy Holly, Gene Vincent, die Everly Brothers mit ihrem betörenden Zwiegesang, das brunftige Stöhnen von Big Boppers ›Chantilly Lace‹ oder Chuck Berrys elektrisierendes ›Roll Over Beethoven‹, aber nie war es so wie bei Elvis. Ein ewi-

ges Rätsel. Lag es an der Körnung dieser Stimme oder an seinem jungenhaften Grinsen, an diesen Tönen, mit dem kreisenden Becken gesungen,
oder den lasziven Verschleifungen? »Love me … I'm so lonesome … Let
me be your Teddybear« – die aufgeklärten Oberschüler brauchten ein
Leben lang, um über den Schock hinwegzukommen, daß sie von einer
Musik so tief gerührt und gepackt wurden, wie es später kein Joyce,
kein Mann, kein Böll je vermochte. Es schien unmöglich, sich darüber
klarzuwerden, warum eine Welt, wie sie in allen Flauberts und Tolstois
zu spüren war, auch in zweieinhalb Minuten Elvis steckt. Selbst jener
klassische, atemraubende Monolog, der einen in all seiner kulturplün-
dernden Unverfrorenheit sprachlos ließ, half da wenig: »I wonder if
you're lonesome tonight. You know, someone said ›The world's a stage
and each must play a part‹.« Also schränkte der Jazzhörer vorsichtshalber ein, distanzierte sich, bemerkte, daß Elvis keinen einzigen Song
selbst komponiert habe, (natürlich) nicht improvisieren könne, die
Texte zum großen Teil vor Schmalz trieften, er nur das weiße Alibi für
die verbotene Sehnsucht nach schwarzer sexueller Eindeutigkeit ver-
körpere. Was leicht zu beweisen war – und natürlich nichts bewies.

Als wir ihn dann sahen, in Filmen wie ›Jailhouse Rock‹ oder ›King
Creole‹, später in jener berühmten TV-Show von 1968, kamen wir der
Erklärung der Faszination einen kleinen Schritt näher. Irgendwo in
Texas, erzählte er, filmte die Polizei seinen Auftritt. Er durfte sich nicht
rühren, mußte stillstehen. Alles, was er bewegen konnte, war sein kleiner Finger. Und Elvis läßt ihn rotieren, und jeder weiß, was da kreist. Er
grinst. Den linken Mundwinkel zieht's nach oben. Er lächelt amüsiert,
drückt ihn mit zwei Fingern nach unten, schüttelt den Kopf, als sich der
Mundwinkel wieder auf den Weg nach oben macht. Gäbe es nicht diesen Fernsehauftritt, vieles wäre anders. Die Schablonen vom naiven
Jungen, vom amerikanischen Traum, vom Aufstieg, Ausverkauf und
Abstieg würden reibungsloser greifen. Wie konnte diese Schmalztolle,
dieser Mann, der kaum Gitarre spielen konnte, vom Klavier ganz zu
schweigen, unsere Haltung und damit unsere Welt verändern?

Da sitzt er auf einer kleinen Bühne im Fernsehstudio, im Kreis seiner
Band aus den fünfziger Jahren, mit Scotty Moore, mit Charlie Hodge,
mit D. J. Fontana, der mit seinen *sticks* auf einem Koffer trommelt. Eine

frühe Form von *unplugged*, eine selten gesehene Mischung aus spieleri-scher Professionalität, rotziger Improvisation und tiefer Selbstironie – einer der großen Momente der Musikgeschichte. Länger als ein Zucken des Mundwinkels dauert kein Übergang: zwischen dem satirischen Statement zur Situation der Rockmusik und einem ›One Night (with you)‹ voll schwitzender Erotik, zwischen der geschauspielerten Erinne-rung an alte Geschichten und einem inbrünstigen ›Trying To Get To You‹, mit dem er sich selbst vom Stuhl hochreißt. Die beiden Seiten: Elvis spielt Elvis und bleibt doch Elvis Aaron Presley, ich spiele und ich bin, beides nur durch ein Grinsen getrennt. Wer die Faszination von Elvis hier nicht körperlich spürt, wird seine Musik nie verstehen.

Alfred Wertheimer, photographischer Begleiter des frühen Elvis, be-schreibt in seiner Reportage ›Studio One‹ einige Aufnahmesessions bei RCA Victor. Keine 24-Spuren-Maschinen, sondern vier Mikrophone, die zum Toningenieur hinter der Glaswand laufen, die in diesem einen Mo-ment abgemischt werden. Nachträgliche Korrekturen sind nicht mög-lich, wieder drei Minuten für den nächsten Take, erneut Konzentration. Oft nimmt er zwanzig Takes von einem Titel auf, selten ist er zufrieden. Elvis: »Versuchen wir's noch mal.« Vielleicht liegt ein Teil der Lösung hier: Als ob's das einzige Mal wäre, und wieder das letzte Mal. Als ob Schwarz und Weiß eins wären. Und als ob Körper und Stimme untrenn-bar seien. Wie einer sagte: Man konnte die Bewegung seines Körpers aus dem Gesang erschließen. Dieses langsame Anspannen der Muskeln, das Schütteln, mit dem der Ton fallengelassen und mit einer Handbe-wegung wieder hochgerissen wird. Jede Faser ein Ton. Frank Sinatra: »We're walking the same way. Only in different areas.«

»Und da flankt Garrincha von rechts, der Ball kommt zu Pelé und ...« Schweden gegen Brasilien mit Didi und Vava, der Kommentar kam aus dem Mund der Tipp-Kicker, nachahmen, um sich ein bißchen wichtig und ernst zu nehmen und vielleicht irgendwann sich selbst zu finden. Natürlich suchten wir eher den Stil eines Fritz Walter als den eines Jupp Posipal, natürlich verehrten wir die königliche Ruhe di Stefanos, die dy-namische Eleganz von Ferenc Puskas, die Gelassenheit von Lew Jaschin, dieses ewig schwarzgekleideten sowjetischen Torwarts, dessen souve-ränes Stellungsspiel es unnötig machte, spektakuläre fliegende Para-

»Elvis wollte es nochmals probieren. Bei Take 26 war Steve der
Meinung, jetzt hätten sie's im
Kasten. Elvis fand nach wie vor, es
noch eine Spur besser zu können.
Sie probten also noch mal. Elvis
änderte seine Interpretation,
wechselte vom tobenden Rüpel zur
intimen, leidenden Gefühlslage des
schwer gekränkten Liebenden. Er
nahm sich die Freiheit der Wahl.«
Alfred Wertheimer, Photograph

den »für die Galerie« vorzuführen. »Hip« statt »square« war das sonnen-
bebrillte Prinzip, auch wenn wir die Begriffe nicht kannten, wenn wir
von Norman Mailers Aufsatz ›Der weiße Neger‹ mit seiner Hipness
nichts ahnten und Jack Kerouacs ›On The Road‹ als Rowohlts Rotations-
roman erst 1959 auf deutsch erschien.

»You can do anything but lay off of my blue suede shoes.« Es war die
perfekte Formulierung von hip, aber manchem schien Presleys Version
fast zu populär. Mein Fußballfreund bevorzugte deshalb das Original,
erwähnte wie nebenbei Carl Perkins, am Rest der Klasse prallten solche
Feinheiten ab, sie, und das waren geschätzte dreißig von fünfunddreißig, hörten das Kingston Trio mit ›Tom Dooley‹, ›Charlie Brown‹ – ent-
setzlicherweise in der deutschen Version von Hans Blum – oder Bill
Ramseys ›Souvenirs‹. Die berühmte Rock-'n'-Roll-Generation war in
Deutschland dünn gesät. Erst 1960 erhielt Elvis Presley die erste goldene
Schallplatte, bezeichnenderweise für fünfhunderttausend verkaufte Ex-
emplare von ›It's Now Or Never‹, seiner Version von ›O sole mio‹.

Die Wirklichkeit kam aus dem Radio: Familie Brandl, das Wunschkonzert – »Sie wünschen, wir spielen« –, die Radiosozialisation erfolgte
nach ehemaligen Besatzungszonen. Mitsiebzehnfängtdaslebenerstan –
mühsam versuchte ich dem entgegenzuhalten und »Klactoveedsedtene«
zu buchstabieren. Die verschlüsselte Sprache und dunkle Hektik des
Bebop schien mir auf Dauer doch ein wirksamerer Schutzschild gegen
die Kälte der Lehrer, die uns ihre Kriegserlebnisse an die Tafel malten,
als ›Can't Help Falling In Love‹, das sogar meine Großmutter zum Elvis-
Bewunderer konvertieren ließ. ›For Musicians Only‹ nannten dagegen
jene fernen Rebellen ihre Platten, pflegten mit Sonnenbrille, Baskenmütze und Ziegenbärtchen ihre Exklusivität, zelebrierten einen Code,
der die feindliche Welt aussperrte. Man fühlte sich sicher vor dem UND.

Duke Ellington wie Louis Armstrong, Lionel Hampton wie das Modern Jazz Quartet waren auch in der Bundesrepublik konzerthallenreif und rundfunktauglich, aber den Bebop eines Charlie Parker oder die vertrackten Soli eines Thelonious Monk suchte man vor 23.00 Uhr auf der Drehskala des elfenbeinfarbenen Siemensradios vergebens. Selbst die deutschen Jazzmusiker der fünfziger Jahre – Kategorie »modern«, von Jutta Hipp über Hans Koller bis zu Albert Mangelsdorff – ließen die Finger vom schwarzen Bebop der Nachkriegsjahre, hielten sich lieber an die melodische und harmonische Raffinesse des Cool Jazz eines Gerry Mulligan oder Lee Konitz, folgten dem vertrauten Verständnis einer europäischen, reflektierenden Seele, gespiegelt in einem Amerika, das inzwischen als Generalnenner für alles Wahre und Schöne stand. Was im Swing zum erstenmal in Deutschland anklang, mit den »Swing-Heinis« der dreißiger Jahre seine frühe Rock-'n'-Roll-Version erfuhr und durch den Nationalsozialismus in den Untergrund oder Widerstand getrieben wurde, fand jetzt seine Fortsetzung: gegen das Frösteln in der Adenauerschen Aufgeräumtheit, gegen die blitzblank gebohnerten Fußböden über der braunen Vergangenheit. Jazz verströmte den Duft von Anderssein, ein Gefühl von der Revolte des Rock'n'Roll, ohne den Beigeschmack von Kapitalismus und Konsum. Kernsatz der Kölner Mod-Records, der ersten unabhängigen Jazzplattenfirma in Europa, 1954 von Gigi Campi gegründet: »Der Jazz ist gut, weil er echt ist und gegen die Dekadenz der heutigen gesellschaftlichen Verhältnisse Anklage erhebt.«

Jeder Ton erzählte uns diese Geschichte. Ein halliges Krachen des Schlagzeugs, als stürze ein Kleiderschrank zu Boden, Baßlinien, als tromme jemand mit der Faust gegen die Wand, eine Ahnung von Klavier, die schneidenden Bläser und das beißend klare Altsaxophon von Charlie Parker. Es waren die tontechnisch grauenhaften Aufnahmen aus der Carnegie Hall von 1947, die Live-Mitschnitte aus dem Royal Roost oder das Massey Hall Concert von 1953, die wir liebten, als hätten wir sie persönlich aufgenommen, als wären wir dabeigewesen. Wir saugten Geschichten auf, von jenem Dean Benedetti, der Charlie »Bird« Parker überallhin begleitete, heimlich Mikrophone installierte, die Leitungen zu den Toiletten führte, sich dort stundenlang einschloß und nur die Soli seines Idols mitschnitt, denn Bänder waren teuer, der Spulenumfang begrenzt. Wir lasen von Rauschgift, Sex und Freßsucht, von Saxophonen, die im Pfandhaus zu Hause waren, von Clubbesitzern, die das Genie Parker auf die Straße setzten, weil er vollgedröhnt fast im Stehen einschlief, wir erfuhren, wie er bei Sexualbedarf das schöne Liebeslied ›You Go To My Head‹ intonierte, die Hymne der Oralfixierten. Die Geschichten halfen, die Musik zu verstehen, bis wir glaubten, in der Musik die Geschichten zu hören.

Im Hintergrund des Bebop lief der Soundtrack zum Zweiten Weltkrieg, als sich die Schwarzen in der Army als gute Amerikaner profilierten, gegen den Faschismus in Europa kämpften, während in der Heimat der Rassismus blühte. Wir lauschten den Swingorchestern von Benny Goodman, Glenn Miller oder den Dorsey Brothers, wie sie die weiße Sahne vom schwarzen Kaffee löffelten, während die Neger noch immer dankbar waren, wenn sie über den Hintereingang überhaupt auf die Bühne durften – mit geglättetem Haar, hell geschminktem Gesicht oder dem Onkel-Tom-Grinsen als Eintrittskarte. Wir sahen eine Szene voll innerer Unschärfe und äußerer Abgrenzung, Bebop-Musiker, die anders spielen wollten, damit ihnen die Weißen nicht wieder ihre Musik stehlen konnten. Und wir hatten unsere Helden: Dizzy Gillespie, der witzige, intellektuelle Virtuose, Thelonious Monk, die düstere, graue Eminenz, Miles Davis, der arrogante und erfolgreiche Schwarze, Charlie Parker, der tragische, exzessive Schöpfer. Und knirschten die Schablonen auch in allen Fugen, die Bühne stand, das Spiel konnte beginnen. Je verrauschter die Aufnahme, desto authentischer der Ton der Geschichte!

Zählte man die Mißverständnisse und Halbwahrheiten im fernen Germany zusammen, erschien als Summe doch eine eigenartige ästhetische Geschlossenheit. Jener berühmte Break von Charlie Parker bei ›A Night In Tunisia‹, diese sechs Sekunden dauernde unbegleitete Girlande auf dem Altsaxophon, mit dem glatt-rauhen, nervös-ruhigen Ton, der mit

Charlie Parker und Max Roach im Watkins Hotel, Los Angeles. Ross Russell: »Zu dieser Zeit hörte man plötzlich aus allen Jukeboxes eine Aufnahme von ›Parker's Mood‹, die der Sänger King Pleasure gemacht hatte. Er hatte Charlies Solo Note für Note übernommen und dazu einen eigenen Text geschrieben.« – »Sing a little song to let the world know I'm really free. Don't cry for me, 'cause I'm going to Kansas City.«

Tommy Potter (Baß), Charlie Parker (Saxophon) und Miles Davis (Trompete). »Der Jazz ist gut, weil er echt ist und gegen die Dekadenz der heutigen gesellschaftlichen Verhältnisse Anklage erhebt.« Gigi Campi

A Night At Carnegie Hall – ›Bird & Diz in Concert‹, am 29. September 1947 als ursprünglich illegale Pressung. Ross Russell: »So wie Lester Young der erste Hipster war, war Charlie Parker der erste zornige schwarze Mann der Musik.«

einem Atemzug die Ewigkeit einfängt, dieses »Well, since my baby left me«, das Elvis Presley selbstbewußt und beinahe aggressiv in den leeren Raum des ›Heartbreak Hotels‹ bellt, um kurz darauf zum verloren zupfenden Baß sein »I'm so lonely baby I could die« zu stöhnen – sie fassen alles zusammen und lassen die Widersprüche doch bestehen.

Es gibt keine Aufrechnung: »Elvis 1« versus »Elvis 2« oder Charles Christopher Parker jr. versus Bird. Bei jedem passenden Jubiläum bricht der alte Streit wieder aus: welcher Elvis denn der beste – meint, der wahre – sei. Der junge Hillbilly aus Tupelo, Mississippi in den Sun-Sessions, der animalische Rock'n'Roller bei RCA, der nette Junge der Nach-Army-Zeit, der wiederauferstandene Rocker von 1968 oder gar der weiße Wal von Las Vegas? Welche seiner Rollen dem schillernden, undurchschaubaren Charlie Parker wohl am nächsten gekommen sei? Das Onkel-Tom-Zitat oder der verkannte Strawinsky mit Streicherensemble, der schwarze Provokateur oder der distinguierte Unterhalter mit dem englischen Akzent? In jenen großen Momenten wurden Maske und Person eins. Beides gleichzeitig: der Mundwinkel und der kleine Finger. Als stecke nicht jeder Ton von Elvis' ›Heartbreak Hotel‹ in ›Wooden Heart‹, von Birds ›KoKo‹ in ›La Paloma‹. Große Musik lebt in diesem Reich der musikalischen Zweideutigkeiten: zwischen Schwarz und Weiß, Witz und Energie, Gefühl und Parodie, Sex und Kuschelbär.

Man muß die alten Geschichten nicht mehr aufwärmen, man muß nicht klagen, daß Bird wie Elvis eine verfettete Karikatur ihrer selbst waren, als sie starben, der eine mit fünfunddreißig, der andere mit zweiundvierzig, man muß nur ihre Musik hören, zwei Minuten ›Young And Beautiful‹ oder drei Minuten ›Now Is The Time‹. Fünfzig Jahre später gewinnen sie jedes Spiel.

Charlie Parker: »Da ist dieser kleine Typ in einer dunklen Gasse um die Ecke. Ich gebe ihm fünf Dollar für ein Päckchen Heroin: Meine Magengeschwüre sind weg; meine Herzprobleme sind weg; alle meine Beschwerden sind weg.« – Schon bald nach Charlie Parkers Tod erschienen Graffiti an den Häuserwänden: »BIRD LIVES!«

Wer wird König der flotten Musik?

Wer wird nun das Rennen um die Gunst der Rundfunkhörer machen? Haben wir den gemütlichen Geschmack, den die Luxemburger bei uns vermuten? Oder liegen die AFN-Leute mit ihren gepfefferten Programmen richtig? Bei beiden Sendern kommen täglich Waschkörbe voll Post von deutschen Hörern an. Also steht das Spiel Schnulze – Schräg wohl vorerst 1:1. Wäre vielleicht gar nicht so schlecht, wenn es dabei bliebe. Denn schließlich haben beide Parteien recht: Die Freunde von Torriani und Genossen – und die Fans von Presley & Co. Wer keinen Vico will, der kann sich ja für Elvis begeistern. Und umgekehrt. Über Dinge des Geschmacks kann man nicht streiten. Wußten schon die alten Römer. Obwohl die in Sachen Schlager ziemlich ahnungslos waren. Beinahe so weltfremd wie die Programm-Macher bei den deutschen Rundfunksendern.

Ausgerechnet zwei Stationen, die wir gratis und franko hören können, bringen genau die Musik, die wir zu unserer Unterhaltung und Erholung wünschen! Wird das Beispiel von Luxemburg und AFN den zuständigen Herren zu denken geben? Wahrscheinlich nicht. Leichte Musik ist für sie ja nur ein notwendiges Übel.

Die Hörer sind allerdings nicht schuldlos an diesem Zustand. Sie haben resigniert und sich daran gewöhnt, daß ihnen das, was sie vom Rundfunk erwarten, ihr Plattenspieler bietet. Beschwert euch bei den deutschen Sendern über das langweilige Programm! Sonst passiert euch morgen beim Fernsehen, was gestern beim Rundfunk geschah.

›Bravo‹, 1958

Chet Baker – Auf der Suche nach Rosebud

Den Anfang konnte ich nie hören. An der Schellack-Platte, die mir meine Schwester zum aufziehbaren Plattenspieler schenkte, war am Rand ein halbkreisförmiges Stück herausgebrochen. Es war meine erste Schallplatte: ›Nights At The Turntable‹ auf der A-Seite, ›Bernie's Tune‹ auf der anderen, der B-Seite. Die Namen auf dem kreisrunden Etikett sagten mir nichts: »gerry mulligan bariton sax, chet baker trumpet, bob whitlock bass, chico hamilton drums«. Erst mal mußte ich lernen, die Trompete vom Saxophon zu unterscheiden. Ich fand, sie klangen ziemlich ähnlich. Diese Platte war nicht nur die Geburtsstunde Chet Bakers, es war – mit achtjähriger Verspätung – auch meine Stunde Null. Der Grenzstein, an dem alles gemessen und eingeordnet wird. Vorher – nachher, besser – schlechter. Sie erwies sich als das Zentrum, von dem alle musikalischen Gefühle ausgehen und zu dem man immer wieder zurückkehrt. Erst später erfuhr ich, daß die Besonderheit des Gerry Mulligan Quartets in der Abwesenheit eines Klaviers bestand, in diesem »laid-back-feeling«, das ebenso im Swing zu Hause war wie in den schwerelosen Bewegungen eines Fred Astaire oder der fließenden Stimme Frank Sinatras. Vielleicht lag die Faszination der Musik auch in ihrer Verbindung aus Dichte und Durchsichtigkeit, dem Eindruck, Jazz bestehe nicht aus einer beliebig erweiterbaren Abfolge von Soli, son-

Miles Davis: »Was mich aber noch mehr ärgerte, waren die Kritiker, die jetzt dauernd von Chet Baker in Gerry Mulligans Band redeten, als wäre Jesus Christus noch mal auferstanden.«

dern einem zusammenhängenden Gewebe aus Melodien, Harmonien und Rhythmen.

Der tragbare, schwarzbraune Plattenspieler in Aktentaschengröße besaß ein Holzgehäuse mit aufklappbarem Deckel, in dem sich ein Fach für Schellacks befand, neben dem Plattenteller ein silbernes Döschen für die Nadeln, einen ausschwenkbaren Tonarm, einen kleinen Hebel für schneller oder langsamer und seitlich und abziehbar eine Kurbel. Zusammen mit dem schwergewichtigen Paket wurde mir eine Geschichte präsentiert: dies sei der Plattenspieler, den meine ältere Schwester und mein späterer Schwager auf die Alm zum Skifahren mitgenommen hätten. Zusätzlich zu Rucksack und Skier und Proviant dieses Fünfkiloding, von den Schellacks habe leider nur eine überlebt. Untrennbar also: weißer Pulverschnee, trockene Kälte, saubere Luft – eine Musik voller Licht und Klarheit, sie schwebte irgendwo fern der Erdenschwere.

»Weiße Trompete suchte Rauschgift. Chet Baker in München verhaftet.« Als die ›Münchner Abendzeitung‹ – Boulevardblatt mit linksliberalem Kulturteil – 1962 unter dieser Schlagzeile auf der ersten Seite meldete, daß der »rauschgiftsüchtige Jazztrompeter seit Sonntag hinter Gefängnisgittern« sitze, brach keine Welt zusammen, es erschien eher als tragischer Krankheitsfall, als Künstlerschicksal ohne jegliche Bindung an den Alltag einer amerikanischen Musikszene, der in der Besatzungsrepublik Deutschland schlicht ignoriert wurde. Mit dem sachlichen Ton des Bedauerns notierte man: »Der international bekannte Jazztrompeter stand in Italien unter Polizeiaufsicht. Aber die italienischen Behörden gaben ihm für ein Sonderkonzert am vergangenen Samstag in München Urlaub auf Ehrenwort. Man glaubte, Chet Baker sei von seiner Rauschgiftsucht geheilt. Aber es stellte sich in München heraus, daß er nach wie vor nicht ohne Opiate leben kann.«

Als Charlie Parker 1955 starb, ahnte man seine Drogen- und Alkoholexzesse, beim Tode von Billie Holiday 1958 wußte man von ihrem Schicksal – die deutsche Übersetzung ihrer Autobiographie ›Lady Sings The Blues‹ veröffentlichte der Hoffmann und Campe Verlag schon 1957 –, und doch erschienen sie als Einzelfälle, Stan Getz und Art Pepper durften noch addiert werden, ihre Verhaftungen meldete sogar die deutsche Presse unter »Kurzweilig«. Der Rest stand im Dunkeln, es war die Mehrheit. Erst in den achtziger Jahren kamen sie ans Licht, zu spät, um noch irgendein öffentliches Interesse zu wecken, lange nachdem die Liste der Rock-'n'-Roll-Toten den Drogenolymp besetzt hatte. Die frühen prominenten Mitwirkenden waren: Miles Davis, Gerry Mulligan, Bill Evans, Thelonious Monk, John Coltrane, Hampton Hawes, Sonny Rollins, Red Rodney, Dexter Gordon, Jimmy Heath, Carl Perkins, Jackie McLean, Art Blakey …

Die Zeitschrift ›Jazz Podium‹ 1962: »Zweifellos gibt es eine ganze Reihe süchtiger Jazzmusiker, doch ist ihre Zahl klein genug, um sie als Ausnahmen erkennen zu lassen, die die Regel des durchaus gesunden, normalen und sauberen Jazzsolisten bestätigen. Daß durch haltlose Musiker wie Baker Schatten auf den Jazz fallen, ist zwar unberechtigt, aber kaum zu verhindern. Chet Baker, ein in jeder Beziehung hoffnungsloser Fall.«

In ›Citizen Kane‹, dem genialen ersten Film des jungen Orson Welles, versucht ein Journalist, das Rätsel eines Lebens zu lösen. Der Zeitungszar Charles Foster Kane hatte nur ein Wort auf dem Sterbebett geflüstert: »Rosebud«. Niemand weiß, wer oder was Rosebud ist. Jeder erzählt dem Journalisten seine Version des Lebens von Kane, und nach und nach wird deutlich, daß das große Puzzle immer unvollständig bleiben wird, daß die Fragen schon die Antworten enthalten. Doch kurz

Chet Baker zusammen mit Charlie
Parker, Carson Smith und Max
Roach bei einem Konzert in Los
Angeles, 1953. Charlie Parker:
»Dieser kleine weiße Dandy ist ein
bißchen ›bixelated‹ – wißt ihr, er
hat was von Bix Beiderbecke.

Erinnert mich an die alten Bix-
Platten, die meine Mama mir
immer mitgebracht hat. Chet bläst
so wie Bix, 'n bißchen leise und
sanft, aber doch ehrlich und
direkt.«

vor Ende des Films erkennt man unter all den Möbeln aus dem Nachlaß Kanes einen Kinderschlitten, der den Namen Rosebud trägt. Wie das restliche Gerümpel geht Rosebud in Flammen auf. Der letzte Teil des Puzzles ist nicht mehr wichtig, Rosebud war in allen anderen Teilen zu spüren. Trotz der populärpsychologischen Deutung, der Filmstoff wurde nach seiner deutschen Uraufführung zur fixen Idee. Die Suche nach Rosebud begann. Wo und wer war jenes Rosebud in Chet Bakers Leben? Manchmal glaubte man ihm nahe zu sein, wenn man nur seiner Musik zuhörte.

In Chet Bakers Konzerten saß man immer in der Hoffnung, er möge in ein oder zwei Stücken singen. Viele waren nur deshalb gekommen. Und wenn er dann die ersten Zeilen hauchte, das Klatschen sich von selbst verbot, weil die Stimmung zerstört worden wäre, dann, genau dann hatte man das Gefühl, Rosebud gefunden zu haben. Nach seinem Durchbruch 1952 mit dem Gerry Mulligan Quartet nahm er bis zum Juli 1956 sechzehn Standards auf. Zwölf davon veröffentlichte er auf dem Album ›Chet Sings‹. Auf dem Cover lehnt er lächelnd an einer Mauer, die Gitarre im Arm. Nur – er spielt keinen einzigen Gitarrenton auf der Platte. Und doch trifft jenes Photo – bewußt oder unbewußt – den Kern dieser Musik. Es sind Lieder, die ein junger Mann allein zu Hause summt oder, wenn er seinen ganzen Mut zusammennimmt, für sein Mädchen Julie auf der Veranda singt oder vielleicht nur hofft, sie möge ihn darum bitten. Die Country-Vergangenheit des Jungen aus Oklahoma vermischt sich mit der Sonne Kaliforniens und der rauchigen Nachtclubatmosphäre der Großstadt. Nie verliert sie diesen jungenhaften Charme, auch später nicht, da sich seine Stimme immer mehr einem Flüstern nähert.

Als sie Chet Baker am 13. Mai 1988 um drei Uhr morgens auf einer Straße in Amsterdam fanden, war er schon tot. Es gab keine letzten Worte und wenn, hatte sie keiner gehört. Es klingt wie eine Ironie des Schicksals, daß Chet Baker, der in seinen letzten Jahren eher einer alten indianischen Squaw glich, im amtlichen Polizeibericht als ein Mann von etwa dreißig Jahren geführt wurde. Als ein Süchtiger, mit den Papieren eines fast sechzigjährigen Amerikaners. Die Polizei vermutete, es handle sich um einen Junkie, der einen Touristen ausgeraubt und sich unter dessen Namen und Heimatadresse im Hotel angemeldet hatte. Die Anschrift, die der Junkie alias Chet Baker angegeben hatte, lautete: C. H. Baker, Yale, Oklahoma. So hieß der Ort, an dem Chesney Henry Baker geboren wurde, am 23. Dezember 1929.

Möglicherweise liegt Rosebud in Oklahoma, auf einem Bauernhof am Stadtrand von Yale. Als Chet ein Jahr alt ist, zieht seine Familie zu einer Tante in Oklahoma City. Sein Vater arbeitet als Gitarrist in einer Country-&-Western-Band, seine Mutter, Vera Baker, in einer Parfümerie. Als Chet zehn wird, gehen sie nach Westen, nach Glendale in Kalifornien, wo Chets Vater eine Stelle bei Lockheed annimmt und danach seine Gitarre nie mehr anrührt. Dafür zerrt Vera ihren einzigen Sohn von einem Amateurwettbewerb zum nächsten. »Ich war damals winzig klein für mein Alter und sang mit dünner hoher Stimme Balladen. Ich habe nie gewonnen. Einmal belegte ich einen zweiten Platz. Hinter einem Mädchen, das sich mit Tap-Dance vorgestellt hatte.« Chet Baker wird die Liebe zu den Songs, zu den Standards, die ihn seine Mutter lehrt, nie verlieren. Wenn er später auf der Trompete improvisiert, tastet er behutsam Tonschritte ab, variiert oft nur wenige Töne, musikalische Phrasen zieht er wie Sätze in die Länge und setzt Akzente, als hätte er Wörter vor sich. Es scheint, als höre er zu einem Stück den Text, auch wenn er ihn nicht singt: »Don't change your hair for me / Not if you care for me / Stay my little Valentine / Stay.«

Kein Wunder, daß bei dieser Musik die Frauen dahinschmolzen oder – wie damals ein Kritiker schrieb – »die Mädchen reihenweise aus den hochhackigen Schuhen kippten«. Aber Leonard Feather, amerikanischer Jazzpapst, irrte sich, als er feststellte, dies sei »Musik für ein Frauenpublikum«. Dazu war sie zu androgyn, zu doppeldeutig. Zart, verletzlich auf der einen Seite, andererseits träge gedehnt, brüchig und verraucht

dunkel. Chet Bakers Stimme entsprach seinem Gesicht: weich und sinnlich von vorne, zerklüftet und markant im Profil. Erst in späteren Jahren verbanden sich beide Teile zu einem Ganzen. Zutiefst menschliche, offene Züge, wie sie nur Gesichter zeigen, die im Alter wieder die geschlechtslose Unbestimmbarkeit von Kindergesichtern annehmen. Seine Faszination lag vor allem im Verschwinden von Gegensätzen. Weiblich und männlich, jung und alt, unschuldig und verlebt – er war immer beides. Mit fünfundzwanzig strahlten seine Stimme und sein Trompetenton eine Melancholie aus, für die er eigentlich zu jung war, mit fünfundfünfzig lag eine Sehnsucht und Liebe in seiner Musik, die fast nicht mehr möglich schien.

Er war kein schmelzender Crooner, der nur empfindsame Frauen berührte – und von der Weichheit der Musik konnte man kaum auf seinen Charakter schließen. »Am Anfang, als ich zu singen anfing, reagierten die Leute sehr eigenartig. Viele dachten blödsinnigerweise, daß ich – wegen der Art, wie ich singe – auf Typen stehe oder so was in der Richtung. Dazu kann ich nur sagen: Das ist große Scheiße!« Man muß nicht die Geschichte seiner drei gescheiterten Ehen kennen, nicht seine zahllosen Affären mit Verehrerinnen, die ihn überall erwarteten, um zu wissen, daß man in dieser Hinsicht nur eines sagen kann: daß er all die Frauen nicht so sehr liebte wie die Musik, die er für sie sang.

»My funny Valentine / Sweet comic Valentine / You make me smile with my heart // Your looks are laughable/ Unphotographable / Yet your my favorite work of art // Is your figure less than greek / Is your mouth a little weak / when you open it to speak / Are you smart? // But don't change your hair for me / Not, if you care for me / Stay little Valentine, stay / Each day is Valentine's day.«

Chet Baker und seine Frau
Halema, 1956. The Touch Of Your
Lips: Es ist der erste Hauch der
Berührung und zugleich das Ende
der Liebe. Zärtliche Resignation

an Stelle von Trauer. Man konnte
ihn nicht hören ohne das Gefühl,
daß etwas zu Ende gegangen ist –
ohne es zu wissen.

Standards, diese alten Melodien aus Musicals, aus der Tin Pan Alley
New Yorks, waren für Chet Baker keine Zitate, auf denen er sich ausru-
hen konnte. Sie bedeuteten auch, im Unterschied zu anderen Musikern,
keine Fluchtpunkte, Rastplätze oder resignative Rückzüge. Die Liebe zu
dieser Volksmusik seiner Jugend rührte woanders her. Standards waren
für ihn das einzige Zuhause, die einzige Heimat, auf die er sich verlassen konnte. Die Trennung von Gerry Mulligan, seine tragische, mit dem
Tod seines Pianisten Dick Twardzik endende Reise 1955 nach Paris, das

Pendeln zwischen Ost- und Westküste der USA, schließlich die Flucht 1959 nach Europa, nach Italien, Frankreich und England, die Ausweisung und Rückkehr in die USA bis zum Verstummen Ende der sechziger Jahre – es ist eine Odyssee, die er als Sozialhilfeempfänger im Hause seiner Mutter in San José vorläufig abschließt. Nach seiner Wiederauferstehung 1975, nach seiner Übersiedlung nach Europa, das gleiche Bild: Paris, Mailand, München, London, Berlin, Amsterdam – sieht man von seiner Trompete und den Drogen ab, begleiteten ihn nur die Standards. In sie konnte er immer wieder eintauchen.

Die Augen zu dunklen Schlitzen geschlossen, den Mund fast krampfartig verkniffen, sitzt Chet Baker auf seinem obligatorischen Stuhl und singt. Keine plappernde Artistik, die selbstgefällig musikalische Hochseilakte vorführt, sondern Tonfolgen, die gefühlte Stimmungen präzis umsetzen. Manche der Texte mögen banal klingen, sentimental oder klischeehaft, und viele sind es auch. Aber darum geht es nicht. Es ist die Art, wie er sie singt. Hoch und zart, verhaucht und klar, schwebend und zerbrechlich in einem. Es steckt so viel Menschlichkeit darin, daß sich das Glück an die Trauer erinnert und die Trauer jede Bitterkeit verliert. Er wußte, daß die einfachsten Dinge meist am schwierigsten sind, bewegte sich innerhalb selbstgesteckter Grenzen, und es klang trotzdem – oder gerade deshalb –, als singe er den Song zum erstenmal. Es gibt nicht viele Sängerinnen und Sänger, denen das gelang. Billie Holiday, Nina Simone, Frank Sinatra vielleicht. Doch die meisten empfanden Beschränkung als Einschränkung, sie dachten immer, sie müßten aus dem Song etwas Neues, etwas Niegehörtes machen. Und dafür opferten sie ihn nur allzu oft. Chet Baker ließ seine Lieder leben, weil sie ihn leben ließen.

Die Bundesrepublik alterte mit ihm: Fünfunddreißig Jahre gemein-

same Geschichte, man hatte sich an den durchreisenden Gast gewöhnt, keiner kümmerte sich um die Probleme des anderen, keiner wäre der Idee verfallen, eine »lebende Legende« zu verhaften. Und jedes Konzert wurde immer mehr zu einem Abschiedsbesuch. Vielleicht sah man ihn nie wieder, wie er zusammengesunken auf dem Hocker sitzt, in seinen Pausen die Trompete auf den Schenkel gestützt, die Augen geschlossen. Selten gab es so viele im Publikum, die heimlich Photos machten – eine Erinnerung für später, wir haben ihn damals noch gehört. Verschämt fast, als wolle man vermeiden, daß der Todgeweihte bemerkt, daß das Urteil längst gesprochen ist. Jeder wollte der letzte sein, der ihm beim Sterben zugehört hat. Und doch verführte jene projizierte Tragik vom Drogenopfer zu falschen Schlüssen, zur kumpaneihaften Sorge um einen Mann, der sehr gut für sich sorgen konnte, der am Ende seines Lebens fünfundzwanzigtausend Mark im Monat ausgab, der reich geworden wäre, hätte er seine Gagen und Tantiemen nicht in Drogen investiert.

Chet Baker: »Je lauter die
Leute sind, desto leiser muß
man spielen.«

Doch mit den Maßstäben musikalischen Beamtentums war er nicht zu
messen. Er kam, schüttelte den Musikern der Hausband die Hand,
spielte, kassierte und verschwand. Zum Lohn durfte man lokale Größen
bewundern, die sich in seinem Schatten aalten, wer das nicht akzep-
tierte, konnte gehen. Peinlich bloßgestellt, wer sich da – wie ich unseli-
gerweise – einmischte und zum musikalischen Direktor aufschwang:
Wie es sich für den echten Fan schickt, saß ich frühzeitig im Club, ganz
vorne, ganz nahe am Stuhl, klatschte dann höflich den Begleitmusikern
Beifall, den nur der Vibraphonist verdient hatte, ärgerte mich über das
krachende Schlagzeug, den flinken Bassisten, die endlosen, ausschwei-
fenden Soli des Gitarristen. Chet Baker saß zusammengekauert, beschränkte sich auf kurze Soli, betrachtete seine Sandalen. In meinem
Eifer machte ich die Begleitmusiker für seine musikalische Depression
verantwortlich, rief schließlich irgend etwas in der Art, der Gitarrist
möge sich zurückhalten. Chet Baker sah mich vernichtend an, unter-
brach das Stück und fragte über das Mikrophon, ob ich ein Problem
hätte. Mit knallrotem Kopf murmelte ich etwas vom Gitarristen. Er
nickte, meinte, das sei wirklich mein Problem, und der Gitarrist setzte
wieder ein. Es war mein Problem, meine Naivität und Chet Bakers
Band. Wer in seine Konzerte ging, wußte nie, was ihn erwartete. Es
konnte der Himmel oder die Hölle sein. Immer wollte man ihn so hören,
wie man ihn sah. Und das hatte oft nicht viel mit der wirklichen Person
Chet Baker zu tun.

Und trotzdem. Die Angst um ihn war stärker als die Einsicht, die Angst,
die bierseligen, fingerschnippenden Jazzfans könnten diese zerbrech-
liche Stimmung zerstören. Wenn er zu einem Auftritt nicht erschien,
war da Sorge an Stelle des üblichen Ärgers. Es war nicht seine Schuld,
wir hatten etwas versäumt, die Beziehung zu Chet Baker ließ sich nicht
allein mit musikalischen Kriterien erfassen. Mag Chet Bakers Rosebud
irgendwo in Oklahoma zu finden sein, mag er, wie jener andere berühmte Junge aus Tupelo, sein Leben lang nur für eine Frau gesungen

haben, seine Mutter, mag sich sein Leben wie ein schlechter Roman lesen, da seine Musik Lyrik in Vollendung war – *unser* Rosebud lag in seiner Geschichte, in der Sehnsucht seiner Musik. Wie sehr hätten wir uns eine eigene Heimat gewünscht, zum Klang dieser musikalischen Elegien, Lieder wie ›My Funny Valentine‹ oder ›These Foolish Things‹, an Stelle unserer bundesrepublikanischen Hitparadenvisionen von einer Gitarre und dem Meer oder dem Wunsch, 'nen Cowboy als Mann zu bekommen.

Die letzten zehn Jahre verbrachte Chet Baker vorwiegend in Europa, dort, wo er als »Luxus-Landstreicher« um sein Leben spielte. Vielleicht hatte er mit der Behauptung recht, das Niveau der künstlerischen Wahrnehmung sei in Europa bedeutend höher als in den Staaten: »Dort hat der Durchschnittshörer die Mentalität eines zwölfjährigen Kindes.« Aber es lag mehr darin: die größere Affinität Europas zu den B-Seiten des Lebens. Ein Mißtrauen gegenüber den offiziellen A-Seiten, ein Gefühl für die Kehrseite einer Musikindustrie, für die nur der Erfolg zählt. Chet Bakers Trompete und Stimme wurde für viele zum Inbegriff dieser B-Seite, ein Klang, in dem jene Sehnsucht nach etwas anderem steckt, die wir nie zu verlieren hoffen.

Schallplatten, die ihr Leben veränderten

Jackson Browne: Bob Dylan, ›Bringing It All Back Home‹

J. J. Cale: Elvis Presley, ›Baby Let's Play House‹

Carole King: The Drifters, ›There Goes My Baby‹

Peter Buck: The Rolling Stones, ›Exile On Main Street‹

Joey Ramone: The Beatles, ›Meet The Beatles‹

Dave Stewart: Lou Reed, ›Transformer‹

Bono: Elvis Presley, ›The All Time Greatest Hits‹

John Mellencamp: Bob Dylan, ›Highway 61 Revisited‹

Ron Carter: J. S. Bach, ›Die Brandenburgischen Konzerte‹

Lindsay Buckingham: The Beach Boys, ›Smile‹

Michael Stipe: Patti Smith, ›Horses‹

Sonny Rollins: Fats Waller, ›I Sit Right Home And Write Myself A Letter‹

Ray Davies: Ike & Tina Turner, ›River Deep, Mountain High‹

Herbie Hancock: Miles Davis, ›Miles Ahead‹

Mick Hucknall: Miles Davis, ›Kind Of Blue‹

Neneh Cherry: X-Ray Spex, ›Germ-Free Adolescents‹

Elvis Costello: David Ackles, ›Down River‹

Elton John: Peter Gabriel & Kate Bush, ›Don't Give Up‹

Bill Laswell: Jimi Hendrix Experience, ›Are You Experienced?‹

Don Was: The Beach Boys, ›Pet Sounds‹

John Lee Hooker: Muddy Waters, ›Got My Mojo Workin'‹

John Hiatt: Bob Dylan, ›Blonde On Blonde‹

Robert Wyatt: Van Morrison, ›Astral Weeks‹

Patti Smith: Jimi Hendrix, ›Electric Ladyland‹

Beatles – Wo geht's bitte nach Liverpool?

»Wellll … SHAKIN' IT BABY NOW … (Shakinitbabynow) … TWIST AND SHOUT … (Twistandshout) … COME ON COME ON BABY NOW (Comeonbaby)« – John brüllte sich die Kehle heiser, George und Paul schüttelten ihre frisch gefönten Haare zum harmonischen Hintergrund, sie waren gut drauf an diesem Abend in Ulm, im Vereinsheim des Fußballclubs SSV Ulm. An jenem Samstag hießen sie Gerd, Klaus und Heinz, griffen und schlugen imaginäre Akkorde und Rhythmen in die Luft, belegten immerhin den zweiten Platz beim Bunten Abend des Jugendfußballturniers. Erster in der – Hände hoch! – gezählten Publikumsgunst wurde die Elf des Gastgebers mit einer vollständigen Mannschaft auf der Bühne des Bierzelts und ihrer Version von ›Junge, komm bald wieder‹. Unschlagbare deutsche Nummer eins: Freddy Quinn.

Im Sommer 1963 war die Welt noch in Ordnung. John F. Kennedy hatte glaubwürdig versichert, er sei ein Berliner, Konrad Adenauer – wie gewohnt im Urlaub am Comer See – erläuterte seinem designierten Nachfolger Ludwig Erhard, wie die Bundesrepublik vor Schaden zu bewahren sei, der deutsche Sport mit Marika Kilius und Hans-Jürgen Bäumler auf dem Eis, Bubi Scholz im Boxring und Armin Hary auf der Aschenbahn verführte dazu, sich endlich selbst ein Fernsehgerät zu kaufen, die Kubakrise hatte man erfolgreich vor dem Radio überlebt. Radio Luxem-

Die Beatles in Hamburg, 1961.
John Lennon: »Vom vielen Singen
begannen unsere Stimmen weh zu
tun. Wir lernten von den Deutschen,
daß man sich wachhalten kann,
indem man Diätpillen ißt. Also
taten wir das. Wir schrien die
Deutschen auf englisch an, nannten sie alte Nazis und forderten sie
auf, sich zum Teufel zu scheren.«

burg hörte man abends auf verrauschter Mittelwelle, das Musikpro-
gramm des Propagandasenders Radio Free Europe nachmittags auf Kurz-
welle, AFN Munich mit Wolfman Jack – und Mittwoch um 19.00 Uhr
›Wunschkonzert‹ im Bayerischen Rundfunk. Selbst Moderator Fred
Rauch mußte endlich zugeben, daß dieser Elvis singen konnte.
Die deutsch-amerikanische Freundschaft war inzwischen ins Unterbe-
wußtsein abgesackt, von den meisten deutschen Schlagern lernte man
das amerikanische Original erst Jahre später kennen: ›Komm, Mr. Talli-
mann‹ sang Leo Leandros oder ›Wo meine Sonne scheint‹ Caterina
Valente, ›Die Liebe ist ein seltsames Spiel‹ versicherte Connie Francis
oder ›Rote Lippen soll man küssen‹ Cliff Richard – wer zufällig ›Running
Bear‹, ›Itsy Bitsy Teenie Bikini‹ oder ›Heartaches By The Number‹ hörte,
dem gingen die Augen, nicht aber die Ohren auf. Melodisch trennte sie
nicht allzu viel. Zwischen ›Are You Lonesome Tonight‹ und ›Wir wollen
niemals auseinandergehn‹ lagen keine musikalischen Welten, nur der
Sound. Elvis und Heidi Brühl wollten nie zueinanderfinden. Der Charme
des Akzents sollte zwar noch Jahre vorhalten, der Reiz des Unver-
brauchten und das Versprechen ferner Länder indes nützten sich langsam ab: Die Synchronstimmen Billy Mo und Ted Herold, Bill Ramsey
und Gus Backus konnte nur ertragen, wer die Originale nie gehört
hatte. Für Pat Boone zahlte es sich noch aus, eine deutsche Version von
›Speedy Gonzales‹ zu singen, um in die Hitparaden vorzudringen, die
Beatles hingegen hätten sich – und uns – ihr ›Komm, gib mir deine Hand‹
ersparen können. Und die Beach Boys beließen ihre Fassung von ›In My
Room‹ mit dem Titel ›Ganz allein‹ glücklicherweise gleich im Archiv.
Der Schmelz der Everly Brothers, der Samt von Elvis und Roy Orbison,
das Soul-Food von Ray Charles und der Kastratenhimmel der Four Sea-
sons waren unwiderstehlich – zeigte das Fernsehgerät auf dem braunen
Mahagonischrank Vico Torriani und Gerhard Wendland, konnte man

nur resigniert das Wohnzimmer verlassen. Doch keiner unserer amerikanischen Heroen hätte uns dazu gebracht, auf der Bühne eines Vereinsheims in Ulm zu singen, sich bedenkenlos und ohne Reue lächerlich zu machen. Keiner hätte es geschafft, daß wir a cappella in der Schule – mit gesenkten Köpfen hinter den breiten Schultern des Vordermanns versteckt – dümmliche Texte wie ›I Wanna Hold Your Hand‹ oder ›From Me To You‹ zu Andis ›Andorra‹-Monolog zum besten geben. »Sagt mal, was ist denn dahinten los? Jetzt hört doch mal mit dem Gebrumme auf!« Die Texte wurden aus ›Bravos Lied der Woche‹ in kleinkarierte Ringbücher übernommen – private Songbooks und musikalische Adreßbücher: »Close your eyes and I'll kiss you. Tomorrow I'll miss you. Remember I'll always be true. And then while I'm away, I'll write home every day. And I'll send all my loving to you.«

HELP! Einmal, zweimal, dreimal. Mit dem immer gleichen Ergebnis: ein beschwingtes Hüpfen auf dem Heimweg vom Kino, ein Gefühl der Unverletzlichkeit, wie unter einer unsichtbaren Glocke durch die Straßen tänzelnd. Beschwingt durch musikalischen Sekt. So wollte man leben, so auf die Welt reagieren. Mit Lust, coolem Humor und souveräner Kritik (»Sie scheinen mir ein kleiner Stümper zu sein. Welchen Beruf schwänzen sie denn eigentlich?«), mit Lächeln und Nonsens (»Ich bin in einer mißlichen Lage, Gevatter!«), man lernte, sich mit Zitaten die Realität vom Leib zu halten, sie zu kritisieren und sich dabei zu entziehen. Wer die Beatles wirklich liebte, konnte es später nicht lange ernsthaft im Seminarraum einer K-Gruppe aushalten.

Natürlich funktionierte ›Hi-Hi-Hilfe!‹ von Richard Lester, dessen Film ›Der gewisse Kniff‹ mit Rita Tushingham noch um ein paar Grade schräger schien, auch als Parodie aller Spionagethriller, bewegt sich die Jagd nach jenem roten Opferring, der sich nicht von Ringos Finger lösen will, vor den James-Bond-Kulissen aus ›Dr. No‹ und ›Goldfinger‹. Gymnasiastenscherze und Lach-&-Schießgesellschaft-Synchronisation, die Mischung aus 16-mm-Film-Naivität und Slapstickhumor vermittelte genau diese unwiderstehliche Verbindung aus Improvisation, Zitat und beiläufiger Bedeutung: Mit tödlicher Präzision schleudert der Inder seinen Turban. Fast unbemerkt trifft er den Rücken des Feindes, der schlapp zu Boden fällt – eine Hommage an den todbringenden, schwarzen Hut mit

Unsere **Abteilung Einzelverkauf, München**, hält auch noch
viele ältere Programmausgaben vorrätig. ILL. FILM-KURIER:
DM -,50, ILL. FILM-BÜHNE:
DM -,30. Filmprogrammverzeichnis DM -,50. Sammelmappe
DM 5,- zuzügl. DM -,50 Versand. Voreinsendung des Rechnungs-
betrages und des Rückportos auf Postscheckkonto München 2792

Vereinigte Verlagsgesellschaften Franke & Co. KG., München 2,
Sendlinger-Tor-Platz 1, Telefon 55 59 41. Druck: Offset-Druck Seelig
u. Co., München. Nachdruck (auch auszugsweise) nur mit Erlaubnis
gestattet. Erfüllungsort und Gerichtsstand München.
Vertrieb für die Schweiz: Illustrierte Film-Bühne,
Basel 18, Postfach; Verkaufspreis: ILL. FILM-KURIER: 70 Rp., ILL.
FILM-BÜHNE: 40 Rp.

»›Help!‹ war ganz schön mühsam, Boden des Schneideraums –
weil wir keine Ahnung hatten, wir haben die absoluten Lach-
was eigentlich abging. Wir waren krämpfe gekriegt, wir haben uns
damals ständig zugekifft, und die echt kaum mehr halten können.«
besten Szenen liegen auf dem John Lennon

der rasiermesserscharfen Metallkrempe aus Goldfingers Zauberkiste. Und doch mußte man das nicht mitbekommen, so schnell, so kurz angedeutet. Der Gag hatte keine Chance, alt zu werden.

»Bitte, wie komme ich hier nach Liverpool?« Ein Langstreckenschwimmer taucht im Eisloch eines zugefrorenen Sees auf, mitten in den Alpen. »Hier rechts an Reichenhall vorbei«, meint John und deutet in die entsprechende Richtung. »Dann muß ich mich verflogen haben«, antwortet der breitschultrige, eingeölte Schwimmer und verschwindet wieder im Eisloch.

Auf dem Höhepunkt der Studentenunruhen, einige Jahre später, stellte sich eine Gruppierung zur AStA-Wahl, die eine Umbenennung der Ludwig-Maximilian-Universität München in »Franz-Gans-Universität« forderte – nach Franz Gans, jenem sympathischen, wohlbeleibten Landarbeiter und Helfer auf Oma Ducks Bauernhof, der lieber unterm Baum

döst, als in brütender Sonne das Bruttosozialprodukt zu mehren. Arbeits-
verweigerung, subversiver Unsinn und sichtliches Wohlbehagen ergaben
nach wie vor ein anarchistisches Gemisch, das den trockenen Ernsthaf-
tigkeitsvertretern (»Könnten wir uns bitte an die Reihenfolge der Tages-
ordnungspunkte halten?!«) ein Graus war. Mit Spartakus und Roter
Zelle konnte man diskutieren und Arbeitsgruppen bilden, nicht mit
Franz Gans: »Ich komme gleich, Frau Duck!«

In diesem Sinne: ›Das sind die Beatles‹ veröffentlichte der Neue Tessloff
Verlag, Hamburg, sein bebildertes Fanzine für DM 1,80 und stellte sie
schon früh in den Dienst von Arbeit und Leistung. Sogar die langen
Haare werden damit akzeptabel: »Ein Aufstieg, der einmalig ist. Vier
Jungen im Durchschnittsalter von 22 Jahren haben das geschafft, wovon Millionen junger Menschen träumen. Die Welt der Teenager und
Twens liegt ihnen zu Füßen. Wie haben sie das erreicht? Rauh und doch
romantisch ist ihre Musik – rauh und doch romantisch ist auch die
junge Generation von heute. Was sie denkt und fühlt und empfindet –
die Musik der Beatles bringt es zum Ausdruck. Diese vier Jungen aus
Liverpool sind herausgehoben aus der Schar ihrer Altersgenossen und
gehören doch wieder zu ihnen. In den Schoß gefallen ist ihnen dieser
Erfolg nicht. Sicher – sie hatten Talent! Aber sie mußten hart arbeiten,
ehe sie das waren, was sie heute sind: die Beatles.«

»160 Mark – mehr verdienten sie am Anfang nicht.« Und unerbittlich
wird Erfolg an Aktivurlaub und Konsum geknüpft. Selbst wenn sie ans
Meer fahren und für den Photographen in die Go-Karts steigen: »Im
warmen weißen Sand herumliegen und sich sonnen – das ist nichts für
sie. Wo George, Paul, John und Ringo auftauchen, ist Leben, gibt es
keine ruhige Minute. Jeder Augenblick muß ausgenützt werden. Träge
und müßig – Fremdwörter für die Beatles!« Und wie am Strand, so zu
Hause, ich und du und die Beatles, die Manie wird entschärft: »Wie
viele seiner Bewunderinnen möchten Paul nicht gerne bei seiner Wäsche

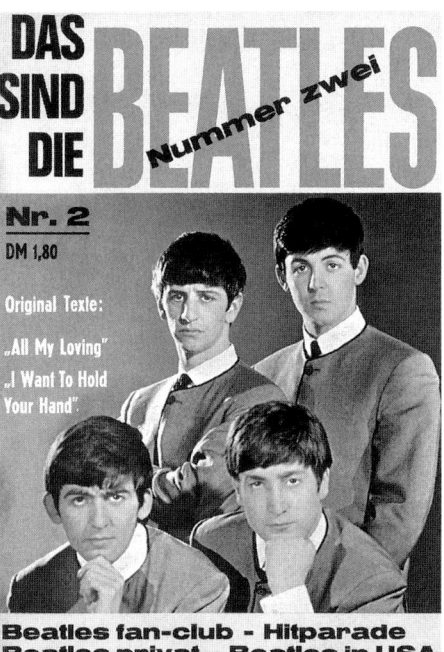

DAS SIND DIE BEATLES Nummer zwei

Nr. 2
DM 1,80

Original Texte:

„All My Loving"
„I Want To Hold Your Hand".

Beatles fan-club - Hitparade
Beatles privat - Beatles in USA

Deutsche Arbeitsethik auch bei
›I Want To Hold Your Hand‹.
Text vom Neuen Tessloff Verlag,
Hamburg: »In den Schoß gefallen
ist ihnen dieser Erfolg nicht.
Sicher – sie hatten Talent! Aber
sie mußten hart arbeiten, ehe sie
das waren, was sie heute sind.«

helfen! Aber der praktische Paul schafft es allein mit der vollautomatischen Waschmaschine. Es macht ihm Spaß, auf all die Knöpfe zu drücken. Außerdem behauptet er, er spare eine Menge Geld, wenn er seine Wäsche selber wäscht!« Und John? »Er ist an Hausarbeit gewöhnt – er ist verheiratet! Er beklagt sich oft darüber, daß er so selten mit seiner Frau ausgehen kann – überall werden sie von Fans bestürmt.«

Sie überstehen es. Alle Albernheiten in Badeanzügen der Jahrhundertwende, den ständigen Verkleidungen als Bobbies, als Vaudeville-Sänger mit Strohhüten, auf Eseln und auf Skiern, in Militäruniform und mit Samtkragen, Studentenulk und Ausverkauf, undenkbar für die Arbeitskollegen von den Rolling Stones. Man verzeiht ihnen: für ein Lächeln von Paul, ein ironisches Zucken im Mundwinkel von John, den stoischen Witz Ringos oder den sensiblen Augenaufschlag von George. Keine politische, keine ökonomische, keine sexuelle Revolution, nur dieser entwaffnend sympathische Wille zum Spaß, diese ziellose Energie. Ein Schwung, der einem Kraft gibt, alles für möglich zu halten, der

»Und im Herzen verbindet eine
Pop-Explosion das Individuum
mit einer Gruppe – den Fan mit
einem Publikum, den Einzelgänger
mit einer Generation, während
sie zur gleichen Zeit die Fähigkeit
steigert, auf ein spezielles oder
Tausende von Popartefakten mit
einer Intensität zu reagieren,
die an Wahnsinn grenzt.«
Greil Marcus

einen in Bewegung bringt. Wer sitzt, weiß nichts von den Wänden, die ihn einengen. Sie brachten einen dazu, aufzustehen, zu laufen, zu tanzen, zu singen. Daß man dabei unversehens gegen Wände rannte, war die nächste Erfahrung. Das kam danach.

Doch vor allem: nie mehr allein. Die Bilder von Fans aus London, aus Australien oder den USA bewiesen nur eins: Wir sahen uns selbst. Die kreischenden Mädchen im Konzert, die Sympathisanten auf der Straße, die kopfschüttelnd lächelnden Alten – ja, so verrückt sind sie aus der Parallelklasse in Liverpool, sind wir, spiegeln die Augen, auch wenn wir zu Hause sitzen, wenn's keiner sieht. Und man konnte sie überall singend mitnehmen: ›I Need You‹ oder ›Hey You've Got To Hide Your Love

Away‹, und dann flötet der Waldschrat auf dem Grasteppich vor dem inneren Auge: ›Hi-Hi-Hilfe!‹ Eine musikalische Tarnkappe, die unverletzlich macht und die Probleme verschwinden läßt. ›Under My Thumb‹ oder ›Satisfaction‹ konnte man hören, aber nicht singen. Die Stones blieben zu Hause, die Beatles wurden zum Alltag, waren wie ein Kuscheltier, irgendeine Zeile, irgendeine Melodie lief immer mit.

Drei Jahre nach jenem denkwürdigen Auftritt in Ulm war alles vorbei. Schon ›Rubber Soul‹ verwehrte den Besitzern eines Mono-Plattenspielers die Gesangsspuren und lieferte die ersten unfreiwilligen Dub-Versionen, ›Revolver‹ war der kleine Schritt zur ernsthaften Kunst, ›Sgt. Pepper's Lonely Hearts Club Band‹ dann der riesige Sprung für die Popwelt. Die Lust, eigene Songs zu schreiben, hatte sich in das Bedürfnis verwandelt, den Menschen etwas mitzuteilen. Die Filme ›Magical Mystery Tour‹ und Heinz Edelmanns ›Yellow Submarine‹ durfte man als Zeitzeugnisse sehen, aber kaum mit Vergnügen. Oder wie Greil Marcus schrieb: »Alle Beatles hängten sich an Launen oder Leidenschaften der Zeit, an Drogen, Transzendenz, bunte Mäntel, das Zubehör der Psychedelik. Sie wurden eins mit der Zeit, gingen mehr in ihr auf, als daß sie über ihr standen.«

1968, im Jahr von My Lai und Prag, hatte ich einen Traum. Ich betrete die kleine Passage von »Radio Rim« am Hauptbahnhof, links in den Schaufenstern die Elektrogeräte, die Plattenspieler von Dual und Telefunken, die Tonbandgeräte von Grundig und Uher, rechts die Schallplatten. Und da steht sie, die neue Platte von den Beatles. Ich bin der erste, der sie sieht. Es ist schon abends, nach Geschäftsschluß, ich muß bis morgen warten. Am nächsten Tag bin ich um neun Uhr früh im Laden, beschreibe dem Verkäufer die Bilder auf der Hülle, er müsse sich irren, ich hätte sie wirklich gesehen. Ein freundliches, mitfühlendes Lächeln für das ›Great Lost Beatles Album‹. Im November erscheint das ›White Album‹. Weiß, ohne Bilder oder Zeichnungen, mit einem kaum sichtbaren Prägedruck »The Beatles«. Ich hatte das Cover weggeträumt. Es reichte.

Am Ende von ›Help‹, nahe dem Abspann des Films, entsteigt, inmitten des Chaos am Sandstrand der Bahamas, ein Mann dem Meer. Er stapft auf John zu, sie reden, man hört nur die Schlußmusik, sieht John mit dem Arm ins Meer weisen, der Mann dankt, kehrt um und schwimmt wieder zurück – nach Liverpool. Eine musikalische Umkehr war nicht mehr möglich, die Haltung konnte uns keiner mehr nehmen.

Liederanfänge zum Mitsingen, 1964 – 1968

I see a red door and I want it painted black * Johnny's in the basement mixing up the medicine * I've told you once and I've told you twice * Monday monday so good to me * They seek him here they seek him there * He's five foot two and he's six feet four * Once upon a time you dressed so fine * Here I stand with head in hand turn my face to the wall * When I woke up this morning * Hatty told Matty about the thing she saw * I got a woman way over town * There she was just a walkin' down the street * Loneliness is the coat you wear a deep shade of blue is always there * We got a right to pick a little fight, Bonanza * The eastern world it is explodin' violence flarin' bullets loadin' * Dear Sir or Madam will you read my book it took me years to write * When you're alone and life is makin' you lonely * Well, my baby drew up in a brand new Cadillac * They say we're young and we don't know * Ah, look at all the lonely people * Strangers in the night exchanging glances * You must leave now take what you need * I may not always love you * I want to spend my life with a girl like you * Dear Missus Applebee I gotta get something off my chest * Well, east coast girls are hip * I want you back again I want your love again * You saw me crying in the chapel * I once had a girl or should I say she once had me * What a day for a daydream * My baby does the hanky-panky * Wild thing you make my heart sing * I'm just mad about Saffron * I thought love was only true in fairy tales * C'est une poupée qui fait non non non non * When I get older losing my hair * Yellow is the colour of my true love's hair * Hey there, Georgie girl * Trailers for sale or rent * In a white room with black curtains near the station * Why don't we sing this song all together?

John Coltrane – Nackt auf der Bühne

Der Konzertsaal ist nur zur Hälfte gefüllt. Das Publikum wird unruhig, beginnt zu klatschen, beim Jazz ist es üblich, daß Konzerte pünktlich beginnen. Der Veranstalter erscheint, entschuldigt sich, Elvin Jones, der Schlagzeuger, sei noch nicht eingetroffen, man werde vorerst im Trio spielen: Jimmy Garrison Baß, McCoy Tyner Piano, John Coltrane Tenor- und Sopransaxophon, Beifall.

Ein schwerer Mann im dunklen Anzug steht auf der Bühne. Er schwingt vor und zurück, die Bewegung der Musik ist die Bewegung des Körpers. Nach zehn Minuten erscheint im Halbdunkel der Bühne Elvin Jones, beginnt gleichmütig und wie selbstverständlich sein Schlagzeug auszupacken und aufzubauen, treibt lange Nägel in den Holzboden, um es zu befestigen. Die dumpfen Schläge werden Teil des Stückes, dann leuchten seine weißen Zähne auf, und ein Gewitter bricht los. Fassungslose Gesichter, trotzige Begeisterung. Ab und zu sind Klavierläufe zu ahnen, der Bassist ist nicht mehr zu hören, nur das Saxophon bäumt sich auf.

Später stehe ich an der Haltestelle der Straßenbahn, in einer feuchtkalten Novembernacht, zu jung, um die Musik zu verstehen, und alt genug, um zu wissen, daß ich meinen Klang gefunden habe.

Als Charlie Parker 1955 starb, tauchten an den Häuserwänden Schriftzüge auf: »BIRD LIVES«. Zu Lebzeiten musikalische Offenbarung, am

Ende schon historische Legende, bevor er an seinem Lachen vor dem Fernsehapparat erstickte. Mit Coltranes Tod 1967 war nicht nur eine Person gestorben oder eine stilistische Ära beendet: Musik brach plötzlich ab. Inmitten einer Entwicklung, die man atemlos verfolgte, Platte um Platte. »TRANE LIVES« hätte nur Hilflosigkeit und eine Bankrotterklärung an die Zukunft bedeutet, fassungslose Leere zum Ausdruck gebracht. Charlie Parker hatte sein Leben ausgelebt und dazu seine Musik gespielt, Coltrane hatte sie dem Leben abgetrotzt, bis es einfach verschwand. Von ihm gibt es keine »guten« Stories zu erzählen. Die Biographien über Charlie Parker oder Miles Davis platzen vor Anekdoten. Die Geschichte John Coltranes hingegen läßt sich nicht verfilmen, man kann sie nur hören.

Seine behütete Jugend in North Carolina, sein Tingeln in verschiedenen Rhythm-'n'-Blues-Bands, seine beiden Ehen, mit Naima und Alice, seine Drogenabhängigkeit – es sind Nebenthemen auf der Suche nach seiner Musik. Konkret wird nur seine Freßsucht, die mit radikaler Nahrungsverweigerung abwechselt. Oder die andere Seite: »Naima, I'm going to make a change« ist alles, was er sagt, als er seine Frau und seine beiden Kinder verläßt. Er hat eine neue Pianistin gefunden, die besser in sein musikalisches Konzept paßt. Der Zug fährt weiter, und seine Person steht nie in Frage. ›Naima‹ bleibt eine seiner anrührendsten Kompositionen.

1962 kommt Coltrane im Rahmen einer Europatournee zusammen mit Eric Dolphy nach Deutschland, 1963 spielt er hier ein zweites Mal mit seinem regulären Quartett, 1966 sagt er aus gesundheitlichen Gründen seinen Auftritt bei den Berliner Jazztagen ab. Die Reaktionen der deutschen Presseöffentlichkeit auf die Musik Coltranes scheinen vertraut: Entweder übergeht man ihn oder reagiert ignorant. Die ›Welt‹ schreibt vom »Gewinsel eines irregeleiteten Muezzin«, die ›Süddeutsche Zeitung‹ registriert immerhin neutral »Musik, nur noch für Fachleute«, der ›Spiegel‹ zitiert genußvoll die anderen Organe, spricht mit Blick auf die Platte ›Ascension‹ von »einer Art Jazz Happening, bei dem der Akt des Spielens offenbar wichtiger genommen wird als der entstehende Klang«, und fragt rhetorisch nach, »ob solche Kunststücke dem internationalen Jazzpublikum nun wirklich wohl im Ohr klingen«. Gänzlich übersehen

»Wenn es in der Musik etwas gibt,
was man nicht versteht, dann
sollte man bescheiden sein. Man
sollte sich hinsetzen und lernen.
Öffne deinen Geist und sei ruhig.
Du mußt innerlich ruhig sein, um
dies zu schaffen.« John Coltrane

konnte man ihn wohl nicht mehr, nachdem 1966 zum erstenmal seit
drei Jahrzehnten das renommierte Jazzmagazin ›Down Beat‹ oder –
nach ›Spiegel‹-Diktion – die »Down-Beat-niks einen einzigen Jazz-Mu-
sikanten mit gleich vier Prädikaten auszeichneten: Sie kürten John Coltrane zum ›besten Tenorsaxophonisten‹ und zum ›Jazzmusiker des Jahres‹, wählten ihn in ihren fiktiven ›Tempel des (Jazz-)Ruhms‹ und prä-
mierten sein Tonscheiben-Werk ›A Love Supreme‹ (etwa: höchste Liebe)
als ›Schallplatte des Jahres‹.«
Was uns blieb, neben den Platten, den Photographien und dem gewissen-
haften deutschen ›Jazz Podium‹: Joachim Ernst Berendts ›Jazz – gehört
und gesehen‹. Wie so oft. Eine Ausnahme, Widerstand gegen die Zeit,
schon damals, oft belächelt wegen Berendts pastoral singendem Tonfall, der im Radio so überzeugend, im Fernsehen jedoch allzu betont
erschien: »colTRANE«, aha, so sprach man's also. Und doch, in der sechs-
undzwanzigsten Folge, zwischen Stahlgestängen, die dem Fernsehstudio den Anschein des sachlich Funktionalen geben sollten, das John

Coltrane Quintet mit Eric Dolphy. Ruhige Einstellungen, langsame, fast unmerkliche Zooms, immer bemüht, die Gruppe im Kameraauge zu behalten, nicht den Solisten und dessen Extremitäten, die einzig mögliche visuelle Entsprechung zu der rauhen, beinahe berstenden Musik dieser statischen Männer. Es war der Einbruch einer anderen Welt, abends gegen elf Uhr, eine bisher ungehörte Botschaft aus einer fremden Zeit in ein auf Kirsche poliertes deutsches Wohnzimmer, den Ton auf Zimmerlautstärke, um die Eltern nicht aus dem Schlafzimmer zu locken.

Man hatte ihn sich anders vorgestellt, die Finger sind zu lang für den Griffsatz des Saxophons. Sie besitzen nicht die plumpe Geschicklichkeit der Hände Charlie Parkers, sie greifen die Läufe eher als Pianist, tänzerisch, vom Körper des Saxophons Abstand haltend. Coltranes Lippen umschmeicheln das Saxophonmundstück nicht, ihm fehlt das sinnlich Befeuchtende – er umfaßt es. Sein scharfer, gepreßter Ton verlangt den harten Ansatz – ein Metallmundstück mit einem extrem harten Blatt also –, sein Körper und sein Instrument sind nicht mehr zu trennen. Kaum eine Einstellung, kaum ein Photo, auf dem er lächelt, gar lacht, fast immer ist er mit seinem Instrument zu sehen. Auch wenn er nicht spielt, hält er sich an ihm fest, als müßte er eine Blöße bedecken. »Es war, als ob er nackt auf der Bühne stehen würde«, beschrieb dies einmal Jimmy Giuffre, »die Musik kommt direkt aus dem Mann, nicht aus dem Instrument.«

Wir hatten unsere Lektion gelernt: John William Coltrane, geboren am 23. September 1926 in Hamlet, North Carolina, einer jener Saxophonkolosse aus dem Plattenstall von Prestige. Sein harscher Ton nahm dem gedämpften Trompetenklang von Miles Davis Mitte der fünfziger Jahre das Melancholische, dazu kam die Technik seines Spiels: der Versuch, vom herkömmlichen Akkordschema wegzukommen, um durch Akkordbrechungen die harmonische Struktur aufzulösen, die daraus folgende

Verdichtung der Noten, die Entstehung von Klangflächen, die »sheets of sound«. Um den Klangbündeln eine Form zu geben, muß er rhythmische Akzente setzen, die ihm eine herkömmliche Rhythmusgruppe nicht mehr geben kann. Um der verschwindenden Melodik etwas entgegenzuhalten, muß er auf modale Spielweisen zurückgreifen. Die Nähe zur indischen und arabischen Musik bringt neue Klangfärbungen, schenkt ihm melodische Freiheiten, beschränkt aber den Ausdruck auf die vorgegebenen Skalen. Also löst er sich davon, indem er auf modale und harmonische Gerüste verzichtet und sich nur mehr am emotionalen Gehalt eines Themas orientiert. Ein logischer, immanenter Weg vom Bebop zum Free Jazz. Man kann es natürlich auch wie der ›Spiegel‹ sehen: als »eine Art Jazz-Happening«.

Die musikalischen Nachrichten jagten einander, mit dem Kaufen (und Hören) kam man kaum mit: 1959 das epochale Album ›Giant Steps‹, 1960 das sopransaxophonhypnotische ›My Favorite Things‹, 1961 das dschungelbrodelnde ›Africa‹, im gleichen Jahr das orientalische Spa-

nien von ›Olé‹, der Soul von ›Live At The Village Vanguard‹, das indische
›Impressions‹, Balladen und Standards mit Duke Ellington, 1963 die un-
beschreiblichen Artefakte vom ›Live At The Birdland‹. Die afrikanisch-
indische, die orientalische Welt brach in den Jazz ein, die Propheten in
den fünfziger Jahren hatten den Boden bereitet, noch schien sie exo-
tisch, bald sollte sie im Bewußtsein einer neuen Jugend zum Maßstab
werden, musikalisch wie politisch.

Die Welt – gehört und gesehen – wird in deutschen Wohnzimmern zum
abendlichen Alltag, der Schrecken kommt zwischen 20 Uhr und
20.15 Uhr. »Halt dem Kind die Augen zu«, die Ohren wollen sich nicht
schließen. Die Tagesschau mit dem Algerienterror der OAS, dem Ab-
schuß des Aufklärungsflugzeugs U2 über der Sowjetunion, dem bren-
nenden Mönch aus Vietnam, den Polizeihunden, die sich in schwarze

Bürgerrechtler festbeißen, dem Super-8-Film aus Dallas. Inzwischen wußte man, warum Max Roach 1960 seine ›Freedom Now‹-Suite aufnahm, worüber Charles Mingus seine Band singen ließ, wie die Befreiung der Musik von allen Fesseln zu verstehen sei: Cecil Taylor, Albert Ayler, Ornette Coleman, der Free Jazz – eine einzige große Erhebung des schwarzen Volkes, das wir nur durch seine Musik kannten und es darauf reduzierten.

Die Irritation kam 1965: ›A Love Supreme‹. Seit 1961 war John Coltrane bei der Plattenfirma Impulse unter Vertrag, diesem orangeschwarzen Label mit den aufklappbaren edlen Hüllen und den miserablen Pressungen. Doch wo bisher großzügige, opulente Photographien – auch immer wieder den weißen Produzenten Bob Thiele abbildend – zum Textlesen einluden, fand sich nun, vertikal zu halten, eine handgeschriebene Hymne an Gott, verfaßt von John Coltrane: »I will do all I can to be worthy of Thee Lord. It all has to do with it. Thank you God. Peace. There is none other ...« Und so fort bis zum schlußendlichen »... All from God. Thank you God. Amen.« Kein Schock, eher der Verdacht einer partiellen Verirrung, die sich legen werde, wie die als modisch empfundene Islamwelle der fünfziger Jahre, als einige Jazzmusiker zum mohammedanischen Glauben übertraten und neue Namen annahmen. Religion – »Opium des Volkes« – schien nun wahrlich die letzte Zutat, die sich mit unserer Tagesschau-Vorstellung von schwarzer Befreiungsmusik vereinbaren ließ.

»Es macht keinen Unterschied«, sagt Cecil Taylor, »woher einer kommt, solange er schwarz ist. Was uns eint, ist die Tatsache, daß wir alle der gleichen Unterdrückung von seiten des weißen Mannes ausgesetzt sind.« Oder wir lasen beim Tenorsaxophonisten Archie Shepp, dem John Coltrane zu einem Plattenvertrag bei Impulse verhalf: »Der Jazz

gehört zu den gesellschaftlich und ästhetisch wichtigsten Beiträgen Amerikas. Und manche nehmen ihn sogar als das, was er ist: als einen auch für Amerika wesentlichen Beitrag – er ist gegen den Krieg, gegen den in Vietnam; er ist für Kuba, für die Befreiung aller Völker. Das ist die Natur des Jazz. Ohne daß man allzu weit zu suchen brauchte. Warum? Weil der Jazz selber eine Musik ist, die aus der Unterdrückung, aus der Versklavung meines Volkes hervorgegangen ist.« Was wir 1966 im ›Down Beat‹ fanden, war Wort zum Klang, die kurzgedachte Verquickung von Entstehungsbedingung, Ursache und Wirkung hatte sich dem wahren Zweck zu beugen.

Leroi Jones' Buch ›Black Music‹, das 1967 in den USA erschien und 1970 im März Verlag unter dem Titel ›Schwarze Musik‹ zur deutschen, linken Jazzbibel avancierte, war eine Widmung vorangestellt: »Für John Coltrane (the heaviest spirit)«. »Seine Musik«, so las man kopfnickend, »ist einer der Gründe, warum Selbstmord so langweilig ist.« Und dann vermehrten sich die Bleistiftstriche und Ausrufezeichen am Rand dieses Reiseführers durch ein unbekanntes Land: »Der weiße Mann erzwang den kulturellen Raub. Ein ›kulturloses‹ Volk ist ein Volk ohne Gedächtnis. Ohne Geschichte. Das ist der beste Zustand für Sklaven: Objekte zu sein, wie die übrigen Besitztümer des Massa.« Ausbeutung, Musik klauen, Energie stehlen – das waren die richtigen, aber einäugigen Perspektiven, diese Musik zu hören. Aber was tun, wenn es nicht bei ›Love Supreme‹ blieb, sondern weiterführte, zu ›Ascension‹, ›Meditations‹, ›The Father, The Son And The Holy Ghost‹, ›Amen‹ bis ›Om‹? Was tun, wenn man nicht verstehen konnte, was nicht in den Kopf paßte?

Natürlich stand es schon vorher geschrieben: Wie die schwarze Tradition die Verehrung von Geistern einschloß, wie durch das verordnete Christentum jene afrikanisch-christliche Mischform entstand, wie die Kirche den Schwarzen als Sammelpunkt diente, als gesellschaftliches

85

Verbindungsglied zu den Weißen, und daß die Schwarzen nicht unbedingt den Gott der Weißen meinten, wenn sie Gott sagten. Natürlich hätte man es lesen und wissen können: wie viele der schwarzen Jazzmusiker in der Kirche ihre musikalischen Wurzeln sahen, wie viele in den Erweckungsgottesdiensten ihre Nachbarn »in Zungen sprechen« hörten, wieviele in ihrer Jugend am Klavier, an der Orgel saßen und die Gemeindegesänge begleiteten. Natürlich stand es bei Leroi Jones: »Die Begegnung des erfahrbaren Gottes (d. h. im Sinn der gegenwärtigen amerikanischen Sprache) und des mystischen (abstrakten, verborgenen) Gottes ist auch die Begegnung der Stile, der Stimmungen, des Wissens, der verschiedenen Musiken und die Geburt einer neuen Musik, der wirklich neuen, allumfassend-ganzen Musik. Die Geburt auch des neuen Volkes, des schwarzen Volkes, das sich seiner Stärke bewußt geworden ist, in einem einzigen Bild seiner selbst, voller Kraft, Schönheit und in die Betrachtung seiner selbst versunken.«

Dies traf den Geist der Zeit, den Kern der Musik. Alles zu begreifen, alles einzuschließen, auf verschiedenen Wegen zum selben Ziel: mit der geistlichen Marschmusik von Albert Ayler, der kollektiven Improvisation von Charles Mingus und Ornette Coleman, der westlichen Avantgarde Cecil Taylors, den hymnischen Gesängen John Coltranes. Schwierig wurde es nur, wenn man – vor der musikalischen Fabrik das agitierende Flugblatt in der Hand – den schwarzen Free Jazz mit dem schwarzen Rhythm 'n' Blues unter ein Dach bringen wollte. Damit mußte auch Leroi Jones zu Rande kommen, ebenso wie die französischen Autoren Phillipe Carles und Jean-Louis Comolli, die in ihrem 1971 veröffentlichten Grundsatzwerk ›Free Jazz – Black Power‹ mit »Jazz die Massen mobilisieren« wollten. Selbst »wenn die Mehrzahl der schwarzen Amerikaner nicht pausenlos Jazz hört, ihm oft seine Abarten (wie weiße Unterhaltungsmusik oder schwarzen Rhythm and Blues) vorzieht, ist sie sich doch seiner kulturellen Bedeutung als einer Erfindung der Schwarzen wohl bewußt und merkt auch, wie eng er mit den Grundfragen ihrer eigenen Existenz verbunden ist: die Basis für einen breiten Anschluß der schwarzen Massen an den Jazz ist also gegeben.« Da spielt die Musik zum blinden Optimismus des revolutionären Klassenkampfes, da singt die RAF ihren Befreiungsblues.

Was ebenfalls zu zeigen war: Europa stand der spirituellen Musik der Schwarzen hilflos gegenüber. Allein der für alles Geistige und Geistliche sensible Joachim Ernst Berendt bemerkte schon 1967 in einem Nachruf in der ›Zeit‹ zum Tode Coltranes: »Religion wurde von Coltrane als dankbarer Hymnus auf die Welt verstanden. Jene psalmodierende Monotonie ... war ihm Ausdruck tönender Unendlichkeit. Zorn und Haß, die hinterher in seine kompromißlos atonale Platte ›Ascension‹ hineinphilosophiert wurden, lagen Coltrane fern. Er meinte den Titel wörtlich: Aufstieg, Himmelfahrt – von den Menschen zu Gott.« Und wer las in diesen Tagen schon ›Christ & Welt‹, mit einem Zitat des Theologen Paul Tillich, auf John Coltrane gemünzt: »Glaube ist ein Akt unendlicher Leidenschaft, er ist das Ergriffensein von etwas, was uns unbedingt angeht. Es ist die zentrierte Gerichtetheit der ganzen Person auf das Unbedingte.« Eine Beobachtung, die bei Miles Davis etwas profaner klang, aber dasselbe meinte: »Es war fast so, als hätte er eine Mission zu erfüllen. Er sagte mir oft, er habe genug Mist gebaut, zuviel Zeit vergeudet und zuwenig an sein eigenes Leben, seine Familie und – vor allem – sein Spielen gedacht. Deshalb kümmerte er sich wirklich nur noch um seine Musik. Er dachte an nichts anderes. Die Schönheit einer Frau ließ ihn kalt, denn er war schon von der Schönheit der Musik verführt worden.« Wer in jeder Religion einen Protest gegen die Welt – so wie sie ist – sieht, mag auch das Religiöse mitempfunden haben, das in jedem Aufschrei des Free Jazz steckte. Sicher überhörten wir in Deutschland – ja, in Europa – die, wie es Joachim Ernst Berendt nannte, »neue Religiösität«, ebenso wie wir bei den religiösen Ekstasen eines Allen Ginsberg oder Jack Kerouac immer schnell umblätterten. »Dies ist vielleicht«, schrieb Klaus Harpprecht, »das amerikanische Wunder: Die Gesellschaft der Neuen Welt hat Aufklärung und Religiösität niemals als Gegensätze betrachtet, sondern vom Beginn ihrer Geschichte miteinander zu ver-

»Manchmal wünschte ich mir, ich könnte mich meiner Musik nähern, als sei es das erste Mal, als hätte ich sie nie zuvor gehört. Aber weil ich so unentrinnbar Teil dieser Musik bin, werde ich nie wissen, wie sie auf den Hörer wirkt, was der Hörer fühlt, und das ist sehr schade.« John Coltrane

söhnen versucht« – undenkbar in einem Kontinent, in einem Land, in dem Aufklärung immer gegen Religion durchgesetzt werden mußte; undenkbar auch in einer Kultur, in der Musik als Heimat, als Mythos, als Religionsersatz diente. Wozu sollten wir da Religion brauchen?

Prophet, Priester, Integrität und Reinheit, Wörter, die sich wie ein roter Faden durch die Lebens- und Musikbeschreibungen John Coltranes ziehen. Selbstbestrafung, Selbstreinigung, Selbstfindung – Vokabeln, die ebenso treffend wie armselig wirken, um seine Musik zu charakterisieren. Liebe in Gestalt der Melodie, Sehnsucht in dem Bemühen, in tonalen Verästelungen den einzigen Ton zu finden, Verzweiflung in der rauhen Tongebung und den Schreien, Suche in der hypnotischen Länge der Soli – Annäherungen an eine Musik, die zum Schönsten dieser Erde zählt. »Ich weiß nicht, wonach ich suche«, sagte Coltrane, »außer, daß es etwas sein muß, was noch nie gespielt und gehört wurde.« Gott, möglicherweise.

Café noir

»Wovon redest du eigentlich, Mann?«

»Musik machen willst du *nicht*«, begann Buddy, als mache er Inventur, »und was anderes willst du schon gar nicht … Ich meine: Was *haben* wir schwarzen Musiker denn, was dich interessiert?«

Murray sah ihn kurz an und wandte sich dann entrüstet ab. »Na, was glaubst *du* denn, Mann? Ich steh auf die *Scene*, das ist alles. Ich steh auf die *Scene* und auf den *Sound*.«

Buddy stand auf und legte etwas Geld auf den Tisch. Er blickte zu Murray hinunter, der finster vor sich hin starrte. » *You're too hip, Baby*. Das ist es nämlich. Du bist ein *Hippie*.« Er lachte. »Du bist das, was man einen professionellen *Nigger Lover* nennen könnte.« Er berührte Murrays Schulter, als er sich zum Gehen anschickte. »Ich will dich nicht deswegen runtermachen, verstehst du, aber, äh, wie es so schön heißt: Da steh ich nicht drauf.« Sein dunkles Gesicht wurde unter den rauchigen Brillengläsern einen Augenblick lang starr, und er sprach, dringlich und beschwörend, in einem Blitzen weißer Zähne, er zischte es beinahe: »Ich meine: *nicht, wenn es nicht unbedingt sein muß*, Murray, *nicht, wenn es nicht unbedingt sein muß*.« Und dann ging er. Und der Kellner kam und steckte das Geld ein. » *Monsieur désire?*« – »*Café*« murmelte Murray.

»*Noir, Monsieur?*« fragte der Kellner mit suggestiv nach oben gezogener Modulation.

Murray sah den Mann abrupt an, aber der Kellner nahm gar nicht wahr, was um ihn herum vorging. Er zählte das Geld, das er in der Hand hatte. Murray seufzte. »*Oui*«, sagte er leise, »*noir*«.

Aus: Terry Southern, You're too hip, baby

Rolling Stones – Erzähl mir, Papa!

Sie kam meistens zwischen zwei und halb drei Uhr von der Schule nach Hause, lief den Mietblock mit den drei Eingangstüren von den Garagen vorne bis zur letzten Türe entlang. Ganz hinten, Parterre links. Die drei Wohnblocks standen am Rande der Stadt, von einem Getreidefeld und einer Weide mit Kühen eingegrenzt, Neubau mit Bad und Balkon, von einer großen Elektrofirma für ihre Mitarbeiter errichtet. Zwischen den Häusern der Rasen, der geteerte Fußweg, auf dem sie zielstrebig die Tür mit den sechs silbernen Namensschildern ansteuerte. Blond, die Haare streng nach hinten gekämmt, zum Schwänzchen gebunden, soweit er es vom Zimmer gegenüber beurteilen konnte. Er sah sie nie aus der Nähe, der nichtzubetretende Rasen lag zwischen ihnen, nirgends konnte man rumstehen und sie treffen, ohne daß es gespielt zufällig gewirkt hätte. Wahrscheinlich war sie älter als er, weil sie eines Tages ausgezogen war, während er noch zur Schule ging.

Nie drehte sie sich zu seinem Block hinüber, sie schien sehr kühl, sehr blaß. Und dann legte er eines Tages die Stones auf, ›Tell Me‹, laut, langsam, schwer gegen den Rhythmus ihrer Schritte. Auf einem Stereoplattenspieler, dessen Deckel aus zwei abnehmbaren, gerundeten Lautsprechern bestand, eigelb, mit hellbraunem Rand, das Mittelteil für Singles wurde automatisch durch eine Feder nach oben gedrückt. Bei offenem

BRAVO

bringt die härteste Band der Welt

THE ROLLING STONES

Der deutsche Veranstalter im Programmheft zur Tournee 1965: »Ich hätte den Wunsch, daß Ihr dieses Gastspiel in einen würdigen und schönen Rahmen kleidet und Eure Begeisterung ganz den Rolling Stones, nicht aber dem Inventar und Mobiliar gegenüber zum Ausdruck bringt.«

Fenster: »Aiiiiii … want your LOVE again!« Wie eine musikalische Duftmarke, ein Räuspern, dreckige Töne bis vor zu den Parkplätzen mit den groß aufgemalten weißen Nummern. Sie drehte nicht einmal den Kopf. Einfach geradeaus zur letzten Tür, von der Stimme Mick Jaggers begleitet, zu dieser dicken Soße aus Gitarre, Baß und Tamburin, zum verschleppten Tok Tok des Schlagzeugs, dem Sehnsuchtsstöhnen mit dem Unterton des frühen Verzichts. »I hear that knock on my door that never comes.« Irgendwann begegneten wir uns. Natürlich sah ich in ihr eine Mischung aus Anita Pallenberg und Marianne Faithfull. Wir sagten »hallo« – und leider hatte sie eine reichlich hohe Stimme. Genau betrachtet, war das Lied das Beste am Ganzen, die Realität hätte nur enttäuscht.

»Liebe Beat-Freunde! Seit Monaten habt Ihr Euch ein Gastspiel der Rolling Stones gewünscht. Seit Monaten wartet Ihr darauf, sie persönlich zu erleben. Und seit Monaten habe ich versucht, Euch diesen Wunsch zu erfüllen. Es war nicht leicht. Immer wieder machten äußere Umstände es unmöglich, die ›heißeste Band der Welt‹ in die Bundesrepublik zu bringen. Das eine Mal scheiterte das Gastspiel an der finanziellen Bewältigung – das andere Mal an Terminschwierigkeiten. Aber allen Hindernissen zum Trotz: BRAVO – Deutschlands größte Zeitschrift für junge Leute – hat es geschafft! Die Rolling Stones kommen. Nein – sie sind schon da. Ihr wißt, daß Eure Reaktion und die Form Eures Enthusiasmus der Veranstaltung den entscheidenden Rahmen geben. Und da hätte ich den Wunsch, daß Ihr dieses Gastspiel in einen würdigen und schönen Rahmen kleidet und Eure Begeisterung ganz den Rolling Stones, nicht aber dem Inventar und Mobiliar gegenüber zum Ausdruck bringt. In der Überzeugung, daß Ihr mir diesen Wunsch erfüllen und es mir ermöglichen werdet, Euch auch künftig das Beste vom Besten zu bieten, bedanke ich mich im voraus. Eure Gastspieldirektion Karl Buchmann.«

Am 14. September 1965 im Krone-Bau in München: »Angeheizt von den Rackets, den Rivets und Didi und den ABC-Boys. Durch das Programm führt Heinz Allhoff.« Nur dieses irrsinnig hohe Kreischen des Publikums in der bestuhlten Zirkusarena. Von der Musik ist kaum etwas zu hören. Sie sehen ziemlich harmlos aus, stehen ruhig, die Gitarren im Anschlag, nicht böse oder bürgerschrecklich, Pullover mit rundem Ausschnitt; einen Teil der Zeit verbringt man damit, den drei Gitarristen Namen zuzuordnen, der links Brian, rechts Bill, daneben Keith? Nur der Schlagzeuger Charlie Watts und Mick Jagger sind sofort zu identifizieren, Mick springt herum, klatscht in die Hände und droht mit dem Zeigefinger. Der Mann neben mir hat sich die hellbraunen, durchbrochenen Slipper ausgezogen, tanzt in Socken und schlägt sich rhythmisch mit einem Schuh gegen den Kopf. Nach einer guten halben Stunde – übliche Konzertdauer für einschlägige Bands – ist es vorbei. Wir waren dabei, nichts ging zu Bruch in München/Bundesrepublik.

Als er seine Eltern ärgern wollte, klebte der Junge ein ›Bravo‹-Poster der Stones um seine Papierkorbwaschmitteltonne. Dreihundertsechzig Grad nur Rolling Stones. Wie man sie auch drehte, immer sah man einen von ihnen: finster, arrogant und dreckig. »Die sehen ja aus wie Kriminelle«, meinte seine Mutter, »und für so was schwärmst du?« Und ging. Genau das war es: die Erwachsenen aus dem Zimmer zu vertreiben. Später konnte man den Effekt stilisieren, zur Fortsetzung des Beatnikmythos mit anderen Mitteln, zum Protest von Mittelstandsjünglingen gegen die

Manchester 1964. Fünf kostbare
Edelsteine (von links): Brian Jones
(Lastwagenfahrer), Bill Wyman
(Klarinettist), Keith Richards
(Postbote), Mick Jagger (Student
der Ökonomie), Charlie Watts
(Graphiker).

Öde der Vorstadtgärten, als Phänomen der Massenboheme, als Sieg des Rock gegen die Anzüge der Väter und die Liebe der Mütter. Mit ›Bravo‹ gegen den ›Münchner Merkur‹ und das Haus der Kunst.

»Fünf kostbare Edelsteine, Made in Beat-Land. Wo sie erscheinen«, so das Programmheft von 1965, »werden heftige Unruhen befürchtet, muß die Polizei die begehrten Steine vor ihren in Ekstase geratenen Fans schützen. Denn sie verbreiten so viel Hitze, daß Mädchen ohnmächtig werden. Sie sind wilder als die Beatles, aber sie sind keineswegs Nachahmer der berühmten Liverpooler Konkurrenten. Es sind fünf harte Brocken, die Rolling Stones. Fünf gute Freunde, die zusammengehören wie die Finger einer Hand. Ihre gemeinsame Liebe zu amerikanischer Negermusik führte sie in einem Londoner Club zusammen, in dem vorwiegend Blues gespielt wurde. Mick Jagger ist der Boß der Gruppe, ihr stimmgewaltiger Tonangeber. Er ist 21 Jahre alt und wollte eigentlich Nationalökonomie studieren. Gitarre und Mundharmonika spielt Brian Jones (21). Früher verdiente er sein Brot als Lastwagenfahrer. Er raucht, wenn er auf Tournee ist, täglich 60 Zigaretten, ›um das Heimweh zu überwinden‹. Gitarrist Keith Richards (21) wäre Postbote geblieben, wenn die Steine nicht ins Rollen gekommen wären. Bill Wyman (23) blies in der britischen Armee die Klarinette, bevor er sich als Zivilist für die Baß-Gitarre entschied. Und Drummerboy Charlie Watts (24) bewies als Graphiker einiges Talent, bevor er sich dazu entschied, als ROLLING STONE auf die Pauke zu hauen.«

Ein beliebtes Spiel: die netten, adretten Beatles gegen die dreckigen, schlüpfrigen Stones. Bis heute wiedergekäut. Eher waren es der Schuljungenblues, der Schafkopf zum Weißbier auf blanken Wirtshaustischen, die vorweggenommene Trägheit des Männerstammtischs, des Freundschaftskults, über alle Frauen hinweg. Die idealtypischen Männerfiguren: vom intellektuellen Charlie-Parker-Fan und Comiczeichner Charlie Watts zur homoerotischen Lippe Mick Jaggers, von der stimmlosen Gitarren- und Whiskey-Ikone Keith Richards zum bleichen Stricherengel Brian Jones. Mick Jagger: »Es gibt wirklich keinen Grund, warum man Frauen bei Tourneen dabeihaben sollte, es sei denn, sie hätten wirklich was zu tun. Nehmen Sie Ihre Frau mit ins Büro? Der einzige Grund wäre, sie zu bumsen.« Stones waren Männersache, Satisfaction garantiert.

Marianne Faithfull: »Mick hatte
vielleicht nie vor, seine homoerotischen Sehnsüchte nach Keith
auszuleben. Es war viel besser, daß
seine Wünsche unerfüllt blieben.
Denn das war die geheime
Antriebskraft der Stones.«

Charlie Watts in Irland. »The same and it gives me that feeling inside /
old places and the same old songs / That I know I must be right /
We've been going there for much It's the singer not the song.«
too long / There's something wrong

Die passenden Pin-up-Girls wurden gleich mitgeliefert: Anita Pallenberg und Marianne Faithfull, wechselweise mit Keith Richards, Mick
Jagger oder Brian Jones liiert, archetypische Schönheiten, die raubtier-
gleiche Pallenberg und die naive Verführerin mit der Jungmädchen-
stimme. Schon bei den ersten Tönen von Marianne Faithfulls ›As Tears
Go By‹ war man verloren. Da erschien Maria mit dem Körper einer Mag-
dalena, da hauchte eine Sechzehnjährige – Françoise Hardy Style – den
Text einer Fünfzigjährigen, der Schmollmund und die blonden Haare
schienen speziell für die Schwarzweißphotographien des ›Twen‹ erfunden. Eine Adlige, deren Großonkel Leopold Ritter von Sacher-Masoch
mit seinem Roman ›Venus im Pelz‹ zu eindeutigem Ruhm gelangte,
wurde zum Covergirl des ›Swinging London‹, lebte stellvertretend alle
unsere Wünsche und trug das Los – »Guilt!« Sie sang ›You Can't Go
Where The Roses Go‹, posierte mit Elvis-Krawatte, es störte kaum, daß
Lied um Lied die musikalische Spannung nachließ, wir hatten unsere
Schallplattenhüllen. Später suchten wir die verletzliche Marianne in
kurzen Filmauftritten bei Jean-Luc Godard, tauchte Anita Pallenberg in
Volker Schlöndorffs ›Mord und Totschlag‹ auf, bis endlich alle Wünsche
1968 in ›Performance‹ erfüllt wurden, jener Filmapokalypse von Nicholas Roeg, die dem MTV-Videoclipzeitalter die Themen und die Sehnsüchte vorgab. Ob Drogen oder Persönlichkeitsspaltung, Teufelstrip
oder Gangsterfilm, Voyeurismus oder Dekadenz – die Flucht zu den Bildern des Films war die logische Fortsetzung und Ergänzung der Liebe
zu den Bildern der Musik.
Der Junge hatte ihn damals tief beeindruckt. War zwei Klassen über
ihm im Gymnasium, wollte mit ARRIflex 16-mm-Filme drehen, wohnte
nicht mehr bei seinen Eltern, mußte Schallplatten verkaufen, um das
Geld für den Dreiminutenfilm zu organisieren. Platten, die man eigentlich nicht verkaufte, Archie Shepps ›Fire Music‹ zum Beispiel. Die Stones
liefen, als er bei ihm auftauchte. »Find ich gut«, versuchte sich der Besu-

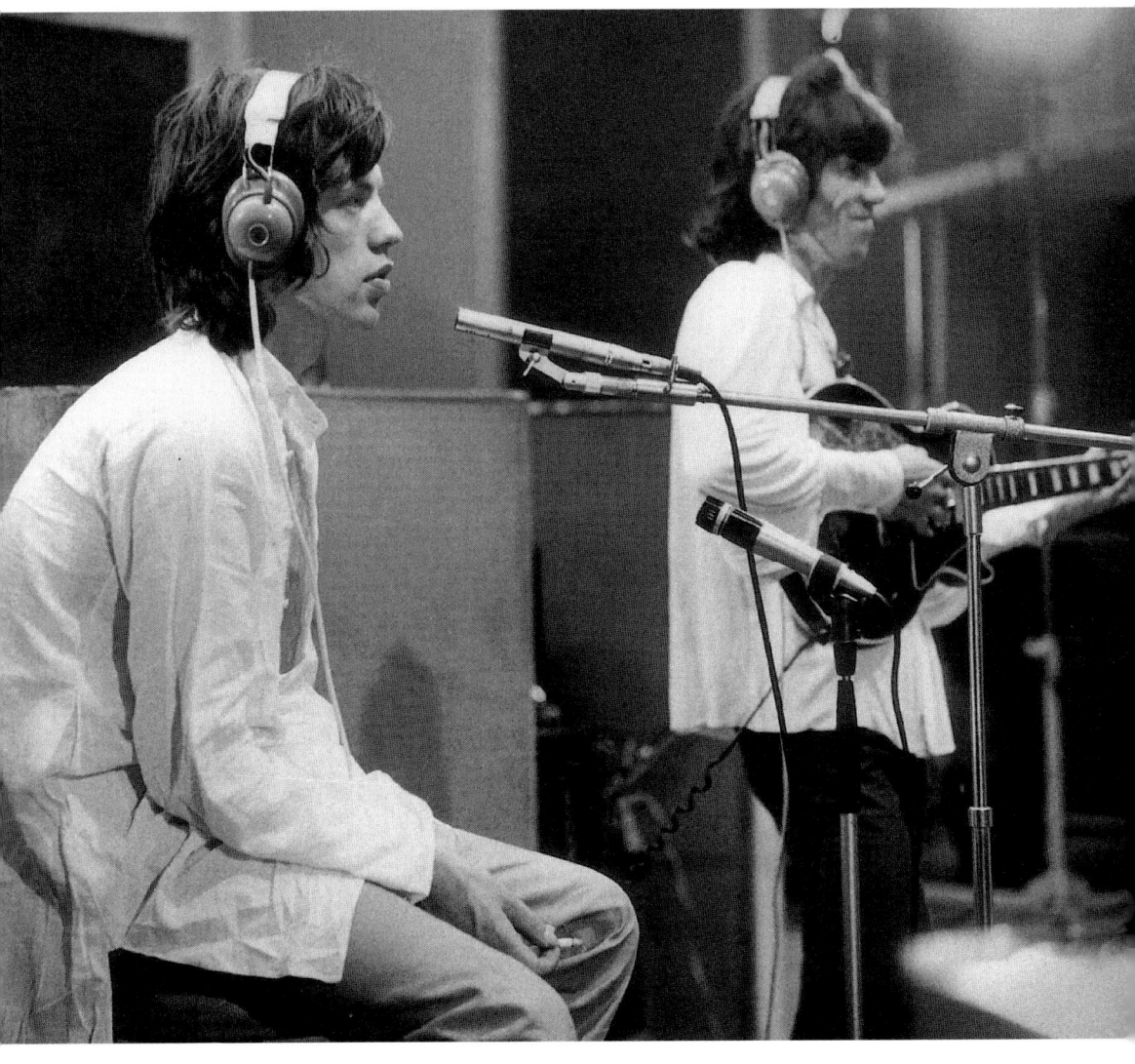

Die Rolling Stones in Jean-Luc Godards Film ›One Plus One‹. »Mick Jagger bei der Arbeit ist ein wirklicher Musiker, der Kopf dieser Band; man sieht, wie er jeden Moment den Entwicklungsgrad des Stücks im Kopf hat, ihn kontrolliert, fast alle Verbesserungen kommen von ihm. Man sieht, warum es diese Band noch gibt, es ist ihre Arbeitsweise.« Klaus Theweleit

cher einzuführen und erzählte unvorsichtigerweise von seiner Begeisterung für die Beatles und daß er auch die Bee Gees ganz gern höre, ›New York Mining Desaster 1941‹, ›Cucumber Castle‹, ›To Love Somebody‹. Er rannte ins offene Messer. Mein Gott, außer den Stones gab es nichts. Zur Musik von ›Under My Thumb‹ aus ›Got Live If You Want It‹ sollte die Geschichte seines Filmes spielen, mit einem schönen Mädchen, einem jungen Mann und einem geladenen Revolver, Politik und Revolution in Schwabing. Under My Thumb, aha – der Besucher verstand nicht mal das Problem. Auf die Rückseite von ›Fire Music‹, die er schließlich kaufte, hatte der kommende Jungfilmer mit schwarzem Filzstift ein Gedicht von Archie Shepp geschrieben: »A song is not what it seems / A tune, perhaps / BIRD whistled / While even America listened / We play / But we aren't always / Dumb / We are murdered / In amphitheaters / On the podia of the Autobahn /– the Earl Philadelphia 1945 / Dear God / MALCOLM!« Das war unüberhörbar politisch, und diese Platte opferte er für seinen Dreiminuten-Stones-Film. Es mußte mehr dahinter sein als ›Under My Thumb‹.

Wir wurden eingeladen. Sie waren die einzige Familie, die ein Farbfernsehgerät besaßen und uns erlaubten, ›One Plus One‹ von Jean-Luc Godard abends in Ruhe anzusehen. Wir belagerten das ganze Wohnzimmer, neun, zehn Schüler, kurz vor dem Abitur. Godard hatte die Studioaufnahmen zu ›Sympathy For The Devil‹ gefilmt und dazwischen und parallel politische Stories geschnitten, Leute, die aus Büchern vorlasen, Parolen an Hauswände sprühten, Schwarze, die auf einem Autofriedhof weiße Mädchen erschossen und Eldridge Cleaver oder Leroi Jones zitierten. Irgend etwas in der Richtung. Man mußte ziemlich viel mitdenken, und im Grunde wartete jeder nur darauf, daß die Stones wieder ins Bild kamen. Die ruhigen Gesten von Brian Jones, wie Charlie Watts mit abgewandtem Kopf trommelte, die träge Bewegung der Kamera und dann Mick Jagger mit jener näselnden Emphase: »Please allow me to introduce myself …« und den dünnen Beinen, die sich wie Zitteraale bewegten. Es war genau diese Mischung an diesem Abend, die später nur noch in Fragmenten zu erleben war: cool und aggressiv einerseits und dazu das Gefühl, zur intellektuellen und politischen Speerspitze zu zählen, auf der richtigen Seite zu stehen. Und das Wohn-

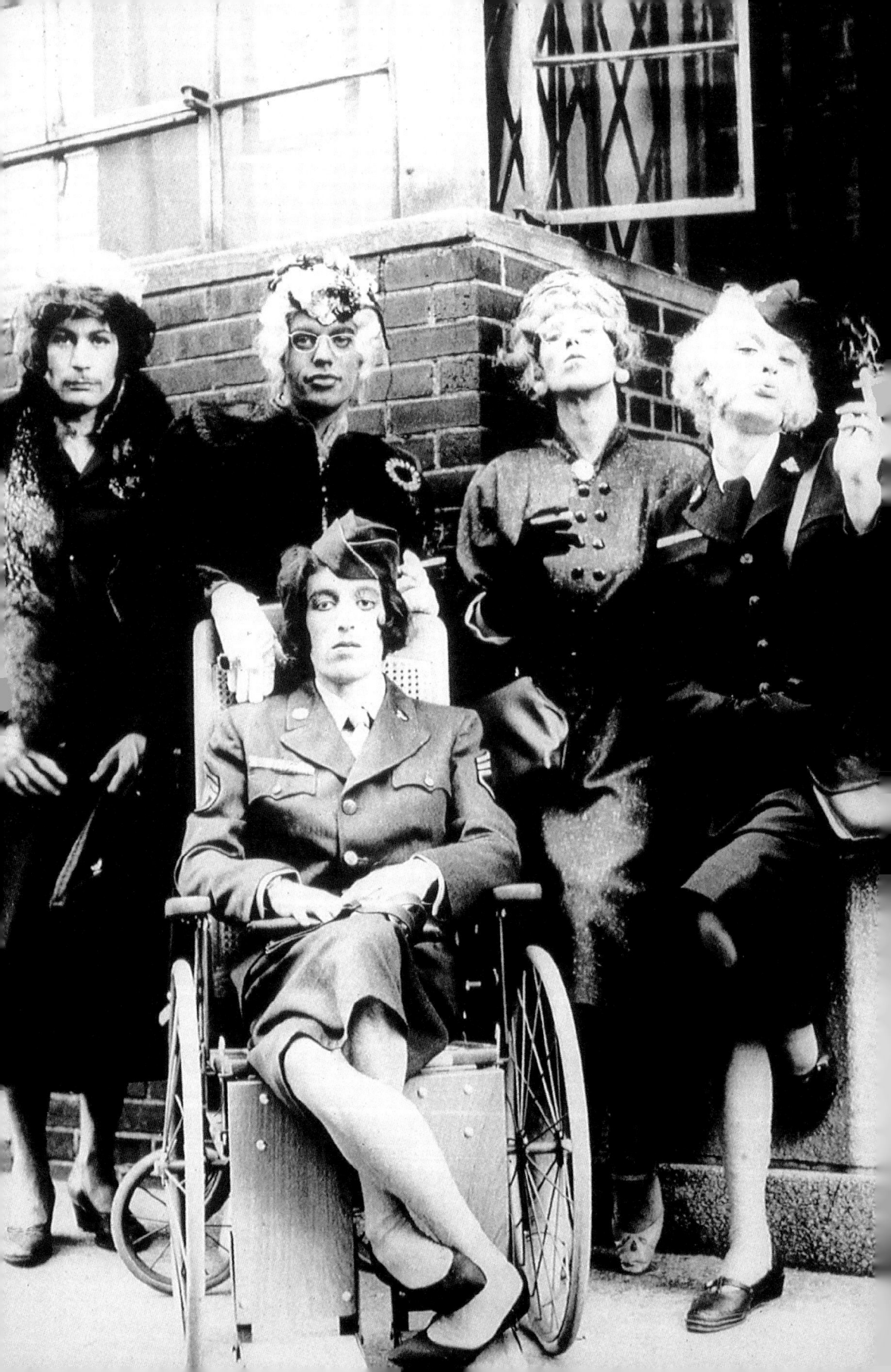

»Have You Seen Your Mother
Baby, Standing In The Shadow?«
1966: Charlie, Mick, Bill, Keith
und Brian als Millicent, Sara,
Penelope, Milly und Flossie.

Mick Jagger: »Einen Engländer
braucht man nicht lange dazu zu
überreden, sich als Frau zu
verkleiden.«

zimmer aus Lack und Samt und Perser, aus ›Einer wird gewinnen‹ und ›Der goldene Schuß‹ und ›Was bin ich?‹. Und dann geschah das Entsetzliche: Mitten im Film kam der Vater unseres Freundes ins Zimmer, ein sehr freundlicher, liberaler Mann, und fragte, ob er sich das auch ein bißchen ansehen dürfe. Sein wohlwollendes Interesse war uns grauenhaft peinlich. Man hatte beständig das Gefühl, sich für den Film entschuldigen zu müssen. Nur wenn die Stones auftauchten, wenn solide gearbeitet wurde, immer wieder geprobt, wiederholt, ausprobiert, konnten wir aufatmen. Die Stones als ernstzunehmende Vertreter des Bürgertums, als Menschen, die sich ihr Geld redlich verdienen, nichts gegen diese Klamotten, solange die Typen ihren Job gut erledigen. Die Revolution hatte zu lange Haare und zu kurze Beine für Straßenkämpfer. Mick Jagger: »Das Problem mit den Krawatten ist, daß sie einem ständig in die Suppe hängen.«

›Around And Around‹, ›Time Is On My Side‹, ›I Can't Be Satisfied‹, ›Not Fade Away‹ oder ›It's All Over Now‹ hielt man jahrelang für Stones-Songs. Was sie auch waren. Namen wie Otis Redding, Muddy Waters, Womack oder Cooke tauchten erst später auf. Soul gehörte wenigen, der Sänger war der Song, von der Unterscheidung zwischen Komponist und Interpret wußte nur die GEMA. Als 1963 das erste »American Folk Blues Festival« durch Deutschland zog, saß man offenen Mundes vor Sonny Terry, Brownie McGhee oder Sonny Boy Williamson, gerührt und ergriffen. Wie der erste Blick in eine musikalische Chronik, die alles erklären konnte, was man doch nicht wissen wollte. Das Wahre, das Echte, der Ursprung – zu Tränen bewegt, aber nur für einen Abend. Mehr als zwei, drei Stücke auf den eiligst besorgten Platten wurden mühsam, das Authentische erwies sich als quälend, ›I've Been Loving You Too Long‹ von den Rolling Stones klang zwar hörbar dünner und bläßlicher als das Original von Otis Redding, doch es war unser, mit dem Glanz der ersten Berührung behaftet. ›You Can't Always Get What You Want‹ wisperte es hinter jedem Liebesschwur, und die Klammer um ›I can get no‹ war entscheidender als das ›Satisfaction‹. Wahrlich, die skeptische, affektierte Stimme Mick Jaggers zur eindeutigen, kraftvollen Musik wurde zum perfekten Ausdruck unseres Widerspruchs: Wir wollten nicht, was wir uns wünschten. Keine Black Panther und kein Eldridge Cleaver außerhalb unserer Wohnzimmer, es reichte schon, wenn ›Tell Me‹ über den Hof dröhnte.

memorial riff

:für B. J., der am 3. Juli 1969 ertrank –
Franz Kafka wäre an diesem tag 86 geworden

mitternachts abgesoffen im eignen
swimmingpool stockbesoffen
die obduktion ergab einen schweren
leberschaden & alkoholeinfluß
zum zeitpunkt des todes (auch
      drogen)

hatte noch drei wochen vorher
›den wunsch
musik zu machen die mir paßt
& nicht die von andern‹
also ließ er sie sitzen
›zerstritten in fragen des stils‹

›mir liegt daran meine
– optikerlehrling
plattenverkäufer
lastwagenfahrer
:mitbegründer der Rolling Stones:
gitarre
rolls-royce
drei aufsichtsratssitze –
persönlichkeit zu entfalten‹

BRIAN JONES (27)
VERLÄSST DIE STONES
wußte die Zeitung (& druckte
lyrik mit endreim
seinetwegen fett aus)

sieh mal da kommt ein stein
ins rollen er kollert
& macht dabei eine ganz eigne
musik: die klingt jetzt wie gurgeln
die klingt wie drei hände
sand auf sechs bretter

Yaak Karsunke

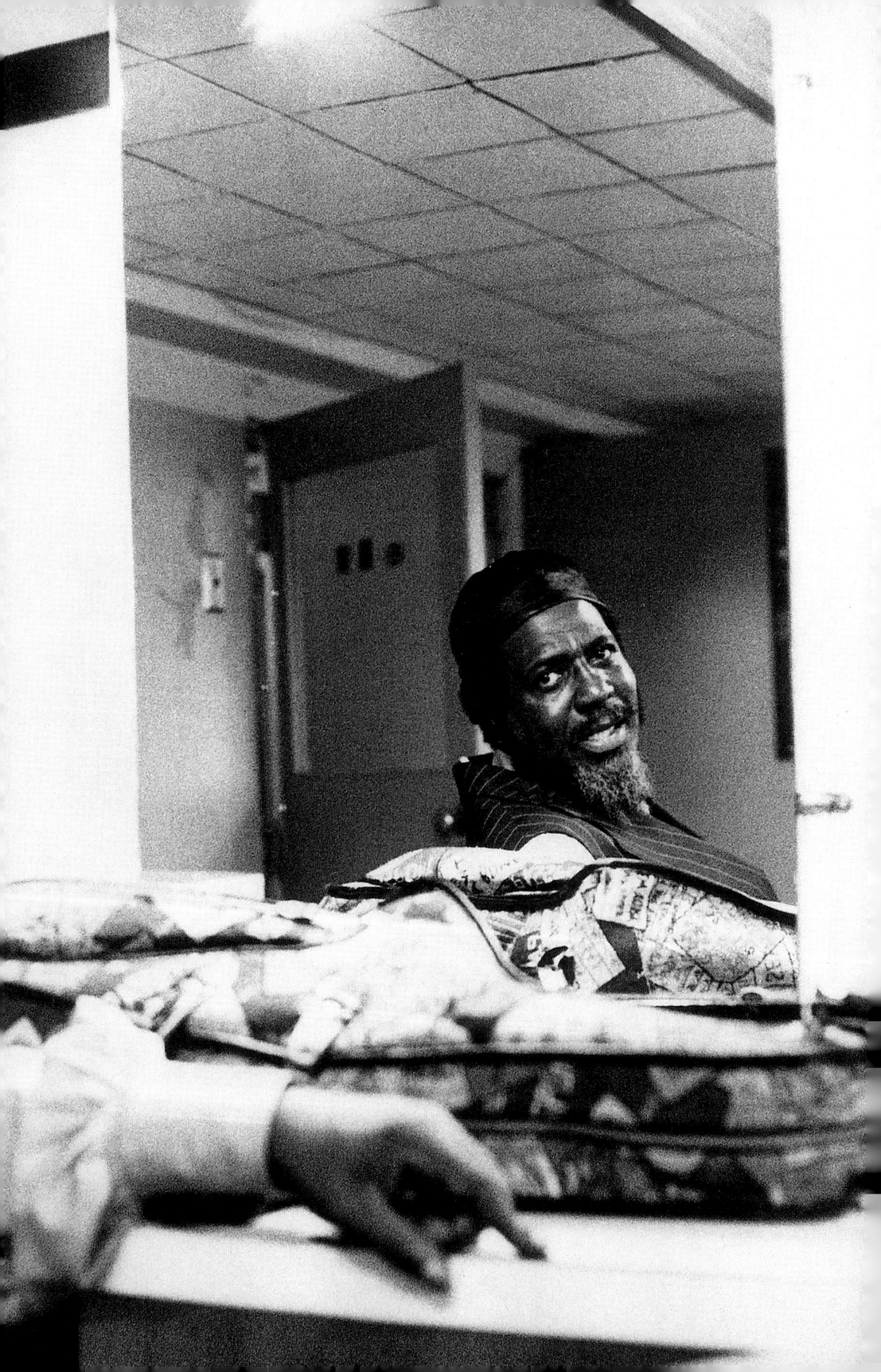

Thelonious Monk –

Rolf Dieter Brinkmanns ›Wurlitzer‹

»Die Musik hörte nicht auf. Es machte den Eindruck, als drehe sich alles um diesen blockartigen, halbhohen Musikautomaten, diese Maschine, verchromt, Wurlitzer, mit gewölbter Plexiglasscheibe, die sich bis zu den Tasten hinunterbog und unter der die Drehscheibe offenlag, der Plattenteller, der Tonarm und Greifer, sichelförmig gekrümmt, und an der Rückwand der Halbkreis, das Rad mit den gespeicherten Schallplatten, gleich unter der Scheibe war eine Reihe von rechteckigen, schräggestellten Kästchen, in denen die Titel der Platten standen, darunter war jeweils eine Drucktaste, unterteilt für Vorder- und Rückseite der Schallplatte, und tiefer, etwas zurückliegend, waren die Lautsprecher angebracht.«

›Wurlitzer‹, Rolf Dieter Brinkmanns Erzählung, 1966 veröffentlicht, basiert nicht, wie zunächst zu vermuten, auf ›Mrs. Brown‹, auf ›Surfer Girl‹, ›My Generation‹ oder ›Mothers Little Helper‹, sie dreht sich um den Typus »Jazzsingle«, der als Genre verloren ist.

»Eine der in dem Kasten gespeicherten Schallplatten wurde immer wieder gewählt, nachdem eine Zeitlang andere Platten abgelaufen waren, Schlager, Beatlesschlager, a hard day's night, oder jazzähnliche Stücke, Jazzsamba mit Stan Getz, mit Herbie Mann, fließende, schwammige Rhythmen, wattigweich und wummernd, oder schreiend, Geschrei, ein stampfender, harter Rhythmus zu den hohen, sirrenden Gitarrenklängen, um dann aber wieder von dieser einen Platte, diesem Jazz abgelöst zu werden, der bekannt war, es war ein bekanntes Jazzthema.«

45 rpm, fünfundvierzig Umdrehungen für Thelonious Monk als »modern jazz club serie Vol. 14« von Metronome in der billigen Papierhülle mit der Op-art-Graphik oder als EP, einer »extended play« von Riverside in Pappe mit lila eingefärbtem Pianistenphoto, einen selten gesehenen Pepita-Hut zu Anzug, Hemd und Krawatte tragend. Monk im Musikautomat, Monk auf Single veränderte die Musik, nahm ihr das Akademische, dieses Schwarzaufweiß von Seite 160 ff., und gab ihr den Geruch von Bier und Schweiß zurück, den Duft eines Mädchens mit roter Lackjacke, diese Bilder von Wassertropfen auf Toilettenspiegeln, hellen Kreisen von Biergläsern auf gelblichen Holztischen und verschüttetem Kaffee in einer Untertasse. Brinkmann verlegte Monk ins Deutschland Ludwig Erhards, nach Köln, in eine Kneipe, ins Minton's, mitten im Rheinland.

Man hatte inzwischen »das jazzbuch von j. e. berendt« gelesen, die Stil- und Stammbäume memoriert, die Chronologie der fernen Ereignisse gelernt. Als Thelonious Monk nach 1960 zum regelmäßigen, jährlichen Gast in Europa und Japan wurde, schrieben die meisten Kritiker seinen Vornamen mit dem korrekten ›o‹ vor dem ›u‹, war zu lesen, wie der ungewohnliche Vorname mit deutschstämmigen Missionaren nach North Carolina, nach Raleigh, kam (eine Ableitung von Theoderic und dessen latinisierte Form Theolonius). Man hatte sein eigenes Bild von den »rent parties« der Schwarzen, bei denen er sein erstes Plinkplonk-Geld verdiente, wußte von der Zweizimmerwohnung in New York, die ihm sechzig Jahre lang eine Rückzugsmöglichkeit bot. Monk – das war unser verschwommener Traum von jenem »Minton's Playhouse«, dem Restaurant eines Hotels in Harlem, wo er sieben Tage die Woche die

Thelonious jr. ›Tootie‹ Monk:
»An dem Abend habe ich be-
griffen, was ein Musikgenie ist:
Er nimmt eine kleine Melodie
und dreht sie herum. Jedesmal,
wenn er ihr einen neuen Sinn gibt,
sagt man sich: Genau das ist es!
Besser kann man es nicht machen.
Er macht sie rund, er macht sie
eckig, er macht sie schrauben-
förmig, mit Gewindegang, er packt
sie in eine kleine Schachtel und
schickt sie in den Weltraum
hinaus ... «

»Spiel nicht, was die Leute hören wollen. Spiel, was du willst, und laß sie herausfinden, was du machst. Auch wenn sie fünfzehn oder zwanzig Jahre dazu brauchen.« Thelonious Monk

Hausband leitete, die Bebop-Revolution ihre Urzelle fand, er den unerwünschten Squares, den glatten Swingern musikalische Fallen stellte, in seinen vertrackten Kompositionen wühlte, bis er über den Tasten einschlief. Und das Faszinosum Monk strahlte noch kräftiger, als die ersten Photos im schmalbrüstigen deutschen ›Jazz Podium‹ erschienen: die schwarze Baskenmütze mit dem Metallanstecker in Form eines Klaviers oder der Freien Französischen Streitkräfte, die Sonnenbrille, das Halstuch zusätzlich zur Krawatte. Monk, das fremde Wesen, das versprach Protest gegen weiße Kopisten und Ausbeuter, eine Mischung aus Eigensinn und Hipness. Viele der Gesinnungsgefährten – so sahen wir sie, wenn nicht gar als Kampfgenossen – waren inzwischen tot, wie Charlie Parker oder Fats Navarro, oder hatten ihre Reputation eingebüßt. Bud Powell dämmerte im fernen Paris, Miles Davis häutete sich unentwegt, lebte in wechselnden Welten, Dizzy Gillespie verdächtigte man des allzu offensichtlichen Humors, blieb also Monk, der das alte Spiel in endlosen Variationen vorführte, der über die immer gleichen Kompositionen mit den immer gleichen Musikern improvisierte. Monk schien das dunkle, widerspenstige Erbe zu bewahren, die unerschöpfliche Fortsetzung seiner Musik von 1942, die er zwanzig Jahre später mit beringten Fingern aus den Tasten schlug.

»George T. Wein presents …« Vier Stühle und drei Mikrophone auf der Bühne des Kongreßsaals des Deutschen Museums in München. Ein Mikrophon für den Bassisten, eins zeigt ins geöffnete Innere des »Steinway & Sons«, das dritte steckt im Ständer, gefährlich dicht an der Rampe plaziert. Der Tenorsaxophonist Charlie Rouse nutzt es, biegt den Mikrophonkopf schräg nach unten, dem Trichter seines Saxophons entgegen. Murmeln Monk oder Rouse den Titel eines Stücks oder bedanken sich für den Beifall, biegen sie den silbernen Schlauch nach oben. So verharrt es, ein stummer Diener der Erwartung. Das Schlagzeug braucht kein Mikrophon, es ist laut genug. Das Ausmaß der kahlen Bühne mit dem Holzplankenboden, den beiden jeweils um eine Stufe nach hinten ansteigenden Ebenen, wirkt ebenso absurd wie die drei dunklen Holzstühle, die in einer Reihe im Hintergrund stehen. Ein Stück seitwärts gegen die Mitte versetzt, wenden sie die Vorderseite dem Publikum zu, Spiegel und Parodie der Stuhlreihenordnung im Saal. Ein

Monk und Gerry Mulligan – Round Midnight. »Was geht in deinem Kopf vor?« fragte ihn jemand. Er nahm seine Sonnenbrille ab. »Schau selbst! – Siehst du irgendwas?« – »Nichts!« – »Siehst du!« Monk lacht, setzt die Sonnenbrille wieder auf und zündet sich die übliche Zigarette an.

Quartett war angekündigt, also wurden vier Stühle auf die Bühne gestellt.

Möglicherweise war es 1963, vielleicht auch 1961 oder 1964, die Konzerte des Thelonious Monk Quartets unterschieden sich nur wenig in Ablauf und Programm. Das demokratische Mittel aus Klavier, Saxophon, Baß, Schlagzeug irritierte, dieses Solo um Solo um Solo um Solo, man wollte ihn, den Star, hören und nicht den Kuchen gerecht verteilt sehen. Eine seltsame Konstellation des Umbruchs: Die ferne, vergangene Revolution erscheint verspätet mitten im Frühling des neuen Aufbruchs. Die freien musikalischen Gedanken von John Coltrane, Ornette Coleman und Cecil Taylor lassen die formaldemokratischen Abläufe des traditionellen Jazz wie ein Gefängnis erscheinen. Und Monk steht plötzlich auf der anderen Seite. Ein großer, schwerer Mann, leicht wankend, die Schultern wie ein Boxer vor- und zurückschiebend, keine graue Eminenz der Avantgarde, eher der höfliche, müde Verwalter eines Schlosses, das endlich zur Besichtigung freigegeben wurde. Fluch der Demokratie, noch ein Schlagzeug-, ein Baßsolo, man blättert im fünf Mark teuren, acht Seiten dünnen Programmheft, deutsche Organisation: R. Schulte-Bahrenberg. Text: Joachim Ernst Berendt. »Thelonious Monk wählt aus nachstehendem Repertoire sein Programm: Round About Midnight, Ruby My Dear, Ask Me Now ...« Meyers Ordnungsdienst reißt die Eintrittskarte nur leicht ein. Sammelobjekt.

Die Rückseite des Programms: »Experimentieren ist der Weg vom Guten zum Besseren. Was der Jazzer für das Beste hält? – Wenn Perfektion nie erreicht wird. Wo er aber Perfektion verlangt: bei der Wiedergabe seiner Schallplatten. Darum wählt er BRAUN Geräte. Sie bieten höchste Wiedergabetreue.« Dünne Stahlrohre und Nußbaum im neuen Heim und die Kälte des öffentlichen Raums: Münchens Kongreßsaal ist kein Ort zum Hören. Der riesige, klassizistische Saal mit dem rundum laufenden Balkon und den knarzenden Holzklappstühlen, deren unge-

polsterte Sitzflächen hochschnellen, läßt man sie nur einen Moment aus der Hand, repräsentiert Unbehaustheit und Reißbrett, die Musik verhallt hier, bricht sich in Ecken, weht durch lange Reihen. Musik, sieht man von ihrer »klassischen« Variante ab, findet in Deutschland keinen Platz. Man baut ihr Imitate, nennt sie Jazzkeller oder Beatschuppen oder verlegt sie in Konzert- und Fabrikhallen, Räume ohne Liebe zur Musik.

Monk schien plötzlich alt. Als wären während des Fluges von New York nach Europa zwanzig Jahre vergangen, als wäre die Revolution im Fluge gealtert. Ja, schlimmer noch, als wäre dies nie eine Revolution gewesen. Keine der oft erzählten Geschichten war ohne die Clubs, den zugehörigen Raum möglich, keiner dieser Töne ohne die klaustrophobische Enge in der Küche jener Zweizimmerwohnung in San Juan Hill, Ecke West 63rd Street/11th Avenue, New York City, wo der Flügel stand.

Mit seiner Mutter Barbara lebte er dort, und seinen beiden Geschwistern, deren Kinder kamen dazu und dann Monks Frau Nellie und ihre beiden Kinder Boo Boo und Tootie, weniger als vier Bewohner waren es nie, meist sechs, einer schlief in der Küche, und er spielte immer, zu jeder Tages- und Nachtzeit. Dreimal brannte die Wohnung aus – 1956,

1961, 1966 –, dreimal kehrten sie zurück, die Küche wurde schallisoliert, die Nachbarn von Monks waren Kummer gewöhnt. Thelonious saß vor den Tasten, den Kopf schief, die Augen hinter der Sonnenbrille, die Gedanken unter der Mütze versteckt, versunken in seinem Reich, um ihn der Rest des Lebens. Nellie: »Er denkt die ganze Zeit an Musik, wenn er nicht gerade spricht. Er ist in der Lage, in einem Zimmer voller Leute einfach still herumzustehen und zu komponieren. Ich kenne niemanden, der sich innerlich so entziehen kann.«

Nellie Monk war nicht nur Frau und Ernährerin – immer wieder arbeitete sie als Sekretärin, um Monk Genie sein zu lassen –, sie war auch Manager, Finanzverwalter und Krankenschwester. Sie wählte die Anzüge aus, band dem großen Kind die Krawatte, schenkte ihm einen Flügel, damit er in seine Welt davonfliegen konnte. Als Monk regelmäßig nach Europa kommt, begleitet ihn Nellie, er scheint unfähig, auf die einfachsten Dinge des Alltags zu reagieren, bei Interviews verstummt er beinahe, grummelt unverständliche, knappste Antworten, ruft panisch nach Nellie, um sich ihrer Nähe zu versichern. Die Rückzüge ins Innere dauern immer länger, er hatte alle Enttäuschungen in sich hineingefressen, spielt ohne Unterlaß, und wenn ihm keiner zuhört, so zumindest sein Innerstes. Sicher, da war sein exzessives Trinken – über das Ausmaß seiner Drogenabhängigkeit ist man sich nicht einig –, aber sein Weg ins Dunkel ließ sich auch ohne das Wissen darum verfolgen.

Monk ist bereits siebenundzwanzig, als er seine erste Plattenaufnahme mit Coleman Hawkins macht, er ist dreißig, als er den ersten Plattenvertrag bei Blue Note unterschreibt. Er wird immer versuchen, seine Familie zu ernähren, doch erst als Vierzigjähriger schafft er 1957 mit seinem Auftritt im Five Spot den Durchbruch. Wahrscheinlich war es zu spät. Zweimal wurde ihm wegen Drogenvergehens die »cabaret card« entzogen, jene berüchtigte Auftrittsgenehmigung für die Clubs von New York, der

Stadt, die er nie verlassen wollte. Berufsverbot für acht Jahre. 1949 wird der arbeitslose Monk Vater, 1953 zum zweiten Mal, er liebt seine Kinder, und doch ist es inzwischen besser, sie ein Internat besuchen zu lassen. Die Phasen des Rückzugs häufen sich, die Kompositionen sind seine wahren Kinder, er betrachtet sie immer wieder, bei ihnen ist er zu Hause.

Was wir uns angelesen hatten: Der Eremit, ein Prophet, der Sätze sprach wie: »Es ist immer Nacht, sonst bräuchten wir das Licht nicht so notwendig« oder »Es ist Winter am Klavier«, zieht durch die Jazzclubs der hektischen Nachkriegs-Bebop-Ära, einsilbig, phlegmatisch – Crazy Monk –, lehrt den Jüngern die vertrackten Harmonien, sucht in seinen komplizierten Kompositionen, stolpert mit falscher Fingerhaltung durch Themen, die er – Segnung des Eigensinns – in ständig neuen Variationen ausspielt. Was wir sahen: ein korrekt, mit Anzug und Krawatte und Fellmütze gekleideter Herr, Mitte Fünfzig, manchmal abwesend, der nichts von jenem Geist der Rebellion ausstrahlte, den wir in all den vertrauten Geschichten zu hören glaubten.

Eine Geschichte, die wir damals übersahen: Als der Sänger Jon Hendricks einen Text zu Monks Komposition ›Pannonica‹ schreiben wollte, lud er ihn dazu auf sein Hausboot in Sausalito ein. Monk setzte sich ans Klavier, spielte das Stück, und Hendricks begann zu schreiben. Nach einiger Zeit bat er Monk, an einer bestimmten Stelle einzusetzen, da er die erste Strophe beendet hatte, doch Monk reagierte überhaupt nicht. Er spielte das Stück von Anfang bis Ende und fing dann von vorne an. Wieder und wieder, wie ein Automat. Also mußte Hendricks warten, bis Monk zu der Stelle kam, an der er gerade textete, dann, wenn er den Faden verlor, innehalten, bis Monk wieder vorbeizog. »Er hätte unter keinen Umständen«, erzählte Hendricks, »seinen Song unterbrochen, damit ich meine Korrektur hätte anbringen können. Er hätte vermutlich auch dann noch gespielt, wenn das Hausboot gesunken wäre, Sequenz um Sequenz, Takt um Takt. Für ihn war es nicht einfach ein Song, es war ein Lebewesen, dem man nichts antun durfte.«

Heute ist das zu hören. Auf den ungekürzten Konzertmitschnitten – Doppel-CDs mit zwei Stunden Spieldauer – aus den Konzertsälen und Clubs, in der Balance aus Solo und Solo und Solo und Solo, über Lebewesen, Lieblingsspielzeuge, Kinder, die er nur ungern fremden Musikern anvertrauen wollte, die er endlos liebte. Und als wir ihm in all den Kongreßsälen Europas vorwarfen, er wiederhole sich, er bewege sich nicht mehr, verwechselten wir die Vorstellung von linearer Entwicklung, vom ewigen Fortschreiten der Kunst, mit dem Monkschen Kreiselsystem. Thelonious Monk drehte sich nicht nur auf der Bühne wie ein Bär um seine eigene Achse, es war auch ein musikalisches Einkreisen und Umzingeln der Melodie. Oder er ging in die Tiefe, grub nach immer neuen Akkorden, mit denen er seine Kompositionen oder geliebten Swing-Standards füttern und stützen konnte. Und da schien es beinahe logisch, daß er auf die Veränderung der musikalischen Welt in den sechziger Jahren nicht mehr reagieren konnte. Der Vater der Moderne – Abstraktion, Reduktion, Verdichtung, Stille, Ah! – dachte aus den Verdrehungen des Inneren heraus, er, der in den vierziger Jahren den modernen Jazz zwischen den ausgeleierten Tasten des Stride-, Swing- und Boogie-Pianos fand, stand der neuen musikalischen Freiheit hilflos gegenüber, er hatte sein Leben lang seinen Körper, seine Wohnung, sein Viertel nicht verlassen.

Wir starrten auf diese drei Holzstühle. Wir hörten nur, was wir wußten. Hatten ihn nie im Club gesehen, dort wo er oft zehn Minuten schweigend und bewegungslos vor den Tasten saß oder vierzig Minuten über ›Between The Devil And The Deep Blue Sea‹ improvisierte, ohne sich je zu wiederholen. Wir hatten nicht erlebt, wie er im Five Spot auftrat und immer, wenn Nellie nicht mitgekommen war, unruhig und nervös wurde, die Pausen zwischen den Stücken endlos ausdehnte. Manchmal, mitten im Stück, rief er zu Hause an, brummte ins Telefon. Er hängte nicht auf, ließ den Hörer baumeln, kehrte wieder zum Klavier zurück, ließ sie hören, was er für sie spielte, stand am Ende von ›Crepuscule With Nellie‹ wieder auf, warf noch eine Münze ein. »Bist du noch dran, Nellie?« – »Es ist wunderschön, Thelonious!«

Ein Ton, ein zweiter – ein dritter. Wer Monk vorher nicht kannte, mußte raten, ob da getragenes Schreiten mit Schwerfälligkeit verwechselt wird, ob da einer bloß falsch spielt oder das Falsche ins Richtige dreht. Manchmal schien es eindeutig, da trifft einer den Ton nicht oder besser einen Akkord, der sich beißt. Doch kurz darauf kommt die Pause, das Zögern, und wieder dieser schräge Klang, eine quälende kleine Sekunde. Da will jemand nicht, da sucht jemand den falschen Ton, um das richtige Gefühl zu finden. Wenn er mit beringten Fingern den Melodien hinterherdenkt, schreckt man hoch, jedem Ton nachlauschend. Verstummt er, senkt sich bleierne Form über die Musik. Ein Schachspieler, der nur seinen eigenen Regeln gehorcht, der auf viele Züge verzichtet, ausspart, was ihm ohnehin selbstverständlich scheint und ihn langweilt. Man kann so spielen, aber nicht gewinnen.

Am 29. November 1963 soll eine Titelgeschichte des ›Time Magazin‹ über Thelonious Monk erscheinen. Am 22. November erschießt Lee Harvey Oswald den Präsidenten der USA, John F. Kennedy, der noch im Juni dieses Jahres erklärt hatte, er sei ein Berliner, und vor der deutschen Altmänner-Folie aus Adenauer-Erhard-Brentano wie eine Zaubergestalt aus dem Lande Oz strahlte. Lyndon B. Johnson ersetzt das Monk-Gemälde auf dem Cover des ›Time Magazin‹, ›The Loneliest Monk‹ wird auf den 28. Februar 1964 verschoben. Zum erstenmal hören wir den Sprung im ›Made in USA‹, stellen wir das eine zum anderen, Monk zu Dallas, Art Pepper zu Korea, John Coltrane zu Birmingham, Dizzy Gillespie zu Kuba, ahnen, daß in kranken Zeiten verrückt zu sein ein Zeichen von Gesundheit bedeutet, schräg und falsch zu spielen im falschen Rahmen zum Richtigen werden könnte. »Zwei ist eins«, sagte Monk. Die Fragen stellten sich mit der Zeit von alleine.

Später, 1967, veröffentlichte die Plattenfirma Columbia ein Album mit der Musik von Thelonious Monk unter dem Titel ›Underground‹. Auf dem Coverphoto sitzt er vor dem Klavier, im Kampfanzug mit umgehängter Maschinenpistole. Monk im Untergrund als Résistancekämpfer, die Rotweinflasche zum gefesselten deutschen Soldaten, die Handgranate zur schönen französischen Marianne. Das lag im Trend von Columbia, die Jazzvariante zu ihren Popalben, zum Sampler ›That's Underground‹. Unpassenderweise widmet Monk seinen Kindern zwei Kompositionen auf dieser Platte, hat sie mit Underground so wenig zu tun wie CBS selbst, die ursprünglich einmal geplant hatten, den Mönch

mit Kutte auf der Kanzel zu präsentieren. Die Zusammenarbeit zwischen dem Mediengiganten und dem sperrigen Monk ist kurz vor dem Ende, schon ein Jahr später wird der Underground verramscht: »DM 12,80 statt DM 19,00«.

»Ich spreche nicht gern. Weder über mich noch über andere. Ich weiß kaum etwas über die Rassenauseinandersetzungen. Ich habe mich nie für diese Moslems interessiert. Ich habe meinen Namen nie zu ändern brauchen, der war immer schon eigenartig genug. Ich habe auch keine

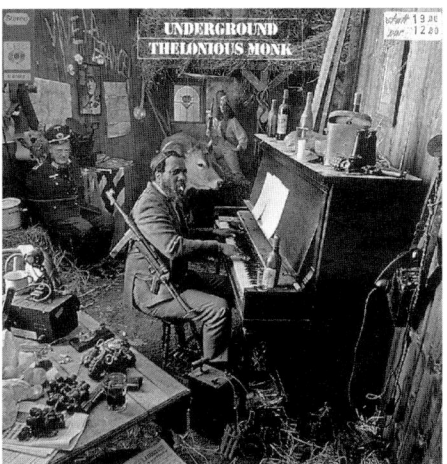

Ursprünglich plante Columbia Records, Thelonious Monk mit Mönchskutte auf einer Kanzel zu photographieren. Später mußte er in ihr Popkonzept »That's Underground« schlüpfen. Mit Underground hatte das so viel zu tun wie der Mediengigant selbst.

von diesen Freiheitssuiten geschrieben, und ich habe das auch nicht vor.« Monks Musik richtete sich gegen nichts und niemanden. Sie schützte ihn vor dem Außen, das sein Inneres gefährdete. Jene berüchtigt komplizierten Bebop-Themen, jener Hipster-Talk gehörten zum bewährten Repertoire der Verteidigungsstrategien von Schwarzen, Versuche, die eigene Vision ungestört entwickeln zu können oder wenigstens sein Leben zu retten. Wir hatten nicht richtig zugehört, wir hatten ihn ermäßigt als Underground gekauft.

Rolf Dieter Brinkmanns Erzählung bewegt sich auf diese Single im Musikautomat zu, versinkt in ihr und taucht auf der anderen Seite mitten in einem Konzertsaal auf: mit dem Thelonious Monk Quartet. Wie im Sog drehen sich die Worte endlos zur Musik, bis jener ferne Jazz wieder ins Lokal, in die Schallplatte zurückkehrt. Wahrhaftiger als im Konzert. Ein Mann vor einer Tasse Kaffee – mysterious Thelonious – verschwindet irgendwann im Dunst von Bier, Rauch und Schweiß, andere setzen sich an den Tisch, nur die leere Tasse bleibt zurück. »Steif und mit einem kleinen Ruck hob sich der Tonarm von der Platte, schwebte zur Seite, während gleichzeitig der sichelförmige Greifer von der anderen Seite sich um die Platte legte und sie von der Drehscheibe hob. Ein knisterndes, elektrisches Rauschen kam aus den Lautsprechern, der Lärm in der Wirtschaft legte sich etwas und schwoll dann wieder an.«

Archivkarte – NDR 27. 4. 1966

Thelonious Monk Quartet

spielt im O'Ton

»Lulu is back in Town«

(Neger: Schlagzeuger, Bläser,

Bassist u. am Flügel ein sonny-boy,

grosser, mit Hut und Ringen

an den flink hämmernden Fingern)

Düsseldorf: Monk-Quartet (10)

O'Ton WDR 1'58

Carla, Paul, Gary und Annette –

Boheme in vier Akten

»Sie trägt einen schwarzen Pulli und schwarze Strümpfe. Und sie macht die verrückteste Musik, die die Experten seit Jahren gehört haben! Die junge Amerikanerin Carla Bley dirigiert eine Kapelle von neun jungen Männern. Ihre Musik heißt ›Free-Form-Jazz‹. Alten Jazz-Fans rasen Schauer über den Rücken. Denn es gibt überhaupt keinen Rhythmus. Am 28. November wird das Fernsehen eine Kostprobe diescr Musik senden.« So ›Bild‹ am 5. November 1965.

Prolog: Eine junge Frau sitzt am Klavier, lange Haare, die das Gesicht wie ein Wasserfall verdecken. Nur die Hände lassen auf ihre Schönheit schließen. Die Männerdomäne des Jazz wird endlich durchbrochen: keine Sängerin diesmal, kein Lounge-Schmusekätzchen am Bar-Piano. Eine Pianistin, Komponistin, Dirigentin eines Jazz-Orchesters bewegt sich mitten im Free Jazz, in dieser politisch von »Freedom-Now«-Schwarzen gepägten Musikszene. Der junge Verehrer meint die Erotik jeder Geste zu hören, die gestreichelten Tasten zu fühlen, Voyeurismus beim musikalischen Liebesspiel.

Zwischen Brigitte Bardot und Sophia Loren, Romy Schneider und Marilyn Monroe taucht eine neuer Frauentyp auf, entfernte Verwandte des Existentialismus und der Beat-Generation, Jean Seberg und Anna Karina, Djuna Barnes und Ingeborg Bachmann, Frauen, die Selbstbewußt-

sein mit Sensibilität verbinden, so projiziert man(n) vor sich hin, das Bild stand für die Wirklichkeit. Folksängerinnen wie Judy Collins oder Joan Baez spielten in einer anderen Liga, ebenso wie die Soul-Ladys von Aretha Franklin bis Tina Turner, Sängerinnen wie Janis Joplin und Grace Slick waren noch Zukunftsmusik, Rock 'n' Roll, Jazz und Beat präsentierten sich als Männerwelt, die Mädchen beschränkten sich darauf, den Bauchnabel kreisen zu lassen, als Surfer Girl am Strand, als Gogo-Girl auf der Bühne.

Erster Akt: Die Geschichte beginnt mit dem Klischee von der verführerischen Zigarettenverkäuferin mit Bauchladen, Lauren-Bacall-Style, »You've got a match?«. Ein zwanzigjähriges, hübsches Mädchen aus Kalifornien lächelt quer durch den rauchbewölkten Jazzkeller des New Yorker »Birdland«. Ein hornbebrillter Avantgardepianist vergißt für einen Moment seine Kunst und verliert sich in einem verträumten Dreivierteltakt. Später kauft er bei ihr Zigaretten, obwohl er nur Pfeife raucht, später heiratet Carla Borg jenen Paul Bley, wird zur Muse der New Yorker Avantgardeszene.

Ein Hauch von selbstbewußten Doppelnamen, von Alma Mahler-Werfel und Lou Andreas-Salomé, schien durch den Jazz zu wehen: In Zeiten der Befreiung von allen musikalischen Regeln, des Zusammenbruchs der altbewährten Konstruktion aus Harmonie, Rhythmus und Melodie, tauchen unversehens die Kompositionen einer Carla Bley auf, mit spröden Titeln wie ›Ictus‹, ›Closer‹, ›Vashkar‹, ›And Now The Queen‹ oder programmatisch gar ›Ida Lupino‹, eine der wenigen Frauen – und Schauspielerinnen –, die es in Hollywood auf den Regiestuhl geschafft hatten, auch so eine Kultfigur des weiblichen Selbstverständnisses. Es sind tragende Melodien, genügend singbare Noten, um sie sich einzuprägen, aber nicht zuviel, um der Improvisation nicht die Luft abzuschnüren. Idealer Stoff also, um den Free Jazz wieder mit Form und Poesie zu versehen.

Und, ach, die Werkstattberichte aus der Musik-Boheme, aus Carla und Paul Bleys Wohnung in New York lesen sich wie Protokolle aus der WG

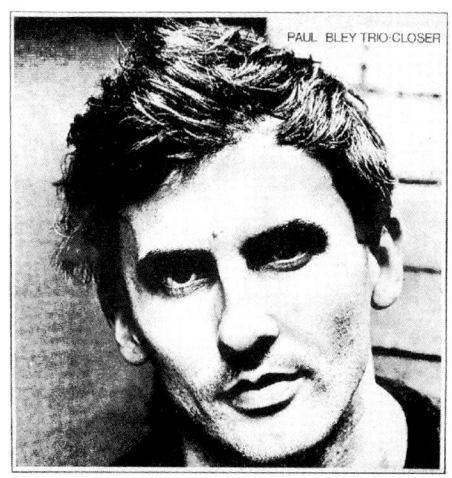

Paul Bley Trio 1965, ›Closer‹. Steve Lake: »Paul Bley besitzt natürlich kein Copyright für Abstraktion und Melancholie. Aber es wäre ganz schön, wenn mehr Musiker der heutigen Zeit – und nicht nur Pianisten – wenigstens wissen würden, wem sie etwas verdanken.«

125

im Wolkenhaus: »Können Sie das noch mal erklären«, bittet der einfühlsame Journalist, »das mit dem Jazz als filterndes Element?« – »Fang mit deinem Beispiel an«, wirft Carla ein, »es ist glänzend.« – Paul Bley: »Der menschliche Körper reagiert negativ auf bestimmte Metalle und Kunststoffe. Es kommt auf den Einzelfall an, was er tatsächlich annimmt. Entsprechend ist es mit dem Jazz. Er weist bestimmte Charakteristiken auf und widersetzt sich vielen Dingen ...« – »... vielem, vielem Plastik!« lacht Carla anzüglich. – »Das ist der Grund dafür, daß er filternd wirkt.

Man muß immer wieder herauszufinden suchen, was ihm wirklich entspricht. Natürlich muß der Test im Ensemble erfolgen, in einer Gruppe – die Musik muß auf die ganze Band wirken. Was man spielt, wird daran gemessen, wie die anderen darauf reagieren. Die lebendige Substanz des Jazz zeichnet sich bei den Musikern ab, sie ist abhängig von dem Maß an Einsatzbereitschaft, mit dem sie reagieren und mitgestalten.«

Carla Bley: »Das erste, was die Kritiker taten, als die sogenannte Oktoberrevolution im Jazz einsetzte, war, daß sie sich gleich den Kopf darüber zu zerbrechen begannen, ob es sich dabei überhaupt noch um Jazz handle und ob das wohl Bestand haben könnte.« – »Jedes Kind kann das spielen«, äfft Paul die Kritiker nach. – »Dabei brauchen sie sich darüber keine Gedanken zu machen, verstehen Sie«, fährt Carla fort, »sie können beruhigt sein, denn nichts wird assimiliert, was ungesund ist. Es wird wieder verschwinden, wenn auch nicht über Nacht.« – »Was ist denn Kritik?« fragt der Besucher: »Es scheint da merkwürdige Vorstellungen über Jazzkritik zu geben.« – »Ionesco sagt …« antwortet Carla. – »Ich bin sicher, er kann das …« lacht Paul. – »Ionesco sagt«, fährt Carla amüsiert fort, »daß es Aufgabe des Kritikers sei zu beschreiben – und nicht vorzuschreiben!« – »Das ist sehr gut!« stimmt Paul zu. – »Warum findet sich aber trotz des Niveaus des Jazz unter einigen der hervorragendsten Interpreten dieser Musik so viel Naivität?« will der Journalist wissen. – »Ingmar Bergman schont den Toren am Ende von …« – »»Das siebente Siegel«, unterbricht Carla, »ja sie sind die einzigen, die der Tod in diesem Filmstoff nicht greifen kann. Alle rafft er hinweg, außer dem Toren und dessen Frau, die in der Nacht entschlüpfen.« – Sie lächeln sich vielsagend zu. – »Ach Paul, das gehört zu den Dingen, die so wahr sind, aber doch völlig mißverstanden werden. Okay, Jazz ist höchste Kunst!«

Zweiter Akt: Carla liebt Paul, Paul bittet sie zu komponieren, Carla liefert Musik, Paul spielt sie, der Klarinettist Jimmy Giuffre spielt sie, ebenso der österreichische Trompeter Michael Mantler. Carla liebt plötzlich Michael, verläßt Paul, Paul liebt Annette, Annette trennt sich von Gary. Vielleicht erhöhte dieses intellektuell hoffähige Liebeskarussell den Reiz der Musik, dieser offenen Kompositionen, die immer stärker ihre schwarzen Wurzeln verließen, die sich von Emotionen aus zweiter Hand zu eigenständiger weißer Kunstmusik entwickelten. Kurt Weill tritt an die Stelle von Louis Armstrong, Eric Satie übernimmt den Blues, Sgt. Pepper tritt auf, die schwarzen Mitstreiter Don Cherry, Cecil Taylor und Pharoah Sanders verlassen langsam wieder die gemeinsame Bühne. Das Jazz Composers' Orchestra, Werkstattprojekt und Schöpfung von Michael Mantler und Carla Bley, Forum einer Komponistin, die als Pianistin nicht im Scheinwerferlicht sitzen will, löst sich auf und wird zugleich zum spirituellen Kern der künftigen Selbstverwaltung: eines Vertriebssystems für rund hundertfünfzig unabhängige Plattenfirmen mit Improvisationsmusik, des neuen, hauseigenen Plattenlabels WATT, der Jazz-Oper ›Escalator Over The Hill‹, eines Meilensteins der amerikanischen Musik. Was später in der Rockmusik unter dem Begriff »Independent« zum weltweiten Programm wird, ist 1968 bei Carla Bley und Michael Mantler künstlerische Geschäftsform.

Dritter Akt: Auftritt, Annette Peacock. 1941 in New York geboren, wie Carla Borg in Kalifornien aufgewachsen, findet sie über Timothy Leary, Charles Mingus, Allen Ginsberg und ihren Mann, den Bassisten Gary Peacock, in die Free-Jazz-Szene um Albert Ayler. Als frühreife Hippie-Prophetin, präpsychedelisch, makrobiotisch und feministisch, trifft sie Paul Bley, beginnt zu komponieren, und bald nimmt er parallel zu den Stücken Carla Bleys ihre Kompositionen auf. Das Glück der Frauen: Der Mann improvisiert auf der Basis ihrer Harmonien. Annette Peacock will mehr. Sie hört die erste Platte, auf der Walter Carlos Moog-Synthesizer

Annette Peacock, ›X Dreams‹,
1971. »My Mama never told me
how to cook ... That's why I'm
so skinny.«

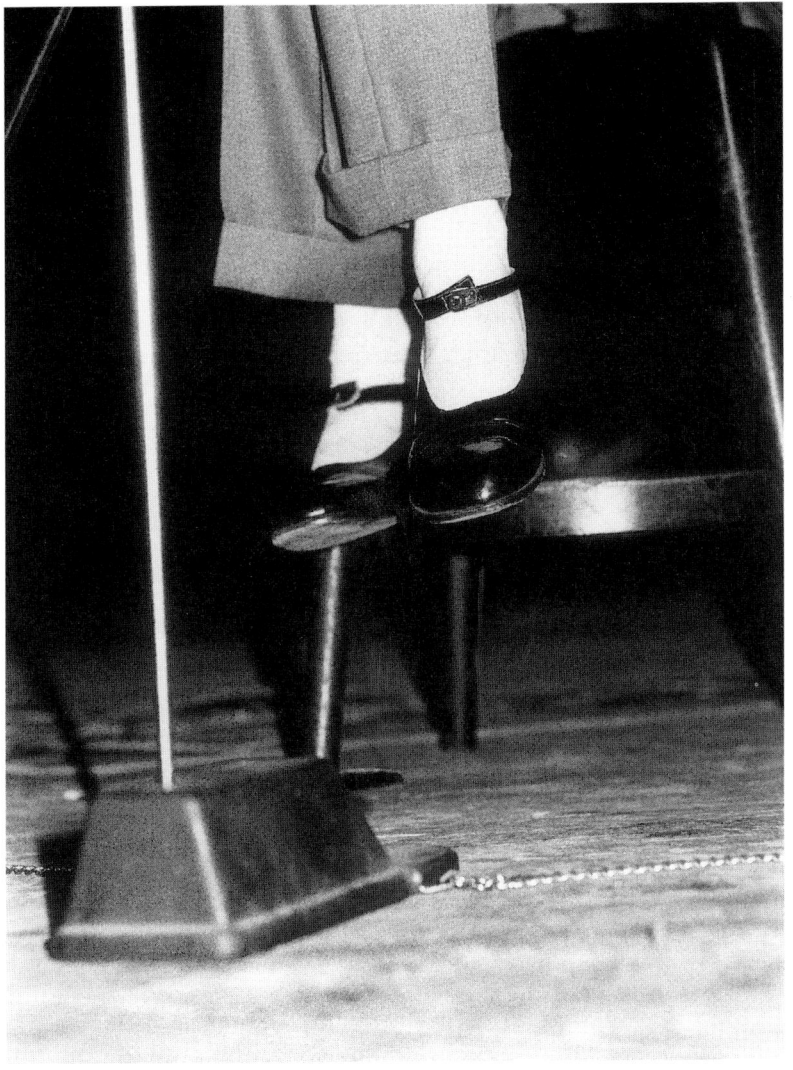

Annette Peacocks Beine, Quartier Latin, Berlin 1986. »Wenn dich ein Mann liebt, wird er dir nicht helfen, dich in eine bestimmte Richtung zu entwickeln. Und das ist auch bei Frauen so. Sie werden dich nicht ermutigen, deine Träume zu verwirklichen, weil sie Angst haben, daß sie dich verlieren werden.«

spielt, und überredet Robert Moog, ihnen einen seiner selbstgebauten Synthesizer zu verkaufen. Sie beginnt, mit ihrer Stimme zu experimentieren, sie über den Moog zu verfremden. Paul Bley weigert sich lange, mit dem Synthesizer zu arbeiten – sie besitzen keine Gebrauchsanweisung. Annette Peacock gewinnt. Sie ist die erste, die mit einem Synthesizer öffentlich auftritt: »My destiny is not to serve / my destiny is to create.«

Paul Bley, der Kanadier, 1932 in Montreal geboren, der »leise Genius des Free Jazz«, erscheint und entzieht sich in der ersten Hälfte der sechziger Jahre wie ein Phantom. Ob er bei Ornette Coleman, Jimmy Giuffre oder Sonny Rollins spielt, der hochintelligente, sensible Pianist findet die Schönheit zwischen den Tasten, in der Stille, dem Nachklang, den Obertönen. Er öffnet harmonische Optionen, verdeckt die Kompositionen nicht mit Tönen, immer ist die Erinnerung an eine Berührung und die Ahnung des Kommenden zu spüren. Und obgleich er mit vielen spielt, unterhält er sich doch mehr mit dem Werk, den Themen als mit den anderen Musikern. Er ist die ideale Besetzung für das Motto Annette Peacocks: »Werde selbst so wie der Mann, den du heiraten möchtest.« Er motiviert Carla Bley und Annette Peacock und bekennt bescheiden, er habe mehr von ihnen als sie von ihm profitiert. »In gewissem Sinne lernt die Frau vom Mann, wie sie zum Mann wird, und der Mann von der Frau, wie er eine Frau wird.« Paul Bley setzt sich an den Moog-Synthesizer.

Nach Deutschland kommen sie erst spät. Wer ein Jazzkonzert erwartet hatte, glaubte, sich im Saal geirrt zu haben. Paul Bley sitzt vor einem Gerät, das der Schaltwand einer Telefonzentrale ähnelt. Er stöpselt Verbindungen, drückt ein paar Töne, zieht wieder Stecker, schiebt verzweifelt Regler rauf und runter. Zwischen den Stücken lange Pausen – ein neues Programm wird gesteckt. Annette Peacock in hautenger Hose und winzigem Oberteil, nur durch ein paar Schnüre lose gehalten, wirkt verärgert und verläßt nach drei Titeln die Bühne. Paul Bley murmelt Entschuldigungen ins Mikrophon und folgt ihr hinter die Bühne. Nach einer Viertelstunde teilt der Veranstalter mit, daß Mrs. Peacock leider nicht mehr auftreten werde. Die Bühnenarbeiter schieben den Synthesizer zur Seite und ziehen den Flügel in die Mitte der Bühne. Paul Bley setzt sich ans Klavier, berührt ein paar Tasten, spielt eine der großen Kompositionen von Annette. Paul Bley wird allein bleiben: ›Nothing Ever Was, Anyway‹.

Annette Peacock: »Während der Europatournee waren wir in Berlin. Wir gingen in einen Club und hörten Peter Brötzmann und Han Bennink im Duo. Han Bennink spielte, als sei er in einer Metzgerei und schlage den Hühnern die Köpfe ab oder so ähnlich. Nachher ging ich zu ihm und sagte: ›Du bist der faszinierendste Schlagzeuger, den ich je gehört habe.‹ Er war sehr freundlich und sagte: ›Vielen Dank‹. Ich sagte zu Paul: ›Paul, wir müssen mit ihm zusammenspielen!‹, und Paul meinte: ›Machst du Scherze? Er wird uns umbringen.‹ Ich sagte: ›Mach dir keine Sorgen. Mit dem Synthesizer sind wir stärker. Wir können ihn davonblasen, wenn es nötig sein sollte.‹«

Paul Bley: »Die Frau sucht fortwährend nach Situationen und Erlebnissen, aus denen sie lernen kann. Es kommt zu stetem Austausch an Informationen zwischen Mann und Frau, und die Beziehung geht so lange gut, wie dieser gegenseitige Austausch währt. Wenn die Quelle versiegt, hat die Beziehung ihre Berechtigung verloren.« Annette Peacock verläßt Paul Bley und geht nach England. Sie sucht Musiker, die die von ihren Kompositionen eröffneten Räume zu füllen fähig sind. Sie findet sie nicht. Sie singt Gedichte zur Musik, Jahre bevor Patti Smith mit ihrer Poetry-Musik zu Ruhm kam, sie kreischt zu endlosen Free-Jazz-Improvisationen zu einer Zeit, als Yoko Ono noch John Lennon lauschte, sie spielt 1971 die erste Rockjazz-Fusion-Platte ein. Sie tritt in der New York Town Hall mit nacktem Oberkörper auf, zwei Jahre bevor Genya Ravan damit Schlagzeilen machte. Sie wurde mit ihnen allen verglichen, obschon man diese doch mit ihr hätte vergleichen sollen. Für die Rockfans war sie zu jazzig, für die Jazzfans zu rockig.

Was ihr blieb, waren die Balladen: Sie balancieren am Rande des Abgrunds. Die Stimme kippt – zwischen Verächtlichem, fast Aggressivem und dem hellen Sphärischen ist nur eine dünne Wand. Es gibt keine einfachen Beziehungen, und die eingängigen Melodien zerbrechen daran. Die Harmonien werden von Reif überzogen, und die Wärme taut sie wieder auf. Sie meint, was sie sagt – ungebrochen. Die Brüche liegen in der Stimme, ihre Offenheit in der Komposition.

Annette Peacock: »Es ist viel leichter, in der Wirklichkeit deiner Phantasien zu arbeiten als mit einer wirklichen Person. Es ist völlig verdreht. Die Phantasien werden immer realer, und die Wirklichkeit wird zu real, um dich noch reizen zu können. Frauen werden stärker und können Männer, die immer mehr zu Träumern werden, nur noch rauswerfen. Du kannst sie als Gesprächspartner akzeptieren, für einen flüchtigen Fick benutzen, kurzfristig nach Wärme verlangen, aber sie sind nur das Abbild der eigenen Vergangenheit, von der sich die Frauen lösen wollen. Und so wirkt der Blick in den Spiegel nur peinlich. Aber du kannst dich nicht davon lösen.«

Vierter Akt: Auftritt Gary Peacock, geboren 1935 in Burley/Idaho, der Profi, der Meisterbassist des modernen Jazz, ging den vierten Weg. Am Anfang war nur ein Photo: Umgeben von Albert Ayler, Sunny Murray, Don Cherry, Roswell Rudd, John Tchicai – der schwarzen Elite des Free Jazz – stand ein schmaler, weißer Bassist. Die Faszination lag im Kontrast. Ein Weißer inmitten schwarzer Emanzipation – nicht nur von den musikalischen Klischees der fünfziger Jahre. Eine Identifikationsfigur im dunklen Anzug mit dunkler Krawatte, der Widerhaken im Protest. Sein Baß hatte die unterkühlte Musik der amerikanischen Westküste begleitet, sang zu den brüllenden Hymnen Albert Aylers und trug die Avantgarde eines Ornette Coleman oder George Russell.

Plötzlich verschwand Peacock von der Bühne, verließ 1964 die Musikszene und zog sich jahrelang zurück. »Ich wurde sehr krank, und in diesem Stadium erwachte mein Interesse für orientalische Philosophie und Medizin. Es war die Hinwendung auf diese Bereiche, die mich heilte. Ich genas sozusagen physisch an mir selbst. Ich hatte abrupt jeden Drogen- und Alkoholgenuß gestoppt, beschränkte mich ganz auf makrobiotische Nahrung, aß braunen Reis und trank Bier. Das alles war für meinen Körper eine zu große Anstrengung, und ich zog mir ein blutendes Magengeschwür zu. Ich konnte nicht mehr essen, nicht mehr schlafen. Als ich damals im Sommer in New York am vierten Morgen nach meiner Erkrankung erwachte, fühlte ich eine enorme Angst in mir hochsteigen. Als ich so völlig entkräftet daniederlag, kein Essen, auch nichts Flüssiges mehr zu mir nehmen konnte, sah ich plötzlich in einer Vision Miles Davis vor mir, der mir den Rat gab: ›If you don't know what to do, do nothing.‹ Es war diese traumhafte Begegnung, die mir mit einem

Male alle Angst nahm und meinem Körper Ruhe gab. In dieses Nichts-tun setzte ich nun mein ganzes Vertrauen. Ich aß nichts und ruhte so lange, bis ich mich besser und besser fühlte und schließlich das Gefühl hatte, geheilt zu sein. Dieses Erlebnis führte mich zu der Erkenntnis, daß meine Bedürfnisse praktisch von meinem Gehirn künstlich kon-struiert waren. Mir wurde bewußt, daß mein Tod nicht mal die winzig-ste Bewegung im Universum auslösen würde und daß sich mein Sein eben darin erfüllte – zu sein. Es war für mich überhaupt nicht mehr wichtig, ob ich Musik machte oder nicht, ich merkte überhaupt nicht, daß ich nicht mehr spielte.«

Epilog: Gary Peacock zählt heute wieder zu den Großmeistern des aku-stischen Basses, tritt unter anderem mit Keith Jarrett und Paul Bley auf, improvisiert mit melodischer Souveränität über Kompositionen von Annette Peacock. Paul Bley spielt ebensoviel über Carla wie über An-nette, hat weit über hundert Schallplatten und CDs aufgenommen und gilt als größter freier Lyriker unter den Pianisten.

Weder Carla Bley noch Annette Peacock haben je Stücke von Paul oder Gary eingespielt. Annette Peacock blieb bis heute ewiger Geheimtip, Carla Bley wurde zur erfolgreichen Big-Band-Leiterin und gefeierten weiblichen Arrangeurin des Jazz, lebt heute mit dem Bassisten Steve Swallow zusammen, der vor fünfunddreißig Jahren ihre ersten Kompo-sitionen auf dem Baß begleitete.

Paul Bley: »Ich glaube, daß Freundschaften, die unter Erwachsenen geschlossen werden, auch Liebesbeziehungen, aus denen dann eine Freundschaft erwächst, eigentlich das ganze Leben dauern. Das gleiche gilt für die Songs. Ich spiele sie immer und immer wieder und kann ihnen doch stets etwas Neues abgewinnen.«

Am Anfang waren schwarze Strümpfe und ein schwarzer Pulli. ›Bild‹ war dabei. Man sieht nur, was man weiß.

Gary Peacock: »Für mich sind sowohl Miles Davis als auch Louis Armstrong Free Players. Und zwar sind sie frei in des Wortes umfassendster Bedeutung. Ihre Musik ist von keinerlei Zwang bestimmt. Wer etwas tut, einfach nur, um es zu tun, ohne sich zu überlegen, was erwartet man von mir, der handelt wirklich frei.«

Things We Said Today

Politisches Bewußtsein ist keine Avantgarde. Es waren die Künstler, die dies alles schon vor Jahren getan und gewußt haben. Aber die Leute finden erst jetzt den Anschluß. Charlie Parker hat seinen Kampf schon neun oder zehn Jahre vor Martin Luther King ausgetragen. In seiner Musik präsentierte er ein Image des Negers, das nichts mehr mit dem alten Onkel Tom zu tun hatte. Parker gab das Bild des Intellektuellen, des Neuen Negers, zehn Jahre bevor der Neue Neger überhaupt existierte. Auf diese Weise geht Kunst der Gesellschaft voraus.

George Russell, Pianist, Komponist

In einem Alter, wo du Schwierigkeiten hast, deine Persönlichkeit zu finden, machen manche Rock 'n' Roll und spielen für Leute mit den gleichen Problemen wie sie sie selbst haben. Aber unglücklicherweise denken die in der vierten Reihe, daß der auf der Bühne etwas weiß, was sie nicht wissen. Was definitiv falsch ist. Du brauchst verdammt viel Selbstsicherheit, daß du zuläßt, für das geliebt zu werden, was du tust, und nicht dafür, was du bist. Und ein noch größeres Selbstvertrauen, um dir einzugestehen, daß du das bist, was du tust.

Lou Reed, Sänger, Gitarrist, Komponist

Ich fordere die Beatles heraus, die Bühne mit mir zu teilen. Kündigt sie groß an, damit das Beatlespublikum kommt. Sagt nichts von Mingus. Und dann laßt uns sehen, wer gewinnt. Ich möchte eine Chance bekommen, diesen Kindern mit den ausgewaschenen Gehirnen zu beweisen, daß meine Musik und Jazz eine Botschaft haben. Laßt sie doch selbst herausfinden, daß mehr zum Leben gehört als nur Rock 'n' Roll.

Charles Mingus, Bassist, Pianist, Komponist

Bob Dylan –

Vielen Dank für die sechziger Jahre!

Ständig Tränen in den Augen, dieses Frösteln am Rücken, einer unter
zwanzigtausend in der Dortmunder Westfalenhalle am 26. Juni 1978,
mit ihren zwanzigtausend Bob-Dylan-Geschichten im Kopf und in den
Herzen. Zum erstenmal tritt er in Deutschland auf, passende Gelegenheit, vorab mit dem Helden aus alten Zeiten abzurechnen. Unter der
Überschrift ›Vom Protest zum Schubidu‹ schmettert der ›Spiegel‹ die
Begrüßungsmelodie: Ein »altmodisch elitärer Künstler« mit »verstaub-
ter Beatnik-Poesie und klippschulmäßigem Surrealismus«, der »mit seiner Neigung zum Pseudoreligiösen und Mystischen im Gesinnungs-
strom der moralisch ambitionierten US-Mittelklasse schwimmt«. Eine
»Art konservativer Liberaler«, der »wie ein Wanderprediger spricht«
und »auf dem Weg ist, auch noch ein echter, brillanter Schlagersänger
zu werden«.

Nicht schlecht gebrüllt und doch ins Leere. Eine kleine Big Band steht
auf Dortmunds Bühne: intoniert den schaukelnden ›Mr. Tambourine
Man‹ mit säuselnden Flöten, ›Shelter From The Storm‹ mit erdigem
Saxophon und schmeichelnden Frauenstimmen, ›Don't Think Twice‹ als
Reggae und ›I Want You‹ für Minnesänger und Kammerensemble. Wahrscheinlich hätten wir ihm – auch wenn er nicht so unglaublich lebendig
gewesen wäre – alles abgekauft, glücklich, nach fünfzehn Jahren das

Nach Dylan wurde alles anders –
und für viele wurde es schrecklich.
Er hat es verdient, geliebt
oder gehaßt zu werden. Nichts
dazwischen.

Phantom unserer Träume leibhaftig zu sehen. Weiß geschminkt, mit roten Lippen und silbernen Zickzackstreifen an der schwarzen Hose, Texas-Style, war er Wirklichkeit und Erscheinung zugleich, Teil der Vergangenheit, Teil der Gegenwart, und in der neuen Version – ein Versprechen der Zukunft.

Wie immer rief er die Gespenster der Öffentlichkeit. Die allzu berechenbare Häme des ›Spiegel‹, die Analyse der ›Frankfurter Allgemeinen Zeitung‹, die jedes Gefühl in klugen Sätzen erstickte, die denunziatorischen Haupt- und Staatstöne der Springer-Presse. »Der ehedem barlockige Barde verbirgt das Haar jetzt meist unter seidigem Tuch«, schrieb die ›Welt am Sonntag‹, »der Mann, der gegen Unterdrückung und Diskriminierung farbiger und femininer Mitbürger protestierte, fing bei Ehefrau Sara an zu randalieren und sie zu beschimpfen: ›Er schlug mich und trat mich mit Stiefelabsätzen.‹« Der vertraute Verdachtsmechanismus »Ihr wollt doch nur an unsere Fleischtöpfe« setzte bei Bob Dylans Sechsmillionenhaus in Malibu und seiner sündhaft teuren Scheidung von Sara an, erledigte mit dem Plattenmillionär zugleich die ganze Bewegung: »Doch die Wanderjahre des Propheten D. dauerten nicht. Von 1964 an wandte sich der Jugendprotest wieder ab von der Kritik des ›American Way of Life‹ und richtete sich dagegen, sich den Swimmingpool-Rolls-Royce-Kaminfeuer-Traum aus Hollywoods Highlife-Labors nicht erfüllen zu können.«

Bob Dylan hatte es geschafft, sich die Weihen des Kapitalismus zu ersingen und bezahlte dafür – Strafe muß sein – mit der fliehenden Qualität seiner Musik. Dem Sänger, der im Grand Hotel absteigt und dessen Nähe einer »Audienz beim Papst« ähnelt, wird von der Deutschen Presseagentur mitgeteilt: »Sein Auftritt hatte nicht die Aussagekraft wie die auf Schallplatte festgehaltenen Interpretationen aus den sechziger Jahren.« Der Topos »Dylan entflieht seinem Mythos und entkommt ihm nicht« oder »Man hört nicht zweimal denselben Dylan« (›Die Zeit‹) wird dreißig Jahre lang als Mantra geleiert: Folksänger-Protestsänger-Folkrock-

Countryrock-Gospelrock-Schlagersänger-Folksänger-Protestsänger …
eine nie endende Tour. Nach über zwei Stunden kehrt er mit ›The Times
They Are A-Changing‹ zurück, die Tränen in Dortmund wollen nicht
trocknen, wir sind von uns selbst gerührt.

Dylan unser – das war die Geschichte einer fernen Liebe, genährt von
Textzeilen, Photographien, falschen Bildern und unverstandener Tradition. Auf der Abiturfahrt im Bus nach Wien, als Manfred auf der Gitarre
›With God On Our Side‹ spielte – bei der Demo zwar »Ho-Ho Ho-Chi-
Minh« anstimmte, aber abends, am ›Eve Of Destruction‹, vor der vielfar-
big tropfenden Kerze in der VAT-Flasche ›Soldat, Soldat‹ und ›Väterchen Franz‹ und abwechselnd ›Blowing In The Wind‹ und ›Sag mir, wo
die Blumen sind‹. Innig, verklärt, verschämt – Protestkitsch, der darüber hinwegtröstete, daß selbst nach erfolgreichem Sit-in, siehe Ausfall
der Vorlesung oder Verhinderung der professoralen Sitzung, Persien
und Vietnam noch immer so weit und Springer und der Hausmeister so
nah waren.

Dazu – man mochte es damals, dem guten Ziel und Zweck sei grundsätzlich Dank, gar nicht eingestehen – mußten im Gefolge Dylans all die
schönen Stimmen und hehren Lieder ertragen werden, die sich in der
Abteilung »Folkmusik und Protestsongs« versammelten: Joan Baez und
Judy Collins, Pete Seeger und Peter, Paul and Mary. Die bittersüße Iro-

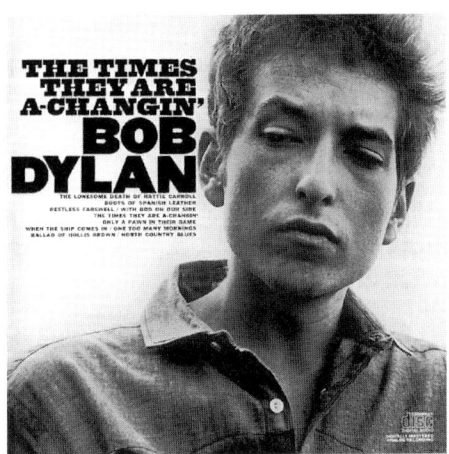

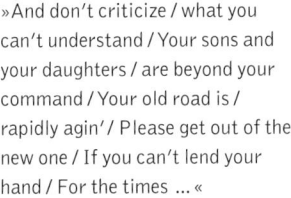

»And don't criticize / what you
can't understand / Your sons and
your daughters / are beyond your
command / Your old road is /
rapidly agin' / Please get out of the
new one / If you can't lend your
hand / For the times … «

nie von Tom Paxton und die schwelende Aggressivität von Phil Ochs bildeten dabei noch die hörenswerten Ausnahmen. Selbst Dylan war auf Dauer schwer genießbar: ›Bob Dylan‹ und ›The Freewheelin' B.D.‹, ›The Times They Are A-Changin'‹ und ›Another Side Of B.D.‹, vom Schulfreund auf Vierspurband in Folge aufgenommen, ging an die Grenze, dort, wo man beinahe bereit war, das Wort von der »nervigen, nölenden Stimme« – uneingestanden natürlich – nachvollziehbar zu finden.

Eine Stimme aus dem Publikum: »JUDAS!« Die Stimme Bob Dylans: »I don't beliiiieve you … You're a liar … How does it feeeel? Ahhh, how does it *feel*? To be on your *own*? *With no direction* home? Like a complete *unknown*? *Like a rolling stone*!« Bob Dylan hatte das Ungehörte gewagt, war zum erstenmal im Juni 1965 beim traditionellen Newport Festival der Folksänger mit einer elektrisch verstärkten Rockband aufgetreten, hatte sich selbst und seine Musik wichtiger genommen als den guten Willen der Bürgerrechtsbewegung und den Glauben an die heilende Kraft des politisch korrekten Liedes. Nun, 1966 in England, präsentierte er in der ersten Hälfte seiner Konzerte den »alten«, fünfundzwanzigjährigen Dylan mit Gitarre und Mundharmonika, in der zweiten seine Rockband, später kurz The Band genannt. »Play fucking loud!« stichelte der Judas der Folkmusik. Die Legende lebt fort. Schon 1966 waren die Kräfteverhältnisse schwer einzuschätzen: Wie viele Puristen sich da verraten fühlten, an die Gunst des Rockpublikums und die Interessen der Musikindustrie, wie viele zugleich aufatmeten, diese nagende Stimme endlich über den elektrischen Schlieren und dem harten Stampfen einer Rockband zu hören – voller Überdruß am Guten, Richtigen und Gezupften.

Zwar konnten die klampfenden Stimmungsgitarristen in Wiesen und Wandelhallen noch immer ›Mr. Tambourine Man‹, ›Just Like A Woman‹ oder ›Gates Of Eden‹ nachgreifen, aber bei den übrigen, neuen Liedern war der Barde am akustischen Ende. Die Texte waren kaum zu verstehen. »Youdontneedaweathermantoknowwhichwaythewindblows« konnte man noch lautmalerisch mühsam entziffern, bei »try hard, get barred, get back, write braille, get jailed, jump bail, join the army, if you fail« hinkte der Schulwortschatz den Dylanschen Salven so hoffnungslos hinterher, daß sich nur noch die Atempausen einprägten: »Look out

kid, you're gonna get hit.« Es war der Beginn der ersten Dylan-Spaltung: diejenigen, die Gott auf ihrer Seite hatten und die Glocken der Freiheit läuteten, gegen die anderen an der Kreuzung von ›Desolation Row‹ und ›Highway 61‹, mit ihren surrealen Satzfetzen, die sie ihr Leben lang als Kompaß und Katechismus benutzen konnten.

Er wurde zur Erscheinung. Der Motorradunfall im Sommer 1966 verwandelte Bob Dylan wieder in Robert Zimmermann und ließ ihn als Bob Dylan überleben. Während Janis Joplin, Jimi Hendrix oder Jim Morrison an ihrem Image erstickten, zog er sich nach Woodstock zurück, pries das ländliche Leben, las die Bibel, sang die alten Folksongs aus den Appalachen und gründete eine Familie. Gut genährt, mit lockigem, gekräuseltem Haar, lächelte er in den folgenden Jahren wieder von den Plattenhüllen, verkündete mit einschmeichelnder Stimme einen neuen Morgen, mit ›Peggy Day‹ und ›Lay Lady Lay‹. Ob er damit einen neuen

Trend initiierte oder die Begleitmusik dazu sang, war aus deutscher
Ferne kaum zu sagen. Bei einem Konzert für Woody Guthrie 1968, auf
der Isle of Wight 1969, in Pennebakers Dokumentarfilm ›Don't Look
Back‹ über die Englandtournee 1965 – die versprengten musikalischen
Nachrichten erreichten uns wie Briefe von der Front: Er lebt, es geht
ihm gut, seine Stimme klingt wieder ein bißchen anders als beim letz-
tenmal.

Ein Aufschrei. Oder vielmehr ein anschwellender endloser Jubel, den
die Rührung wie Tränen nach oben drückt, als George Harrison 1971
beim Konzert für Bangladesch beiläufig ankündigt: »I like to bring a
friend of us all – Mister Bob Dylan!« Und zu den schrummelnden Gitarren näselt und quetscht er wie ehedem: »Oh, where have you been, my
blue-eyed son?« Die Emotionen wiederholen sich in den nächsten zehn
Jahren. Das Modell: Irgendwann in einem Konzert entsteht an den Rän-
dern des Saals Unruhe unter den Leuten, ein Aufstöhnen, sie sehen
mehr als das Publikum in der Mitte, und aus dem Dunkel schlurft ein
schmaler Mann mit Gitarre, verliert kein Wort und singt. »Mein Gott,
ich kann's nicht glauben, ich sehe wirklich Bob Dylan!«: 1974 bei seiner
Tournee mit The Band, 1975 bei der »Rolling Thunder Revue«, 1978 bei
seinem ersten Auftritt in Deutschland.

Die Gleichzeitigkeit des Ungleichzeitigen: Während die Antiatomkraft-
bewegung in Deutschland ein neues, in den USA unbekanntes Peace-
movement initiiert, der Punk in England vor »No Future« sprüht oder
»Rock Against Facism« propagiert und die Welt vom »Saturday Night
Fever« erfaßt wird, kleidet Dylan seine Songs in orchestrale Gewänder,
läßt sie als Erinnerung leben, nimmt ihnen dadurch jede Schärfe. »Von
der Jugendrevolte scheinen ihm nichts als die archaischen Sehnsüchte
geblieben zu sein – abgesehen von den Millionen-Einkünften«, schreibt

der ›Spiegel‹ 1978. Frage, Mitte der sechziger Jahre: »Sehen Sie sich als
Führer der Jugend?« Antwort: »Ich glaube, es gibt doch wohl Leute, die
für so einen Job ausgebildet werden ..., so der Jugendpflegertyp, verstehen Sie? Und ich bin eben nur ein Typ, der tut, was er tut. Ich versuche, so durchzukommen und den Leuten nicht allzusehr auf die Nerven zu fallen. Das ist alles.« Er fiel genügend Leuten auf die Nerven.
Der Journalist Helmut Salzinger stellte 1971 einmal die Vorwürfe zusammen, die gegen Bob Dylan erhoben wurden. Es ist Bob Dylans Geschichte: »Er kann nicht Gitarre spielen. Er kann nicht singen. Was er
auf der Mundharmonika mache, sei ja furchtbar. Er kann nicht Klavier

Bob Dylans neuer Morgen nach Woodstock: Er wurde zur Erscheinung. Der Motorradunfall verwandelte Bob Dylan wieder in Robert Zimmermann und ließ ihn als Bob Dylan überleben. Die versprengten musikalischen Nachrichten erreichten uns wie Briefe aus dem Country-Land: Er lebt, er raucht nicht mehr, es geht ihm sichtlich gut.

spielen. Er habe die Folkmusik verraten. Er sei kein Dichter. Seit seinem Unfall habe er einen Knacks weg. Daß er mit den Byrds befreundet war, sei eine Verirrung. Daß er mit der Band befreundet ist, sei typisch. Er sei älter geworden. Der Jüngste sei er ja nun auch nicht mehr. Seit er mit den Protestsongs aufgehört habe, sei er für die Linke verloren. Er sei nie ein Linker gewesen. Seine neue Stimme sei längst nicht so gut wie seine alte. Er verdiene Geld mit seiner Musik. Er habe aufgehört, Rock zu spielen. Er habe angefangen, Country zu spielen. Er könne nicht komponieren. Seit er Arrangements mit Mädchenchören verwende, produziere er nur Kitsch. Er habe keine Einfälle mehr. Er bestimme den Trend der Popmusik nicht mehr, sondern folge ihm. Er kann nicht pfeifen …«

Die Liste ließe sich ergänzen: um seine religiöse Phase, seinen Übertritt zum Katholizismus, die Annahme der Ehrendoktorwürde, sein Eintreten für reaktionäre Gruppen in Israel, seine Sympathie für Jimmy Carter und das Auftreten in West Point, den Verkauf seiner Musik für einen Werbejingle, sein Konzert beim Papst, daß er sich noch immer die Fingernägel nicht ordentlich schneide und die Lederjacke stinke. Man sollte da keinem widersprechen, »turn, turn, turn again«, er dreht und wendet sich, die Gemeinde klagt – und folgt. Es gehört zum Spiel, dem Spiel mit der Erinnerung, dem Spiel eines Jokermans, der seine ›Queen Of Heart‹ verloren hat, dem Spiel eines Messias, der seine Jünger durch ständige Kurswechsel und schlechte Auftritte in Gewissensnöte treibt und plötzlich wieder singt, als sei nichts gewesen. »Es gibt keine Veränderung in meinem Gesangsstil. Es liegt wohl nur daran, daß ich mit dem Rauchen aufgehört habe. Wenn man aufhört zu rauchen, kann man plötzlich wie Caruso singen.«

Es sind nicht viele, die ihre Musik ernst nehmen und sie zugleich in Frage stellen, deren Stimme eine andere Geschichte erzählt als der Text. Mit schneidender Schärfe – Sachlichkeit mit Verachtung gemischt

Bob Dylan: »All diese Songs über Rosen, die aus Gehirnen von Toten wachsen, und Liebende, die in Wirklichkeit Gänse und Schwäne sind und sich dann in Engel verwandeln – diese Songs werden nie sterben.«

– nimmt er selbst den gefühlvollsten Liebesliedern jede Sentimentalität: Liebe, desillusioniert und doch voller Erwartung und Offenheit. Er zieht die Wörter, läßt sie wie nebenbei fallen, streckt sie, entzerrt sie wieder, sie werden immer weniger zu Sinnträgern als zu musikalischen Akzenten in dem litaneihaften Malstrom seiner Assoziationen. Und bei aller Aggressivität klingt stets seine fatalistische Skepsis durch. ›Blowing In The Wind‹ war nicht umsonst als Frage formuliert, auf die es keine Antwort gab, hinter jeder Hoffnung steckt bei Dylan die Resignation.

Früher hatte man nur gefühlt, worum es in den Liedern geht, man verstand sie bestenfalls mit dem Herzen. Wer wußte um Hattie Carroll, wer kannte Medgar Evans, wer war Hollis Brown? Wer hatte in Deutschland, in Europa die ›Anthology Of American Folk Music‹ gehört, diese sechs Langspielplatten, von Harry Smith herausgegeben, die Bibel der Folkmusiker? Wer hörte die unzähligen Text- und Musikzitate aus diesem gesammelten Schellack-Schatz der dreißiger Jahre in Bob Dylans Liedern, seine Verehrung für den quengelnden Blues, die todessüchtigen Liebeslieder und dunklen Balladen. Er erschien wie ein Monolith – nur der hierzulande vorher fast unbekannte Woody Guthrie wurde ständig als Einfluß genannt –, ein wunderschöner, androgyner Engel als Rachegott und Rebell. Seine musikalische Herkunft blieb den Deutschen verborgen, Geschichte begann grundsätzlich nach 1945. Das Hambacher Fest nannte sich dort Newport Festival, die Grimmsche Sammlung deutscher Märchen hieß eben ›Anthology Of American Folk Music‹, und Herders Wunsch nach einem »Wörterbuch der Seele, einer beständigen Fabeldichtung voll Leidenschaft und Interesse« schreibt sich Folkmusic.

Bob Dylan: »Folkmusic ist die einzige Musik, die nicht einfach ist. Sie ist seltsam, unheimlich … Ihre Ursprünge findet man in Legenden, in Bibeln, in Pestepidemien, und sie kreist um kaputte Typen und Tod. Kei-

ner wird diese traditionelle Musik ausrotten können. All diese Songs über Rosen, die aus Gehirnen von Toten wachsen, und Liebende, die in Wirklichkeit Gänse und Schwäne sind und sich dann in Engel verwandeln – diese Songs werden nie sterben. Es sind all diese paranoiden Leute, die Angst davor haben, daß jemand kommt und ihnen das Klopapier klaut – die werden sterben!« Man hätte sich in Deutschland vieles sparen können: an Interpretationen, ob seine Texte eher politisch, biographisch, sexuell oder religiös zu verstehen seien, ob sie Rimbaud mehr verdanken oder den Drogen, überflüssig die Aufregung und Empörung

über seine Veränderungen und Entwicklungen, die in Wahrheit Rückzüge zu seinem Ursprung waren.

Als seine eigenen Lieder zu Klassikern werden, zur Volksmusik der Linken und Aufrechten, muß er sie verändern, muß sie jedesmal anders
singen, um sie lebendig zu halten und mit dem neuen Klang einen Tonfall zu finden, der ihn hören läßt, was übrigbleibt oder bisher verborgen
war. Das Problem ›Bob Dylan‹ ist unser eigenes: Wollen wir ein musikalisches Photoalbum, unverfälscht genießen, wie wir waren, wenigstens
das? Oder die verfärbten oder verblaßten Bilder betrachten, die Zeit
vorgeführt bekommen, mit all ihren Moden und Falten und wechselnden Sonnenbrillen? Zwei Ebenen überschneiden sich mit jedem Konzert: die innere Zeit Bob Dylans und seiner Lieder und die äußere –
unsere – Zeit. Sie laufen parallel, brechen auseinander und kreuzen
sich. An den Schnittstellen wird er zum Protestsänger, zum Verkünder
religiöser Wahrheiten, zum surrealen Propheten, dann entfernen wir
uns wieder, er wird uns fremd. Song um Song, Konzert um Konzert – ein
Wechselbad der Gefühle, der individuellen Geschichte des Publikums.

»There's no success like failure …« oder lieber doch »… I got nothing,
Ma, to live up to«. Textfragmente, Refrains, Endwörter sitzen wie einge-
fräst im Kopf und warten darauf, abgerufen zu werden. Zeilen, die man
sich nie bewußt übersetzt hat, die als Sinnklang eingefroren und nur
von seiner Stimme wiederbelebt werden können. Und nebenbei: Er ist
an vielem schuld, doch vor allem an einem: der Unzahl unendlich be-
langloser Sänger und singender Komponisten, die ihren Weltschmerz
mit Poesie verwechseln, am Ruin der Stimmkultur von Generationen,
denen Elvis Presley inzwischen als Schnulzensänger erscheint, aber es
ist die einzige Stimme, die diese, seine Texte singen kann. »Meine Stimme ist sehr beengt. Aber sie reicht aus. Sie ist ideal für meine Lieder. Für
meine Art von Liedern.«

Bob Dylan hat die Rockmusik in eine Kunstform für Erwachsene verwandelt. Erst unter seinem Einfluß schrieben die Beatles, die Rolling
Stones, Jimi Hendrix oder die Doors Texte, die man sogar verstehen
wollte. Und doch war der Klang der Stimme Vorbedingung für die
Texte: Lou Reed, Johnny Rotten, Neil Young oder Elvis Costello hätten
vor 1964 nur ungläubiges Entsetzen ausgelöst. Nach Dylan wurde alles

Bob Dylan in Sam Peckinpahs
›Pat Garrett and Billy the Kid‹,
1975. Der Chronist als Todesbote:
»Mama, put my guns in the
ground / I can't shoot them anymore / That long black cloud is
comin' down / I feel like knockin'
on heaven's door.«

anders – und für viele wurde es schrecklich. Er hat es verdient, geliebt oder gehaßt zu werden. Nichts dazwischen.

»Do you remember the Beatles?« grummelt er Ende der achtziger Jahre ins Mikrophon. Und als die Reaktion des Publikums zu schwach ausfällt, fragt er nochmals: »Nobody remembers the Beatles?«, um dann mit der Bemerkung »This is a song from the Beatles!« zu seinem ›Highway 61 Revisited‹ überzuleiten. Bob Dylan weiß, wo wir ihn hinhaben möchten. Es ist euer Problem. Da habt ihr eure sechziger Jahre zurück. Vielen Dank fürs Ausleihen!

Dreiundzwanzig deutsche Überschriften, Bob Dylan zu hören

Vom Protest zum Schubidu

So hält ein Weltstar hof

Der Prophet im Käfig

Wie weit muß er noch gehen?

Ein christlicher Provokateur?

Die verschiedenen Saiten eines Propheten

Ein grober Moralist

Wie ein Besuch im Museum

König der Zitate

Alter Herr auf Reisen

Denn die Zeiten ändern sich

Wiedergeborener Bob

Der amerikanische Freund

Star und Zimmermann

Der Bluessänger

Ein Freund von uns allen

Sturzbetrunken oder nur keine Lust

Ein Entertainer wie Dickens & Shakespeare

Kammerkonzert eines alten Meisters

Der wahre Bob Dylan

Der Mythos lebt

Der immerwährende Prozeß

Dylan unser

Velvet Underground –
Musikalische Siebdrucke

Es war Zufall. Die Platte stand mitten im Deutsche Grammophon/Verve-Programm zwischen ›Jazz At The Philharmonic‹, Karajan dirigiert Beethovens Neunte und ›Charlie Parker With Strings‹. An der Tür der kleinen Siemens-Filiale hing ein Schild am Silberkettchen: »Verkauf nur an Firmenangehörige«, Prannerstraße München, der Ständer mit den Schallplatten war eher Beiwerk zu den aufgereihten Vorwerk-Staubsaugern auf dem spiegelnden Stragula. Der junge Mann suchte nach ›Motion‹ des Altsaxophonisten Lee Konitz, vergeblich, schließlich zückte er den Firmenausweis seines Vaters für zwei Ersatzkäufe bei Verve. Ungehört: ›The Velvet Underground & Nico‹ und ›Absolutely Free‹ von den Mothers of Invention. Zufall oder: »Es ist immer das Fällige, das uns zufällt«, notierte er sich später aus den Tagebüchern von Max Frisch.
Aus New Yorks »Factory« in die Prannerstraße – die private Musikgeschichte überdeckte nicht nur die offizielle, später gelesene Velvet-Underground-Story, sie blieb jahrelang die einzig gültige, eifersüchtig verteidigt. Keiner hatte die Band in Europa gesehen, die Velvet Underground lösten sich auf, bevor sie in irgendeiner Hitliste auftauchten, sie verkauften kaum Platten, wurden nicht im Radio gesendet. Als es 1993 zu einer Reunion kam, konnten sie keine Konzerterinnerungen wachrufen, da es keine gab. Sie lebten in den Köpfen: Oft wurde das Diktum von

Brian Eno zitiert, ihre Platten hätten zwar nur wenige Käufer gefunden, aber jeder habe eine eigene Band gegründet. Nicht jeder.

Als er wieder einmal die gelbe Coverbanane abzog, um wissend lächelnd das anzüglich fruchtfleischfarbene Innere zu zeigen, riß die Spitze der Warholschen Originalbanane. Der Kummer hielt sich in Grenzen, das verletzte Kunstbewußtsein kam erst später. »Watch out! The world's behind you« setzt sie ein, mit dieser entspannt müden Stimme ›Sunday Morning‹ gesungen, dann die hämmernde einlullende Monotonie zu ›Waiting For My Man‹, die bleiche Schwermut einer ›Femme fatale‹, der Geigenstrich wie eine streichelnde Peitsche, übersteuerte Gitarren, in sich versponnen und verbissen – es war diese unerhörte Musik, die alles andere vergessen ließ. Und doch wollte man wissen,

John Cale, Lou Reed und Sterling
Morrison im Trio. »Lou hatte nicht
viel Vertrauen in seine Stimme.
Bis Sterling und ich ihn davon
überzeugten, daß seine Stimme
für diese Art von Musik ideal sei.

Wir nahmen ein paar Demo-
Bänder auf, ein Stück nannte sich:
›Never Get Emotionally Involved
With A Man, Woman, Beast
Or Child‹.« John Cale

wer da was sang und spielte, wer sich hinter den Photographien auf der
Innen- und Rückseite des Albums verbarg. Wer davon Lou Reed war,
wer John Cale oder Sterling Morrison, war der eine eine Sie? Wer verbarg sich hinter Maureen Tucker, Percussion? Eine »Chanteuse«, die
sich Nico nannte, mußte blond sein, soviel schien sicher, und auch Andy
Warhol las sich als berechenbare Größe, doch als Plattenproduzent hier
mit Tamburin?

Inbild des Unerreichbaren, des Rätsels. Daß Peter Zadek 1968 ›I'm Waiting For My Man‹ der Eingangssequenz seines Filmes ›Ich bin ein Ele-
fant, Madame‹ unterlegte, empfand man fast als Verrat. Jede Neuer-
scheinung verstärkte den Mythos: ›White Light/White Heat‹ mit dem
schwarzen, monochromen Cover, nur in der linken unteren Ecke war –
gegen das Licht gekippt – eine Totenkopfflagge zu erkennen, oder sah
man doch eine Schulter mit Tätowierung? Dann, ein Jahr danach, das
dritte Album, schlicht ›Velvet Underground‹ genannt, mit Sofa auf der
Plattenhülle und einem Klang, als habe die Gruppe eine Grenze überschritten und spiele aus dem Land hinter dem Spiegel, ›Loaded‹, die
Nummer vier, mit veränderten Stimmen, mit ›Sweet Jane‹, mit ›Rock
And Roll‹, der Name John Cale fehlte in den Credits, das Photo zeigt ein
fast leeres Studio, einer sitzt am Klavier, wer? Die alten Fragen zu Namen und Gesichtern, Namen und Stimmen. Hin und wieder fand man
Artikel mit Klatsch zu Andy Warhol, Nachrichten über eine Trennung
von John Cale, es waren Randnotizen zu einem Phänomen, das die Welt
der Rockmusik veränderte und sich zugleich in den Untergrund der
lokalen amerikanischen Clubszene zurückgezogen hatte, uneinsehbar
aus Europa.

Die Einladung galt für Donnerstag, den 16. Mai 1968: Um 21 Uhr zeigte
das »undependent film center« in einer Sonderveranstaltung im Gloria

Nico, geborene Christa Päffgen, »Mondgöttin« (Andy Warhol) und Velvet-Chanteuse mit ›All Tomorrow's Parties‹: »And what costume shall the poor girl wear / To all tomorrow's parties / Why silks and linens of yesterday's gown / To all tomorrow's parties / And what will she do with Thursday's rags / when Monday comes around / She'll turn once more to Sunday's clown and cry behind the door.«

Filmpalast Andy Warhols ›Chelsea Girls‹ – geschlossene Veranstaltung. Wir suchten die Spuren der Musik in den Filmen. Wo sonst im Angesicht von Plüsch und Samtsesseln die farbigen Fontänen der berühmten Wasserspiele sprühen, sitzt jetzt der Münchner Kunstuntergrund, füllt an der Kasse brav den Mitgliederausweis parallel zur Eintrittskarte aus und versichert (ab 18), daß man an den heiß erwarteten Filmen »keinen Anstoß nehmen« werde. Doch während sonst in Warhols ›Bike Boy‹ oder ›My Hustler‹ nackte Männer endlos ihren Körper pflegen oder in ›The Couch‹ oder ›Nude Restaurant‹ die Handlung das Versprechen des Titels erfüllt, bleiben die dreieinhalb Stunden ›Chelsea Girls‹ eher dialoglastig, musikfern, strahlt nur Mary Woronow jenen Hauch von latentem Sadismus aus, den der Clubausweis versprach. Der Velvet-Underground-Jünger starrt auf die Doppelbilder der parallel projizierten 16-mm-Filme, hofft in irgendeiner der Hotelzimmerszenen die ersehnten Gesichter der Musikidole aufzuspüren, vergebens. Der Warhol-Effekt setzt ein: Eine leichte Unruhe macht sich nach zehn Minuten in vereinzelten Pfiffen Luft, dann die bemüht witzigen Kommentare, das ungläubige Lachen, daß da oben auf der Leinwand noch immer nichts passiere, die Wut, das demonstrative Aufstehen und Türeknallen nach einer Stunde, dann die Ruhe, das Sehen und manchmal auch der leichte Schlaf.

Es bleibt der Anfang des Films: Nico, geborene Christa Päffgen aus Köln, Filmmodell, Nebendarstellerin und Sängerin der ersten Velvet-Underground-Platte, schneidet sich den Pony, spricht mit jemand außerhalb des Bildes, schnipselt an ihren Haarfransen, eine endlose Rolle lang. Bis der Voyeurblick ermüdet, in die Küche abschweift, die Haut, die Augen, die Haare Nicos nicht mehr wahrnimmt, als trete man zu nahe an das Bild, als verschwimme die Form zur bloßen Oberfläche. Die Hauptdarsteller der Velvet Underground treten nicht auf, nach dreieinhalb Stunden weiß man's endgültig.

Das Fließband aus »Guitar, guitar, organ, percussion« läuft zu Hause weiter: weiße Musikjunkies mit dem gleichmäßigen Stampfen der Trommel, dem Schleifen von Gitarren, dem Fräsen von Tönen, einer sachlichen Stimme, die vor- und zurückschaukelnd Namen nennt, Geschichten erzählt, die kaum zu verstehen sind. Immer wieder tauchen Satzfetzen aus dem Malstrom der Musik auf, »too busy sucking on my ding dong, oh I'm searching for my mainline, I couldn't hit it sideways«, und als Endpunkt, von dem es kein Zurück gibt, »Ah, just like Sister Ray said«. Es war die Hochzeit von Chaos und Intelligenz, von Samt und Dreck, und zugleich die letzte Vereinigung von Reed, Cale, Morrison und Tucker. Siebzehn Minuten ›Sister Ray‹ auf der zweiten Platte der Velvet Underground, und man wußte, daß dies den Anfang einer neuen Art, das Leben zu hören, bedeutete, stärker als bei der legendären »Bananen-Platte«: Nichts von jenem melodiösen Schwung der Beatles, den Bluesadaptionen der Rolling Stones, dem sonnigen »Bababa« Kaliforniens, den Gitarreneruptionen eines Jimi Hendrix. Es waren Berichte vom Tage, Szenen einer Ehe aus Stil und Perversion, und nichts, ja nichts hatte da seinen Ursprung in der Musik der Schwarzen. Die Velvet Underground verabschiedeten sich von den Kategorien jugendlicher Popmusik, spielten in ihrer eigenen Zeit, das war keine Platte, die man während des Lesens nebenbei auflegen konnte, die Perspektive hatte sich verändert. Nicht nur für siebzehn lange Minuten.

»I'm searching for my mainline« – wir lernten auch die lange Weile. Später lasen wir von den Avantgarde-Filmen Piero Heliczers, den stehenden Klängen von La Monte Youngs ›Dream Syndicate‹ oder dem neunzehnstündigen Klaviermarathon über Eric Saties ›Vexations‹ mit John Cale unter der Leitung von John Cage, lernten die Kunsträume verstehen, aus denen die Velvet Underground kamen. Man mußte das so genau nicht wissen, es war zu spüren. Sich acht Stunden lang das ›Empire State Building‹ von Andy Warhol auf stummer Leinwand anzusehen – von Sonnenaufgang bis Sonnenuntergang –, mochte anfangs eine modische Attitüde sein, mit der Zeit entwickelte die Dauer ihre eigene Faszination des Schauens und Hörens, manchmal des Denkens. Dinge nebeneinander zu sehen, ohne Erklärungszwang, Gesichter und Geschichten und Töne zusammenzufühlen, ohne jenes Immerbescheidwissen, das

uns aus allen Leitartikeln und Universitäten entgegenschlug, wo die
Überschriften schon das Textlesen ersparten, die Vorlesung schon das
Denken. Nun erlebte man die Segnungen der Monotonie, die zur Ruhe
des zweiten Blicks führten, der schließlich zum einzigen wurde: ob in
Peter Handkes Beschreibungen des Hausierers, Jean-Marie Straubs endlos scheinender Kamerafahrt über Münchens Landsberger Straße oder
in Wim Wenders' Variationen zu einer Einstellung, ›Same player shoots
again‹. Manche rauchten Dope zu Grateful Dead und Hapshash & The
Coloured Coat, anderen genügten die Velvet Underground.
»There are problems in these times but – uuh – none of them are mine«
singen sie 1968, in dem Jahr, da Martin Luther King erschossen wird,
sich der Vietnamkrieg auf seinem Höhepunkt befindet, da in Biafra
Zehntausende verhungern, sowjetische Panzer den Prager Frühling be-
enden und in Paris bürgerkriegsähnliche Zustände herrschen. ›I'm Be-
ginning To See The Light‹ behaupten sie und variieren die verschiedenen Grade von Liebe und deren Abarten. Man hätte dies unter private
Obsessionen oder »Makelovenotwar« ablegen können, in jene Schub-
lade, in der politische Veränderungen stets mit der Veränderung der per-
sönlichen Verhältnisse zusammen aufbewahrt werden, wäre da nicht
dieser unaufgeregte Tonfall gewesen, hinter dem mehr steckte. Humphrey Bogart aus ›Have And Have Not‹ stand da in der Factory, Lauren
Bacall lehnte am Türrahmen, fragte nach einem Streichholz, und obwohl er ihr immer klarzumachen versuchte, daß er sich nirgends einmi-

schen, daß er sich nur um seine eigenen Sachen kümmern werde, hörte man aus dem Klang seiner Stimme das Gegenteil. Die Velvet Underground verabschiedeten uns nicht aus Politik und Realität, sie befreiten uns nur aus der ideologischen Habachtstellung, aus der Anwesenheitsliste zum Arbeitskreis »Marxismus«, ersparten uns zwei weitere Semester »Einführung ins Kapital«.

Die Sonnenbrillen schützten nicht nur vor den Stroboskop-Light-Shows und hielten die Welt auf Distanz, sie verbargen auch, wohin man sah, verdeckten die Gefühle. »I'll fire you if you show any emotion« fuhr später Lou Reed die Musiker seiner Band an, es war nicht nur künstlerisch zu verstehen. Kühle und Ekstase, Gewalt und Gleichgültigkeit an Stelle von Flower-power, Friede, Hippie und Eierkuchen – die folgenden Legionen der schwarzgekleideten, sonnenbebrillten bleichen Jugendlichen, die in ihren Bands ungerührt und cool mit Tod, Depression und Perversion handelten, kehrten nicht zum bürgerlichen Eskapismus zurück, sie sangen wie ihr Vorbild von Gefühlen in Zeiten des Krieges. »Soldiers fighting with the Cong / But with you by my side I can do anything / When we swing babe, we hang past right and wrong – I'm sticking with you …« Als die Velvets 1995 offiziell ihre Archive öffneten, waren die Erben schon selbst Geschichte: Can, Bowie, Pop, Rollins, Smith, Talking Heads, Fall, Sonic Youth, Joy Division, Siouxsie, Television, U 2, REM, Richman, Violent Femmes, Cure. Sie hatten Bob Dylan soviel zu verdanken wie dem samtenen Untergrund. Und sie lebten von den Weihen der neu entdeckten Sprechstimme: In dem Moment, da Rockmusik, Literatur, Minimalismus und die Liebe zum Geräusch zusammentrafen, sorgten Sänger wie Lou Reed wie nebenbei für das vorläufige Ende jener großen, tragenden Stimmen eines Elvis Presley, Roy Orbison oder Otis Redding.

»Vicious, you hit me with a flower.« Als Lou Reeds Soloplatte ›Transformer‹ 1972 erschien, war endgültig klar, wer hinter der Stimme der Vel-

Natürlich hatte er sich nicht getäuscht, natürlich bringt keiner Lou Reed so gut wie Lou Reed, natürlich ist das Musik von Erwachsenen für Erwachsene, natürlich lebt darin unverdünnt das Prinzip Andy Warhol. Untertreibung, Coolness, die Verletzlichkeit des *tough guy* – in seiner Sonnenbrille spiegelt sich das eigene Gesicht oder das, was er gerade sieht.

vet Underground stand. Keiner konnte so selbstverständlich vorschlagen »put jelly on your shoulder, let's do what you feel most«, keiner so lakonisch feststellen »sometimes I feel so happy, sometimes I feel so sad«. Ob er von ›Some Kinda Love‹ oder ›Pale Blue Eyes‹ sang, immer lag dieser steinerne Tonfall hinter dem warmen, hypnotischen New Yorker Sing-Slang und den kleinen Melodien. Unerträglich klang er nur, wenn er ausdrucksvoll zu singen versuchte. Später, fünfundzwanzig Jahre und vierundzwanzig Platten später, vom depressiven Meisterwerk ›Berlin‹ zum geschminkten ›Rock'n'Roll Animal‹, vom alkoholaufgeschwemmten ›Average Guy‹ zum Literaturdozenten mit Haarzöpfchen, der über ›Magic And Loss‹ sinniert, hörte man seine Alben wie Tagebücher, wie Briefe eines Freundes, im Guten wie im Schlechten: »Reale Briefe von mir für ganz bestimmte Menschen. Es liegt nicht an den Leuten, wenn sie damit nichts anfangen können. Ich habe mich einfach in der Adresse geirrt. Ich hatte einmal gehofft, daß die Intelligenz, die in der Literatur und im Film steckt, auch die Rockmusik erfassen wird. Vielleicht habe ich mich getäuscht.«

Natürlich hatte er sich nicht getäuscht, natürlich bringt keiner Lou Reed so gut wie Lou Reed – »selbst meine Scheiße ist besser als anderer Leute Diamanten« –, natürlich ist das Musik von Erwachsenen für Erwachsene, natürlich lebt darin unverdünnt das Prinzip Andy Warhol. Untertreibung, Coolness, die Verletzlichkeit des *tough guy* – in seiner Sonnenbrille spiegelt sich das eigene Gesicht oder das, was er gerade sieht. Es ist das gleiche, was jeder selbst erkennen könnte: »I'll be your mirror reflect what you are in case you don't know.« Warhol ist allgegenwärtig, der Künstler bleibt Projektionsfläche, die nur abbildet, was zu sehen ist, auf der Straße, im TV, in der Sonnenbrille. Es werden Lou Reeds intensivste Lieder – ohne Botschaft, ohne Kommentar, die Kameraeinstellun-

gen und Siebdruckvervielfältigungen Warhols sind Musik geworden. Wie das Abbild die Realität ersetzt, sie intensiver macht und im selben Moment auflöst, so saugen seine Songs den Hörer ein und halten ihn doch auf Distanz. Sie beschäftigen sich mit der Wirklichkeit und lassen sie zugleich als Abbild im Vorzimmer warten. Andy Warhols Siebdrucke von Zeitungsphotos Marilyn Monroes, des elektrischen Stuhls oder Elvis Presleys, von Verkehrsunfällen und Blumen lösen Faszination und Trauer durch Addition und Ausmalen auf: Die Liebe und der Schrecken bestehen immer aus gerasterten Punkten. Und sie lieferten das Alibi des offiziell akzeptierten Voyeurismus, fünfundzwanzig schwarze Atompilze auf rotem Hintergrund, Hunderte von Polaroid-Penissen, eine Erdbeben-

katastrophe, ein brennender, umgestürzter Sportwagen, ein Toter hängt daneben aufgespießt am Mast. Ungestört konnte man zusehen, fern aller Scham. Nichts spannender, als zu beobachten, wie sich jemand wäscht, wie er masturbiert, sich die Fransen schneidet. Man darf ganz nah hingehen.

Mitte der achtziger Jahre sehen wir ihr wieder zu: »Ich kenne das Publikum ... kaum«, dehnt Nico den Satz, hört dem Klang des Gedankens nach. »Es ist immer so dunkel. Ich möchte die Leute ja immer gerne sehen, aber ich kann nicht ... weil es immer so dunkel ist.« Nico bewegt sich quer zum Leben, hin und wieder trifft sie dabei den anderen Monolithen, John Cale, der ihre beiden ersten Soloplatten ›Chelsea Girl‹ und ›Marble Index‹ produziert hatte, taucht in obskuren Filmen und bei kleinen Plattenfirmen auf, verschwindet wieder, begibt sich gegen Ende ihres Lebens auf eine endlose Konzerttournee. Sie sitzt vor ihrem kindersarggroßen Harmonium, eine lebende Zeitlupe, ein endloser Nachhall ihrer selbst, hört sich verwundert zu, als ob sie zum erstenmal singen würde. Die Langsamkeit, der Spiegel, die Wiederholung – es wird sichtbar, was Andy Warhol bewog, seinen Factory-Star vor die Velvet Underground zu stellen. Ob sie ›My Funny Valentine‹ spricht oder ›König‹,

Lou Reed: »Nur die Musik ver-
hindert, daß wir wahnsinnig
werden. Du solltest dir zwei
Radios anschaffen. Falls eines
kaputtgeht.«

sie *ist* die Einsamkeit und sie *zelebriert* Einsamkeit, Image und Realität lassen sich nicht mehr trennen. Ihr träges Englisch wird zum deutschen Text, es sind die lange verlorenen deutschen Volkslieder der Romantik, die sie komponiert, selbst die Deutschlandhymne gerinnt ihr zum eigenen Lied. Langsam kehren die Fremden wieder in die Heimat zurück. »Ich singe es wegen der Melodie, nicht wegen des Textes. Weil, als ich ein kleines Mädchen war, und 1943 am Schöneberger Rathausplatz ... da haben alle Leute das gesungen ... und das hat mich sehr beeindruckt. Ich singe es, weil ich das ... so schön finde ... als Lied.«

Anyway ... – der genervte Satzanfang des Egomanen Lou Reed, der wieder mal unterbrochen wurde, der sich am liebsten selbst auf einen neuen Gedanken bringt und die Themen seiner Monologe bestimmt, wurde ebenso zur Lebensgeste wie das Warholsche »So what«: »Sometimes people let the same problem make them miserable for years when they could just say, ›So what‹ ... I don't know how I made it through all the years before I learned how to do that trick. It took a long time for me to learn it, but once you do, you never forget.« Doch »anyway« und »so what« meinen nicht Gleichgültigkeit oder Beliebigkeit, es ist jener Schutzfilm, der einen am Leben hält. »Ich und meine verschiedenen Ichs diskutierten darüber: Lou Nr. 1 und Lou Nr. 5, hello!« Es bewahrte ihn auch davor, an seinen Lieblingsthemen zugrunde zu gehen: Heroin, Speed, Homosexualität, Sadomasochismus, Mord, Selbstmord. Gestorben sind die anderen.

Im Januar 1989 traf er wieder mit seiner Haßliebe John Cale zusammen, um mit ihm ›Songs For Drella‹ aufzuführen, Lieder für ihren Mentor Andy Warhol, der am 22. Februar 1987 in New York gestorben war. Nach fünfundzwanzig Jahren sitzen zwei Herren, Mitte Vierzig, in gebührendem Abstand auf der Bühne, einer am Klavier, der andere an der Gitarre, tasten sich mit kurzen Augenaufschlägen ab und singen ihr Oratorium über den Pop-Papst, der alles »tutti buoni« fand und dessen Kosename »Drella« aus Dracula und Cinderella zusammengesetzt ist.

Eine einfache Tonfolge auf dem Synthesizer, eine sparsame, lethargische Gitarre und darüber die bedrohlich warme Stimme des Walisers John Cale zu ›Faces And Names‹, dem magischen Kernstück der Platte mit den »basisdemokratischen« Idealen Andy Warhols: »Gesichter und Namen, ach wären sie doch alle gleich. Wenn wir alle gleich aussähen, würden wir dieses Spiel nicht spielen.«

Zwei Akkorde, zwei Töne auf dem Klavier – warum soll man nicht wiederholen, was schön ist? Nur durch Wiederholung sieht man neue Bedeutungen, ohne die ursprüngliche Bedeutung zu verletzen. Die nervige Geige John Cales gegen eine Gitarre, die einer defekten Lautsprecherbox entsprungen zu sein scheint, oder ein hämmerndes Klavier gegen eine krachende Feedback-Gitarre – sie zitieren ihre Velvet-Underground-Vergangenheit und ziehen die Summe ihres eigenen Lebens: musikalisch außer sich zu sein und doch – durch ihre Texte und Stimmen – neben sich zu stehen. Immer an der Schwelle, wo aus der rettenden Flucht in das Image die Falle der Einsamkeit wird.

Das schwarze Cover der Schallplatte mit den Gesichtern von Lou Reed und John Cale, die dann im Frühjahr 1990 veröffentlicht wird, weist in alle Richtungen: Neigt man die Hülle nach rechts, erscheint über den Porträts das Bild Andy Warhols im Negativ, bewegt man sie nach links, taucht das Positiv auf. Spannung und Entspannung in einem Atemzug, es kommt nur auf den Standpunkt an, was man erkennen will. Es ist die schönste Hommage an einen Mann, der sich einen Grabstein ohne Inschrift wünschte. Oder höchstens ein Wort – Einbildung.

Die große Pause

Sie sangen »Happy Birthday To You« und die erste Strophe der Internatio-
nale, hielten Festreden und verkauften Bier zu wahrhaft »sozialistischen
Preisen« (Flasche zu 10 Pfennig): So feierten Schüler des Münchener
Gisela-Gymnasiums gestern den 150. Geburtstag von Karl Marx. Mit
Saxophon, Trompete, Schlagbecken, einer roten Fahne und Marx-Bildern
marschierten die Schüler in der großen Pause auf den Schulhof. Die Fahne
und ein Portrait wurden ihnen jedoch sofort von einem Studienrat
»beschlagnahmt«. Dazu Dr. Richard Ruland: »Ich habe das ganz spontan
getan, es war ein politischer Auftrag für mich.«
Nach einem Geburtstagsständchen für den Urvater aller Linken hielt
Schüler Thomas Pampuch die Festrede. Dann hob er seine Bierflasche und
rief: »Trinken wir darauf, daß seine Gedanken lebendig bleiben und dazu
dienen, die Veränderung und Entwicklung der Gesellschaft voranzutreiben, so voranzutreiben, daß sich unser Geburtstagskind darüber freuen
könnte ... Nehmen wir einen tiefen Schluck zu Ehren von Karl Marx.
Beweisen wir unsere revolutionäre Solidarität und lassen auch die trinken,
die keine Flasche mehr gekriegt haben. Es lebe Karl Marx!« Pünktlich mit
dem Klingelzeichen ging die Feier zu Ende.

Bericht der ›Münchner Abendzeitung‹ unter der Überschrift
›Studienrat störte Karl-Marx-Feier‹ vom 6. Mai 1968

Nina Simone – Gewehr im Kopf

»Oh no ... my God ... they shooting us down ... one by one«, bricht ihre Stimme im Konzert am 7. April 1968, kurz nach der Ermordung Martin Luther Kings, mitten in dem Song, den ihr Bassist Gene Taylor am Tag zuvor geschrieben hatte: ›Why? The King Of Love Is Dead‹. Verrauscht und undeutlich hört man das Lied in den deutschen Fernsehnachrichten, klagend zieht es mit den Bildern vom Trauerzug zu Martin Luther Kings Beerdigung. Später.

1968 war Nina Simone ein Star, nicht faßbar zwischen Pop und Jazz und Blues, eine Sängerin, die ›House Of The Rising Sun‹ oder ›I Put A Spell On You‹ lange vor den weißen Beats aus England im Repertoire hatte, die ›Wild Is The Wind‹ von Tiomkin mit dem gleichen Gespür für Zwischentöne sang wie die ›Piraten-Jenny‹ von Weill. Irgendwo las man, daß sie zu den schwarzen Künstlern zählte, die beim Abschlußkonzert des Bürgerrechtsmarsches von Selma nach Montgomery auf der Bühne standen, irgendwann hatte sie den Protestsong ›Mississippi Goddam‹ komponiert, irgendwer hatte ihr Lied ›Young, Gifted And Black‹ zur Nationalhymne des schwarzen Amerika erklärt. Irgendwo, irgendwann, irgendwer, in Deutschland hörte man statt dessen ihr ›Ain't Got No/I Got Life‹ aus ›Hair‹, hierzulande trat sie 1967 beim Galaabend der Schallplatte in Berlin auf, zum offiziellen Start des deutschen Farbfernsehens.

Am 2. Juni 1967 wird der sechsundzwanzigjährige Student und Pazifist Benno Ohnesorg bei einer Demonstration gegen den Schah in Berlin von einem Polizisten erschossen, am 11. April 1968 schießt der Münchner Hilfsarbeiter Josef Bachmann auf den Studentenführer Rudi Dutschke, in der Tasche trägt er einen Zeitungsausschnitt der ›Deutschen Nationalzeitung‹: »Stoppt Rudi Dutschke jetzt! Sonst gibt es Bürgerkrieg. Stoppt die linksradikale Revolution jetzt!« In deutschen WGs erklingen dieser Tage beim Kräutertee ›Ça ira‹ zum Spanischen Bürgerkrieg, Ernst Busch und seine Eisler-Songs. Franz Josef Degenhardt erzählt vom ›Väterchen Franz‹, und Wolf Biermann läßt uns per Wagenbach in der Chaussee-Allee in Ostberlin vorbeikommen. Das deutsche Arbeiterlied grüßt den amerikanischen Protestsong, das französische Chanson schlüpft zu Bert Brecht unter die Decke. Mehr nicht. Dafür singt die junge deutsche Linke auf der Straße ›We Shall Overcome‹ und abends auf der braunen Kordsamtmatratze ›Blowing In The Wind‹.

Nina Simone: »Eigentlich mochte ich keine ›Protestmusik‹, weil sie größtenteils so simpel und phantasielos war, daß sie den Menschen, die sie zu ehren versuchte, die Würde nahm. Aber dieses Argument galt nach dem Bombenattentat auf die Kirche in Alabama und dem Mord an Medgar Evers nicht mehr. Durch ›Mississippi Goddam‹ wurde mir klar: Es gab kein Zurück mehr.«

In jenem April 1968 legen Andreas Baader, Gudrun Ensslin, Thorwald Proll und Horst Söhnlein Brandsätze in zwei Kaufhäusern in Frankfurt am Main. Die Brandsätze verursachen hohen Sachschaden, die vier werden verhaftet und für die Aktion zu jeweils drei Jahren Zuchthaus verurteilt. Bei der Verhandlung im Oktober 1968 erklären sie, sie hätten die Kaufhäuser niederbrennen wollen, »um gegen die Gleichgültigkeit der Gesellschaft gegenüber den Morden in Vietnam zu protestieren«.

Als Nina Simone am 15. September 1963 im Radio hört, daß vier Mädchen in Birmingham von einer Bombe getötet wurden, will sie sich ein Gewehr holen und jemand erschießen. Ihr Mann hindert sie daran, und sie schreibt sich ›Mississippi Goddam‹ von der schwarzen Seele. Sieben Jahre begleitet sie die Bürgerrechtsbewegung mit ihrer Musik, komponiert für ihre Freundin, die Autorin Lorraine Hansberry, ›Young, Gifted And Black‹, wird radikaler und konsequenter, sieht zum ersten Mal einen Sinn in ihrer Musik, den sie akzeptieren kann: »Es gab mir so ein gutes Gefühl, Teil dieses Kampfes zu sein … Auch wenn mir die Bewegung nichts anderes gab, dann wenigstens eins: Selbstachtung.«

Wer ›Mississippi Goddam‹ hört, wird es zuerst für seine alberne Melodie und seinen hüpfenden Rhythmus hassen, beim zweiten Hören nicht mehr aus den Ohren kriegen und später, an anderen Orten zu passenden Zeiten, vor sich hin brummeln: »Alabama makes me so upset, Tennessee made me lose my rest …« Bei der ersten Konzertaufnahme des Songs, 1964, unterbricht sie nach der ersten Strophe und kommentiert trocken: »This is a show tune but the show hasn't been written for it – yet.« Eine klassische Formulierung, die in den USA, sieht man von den Ghettoaufständen in Watts und Florida ab, nie in Erfüllung ging. »This whole country is full of lies / You all gonna die and die like flies.« Und sie beharrt darauf, selbst 1997: »Für die Mehrheit der Schwarzen ist die Lage hoffnungslos. Die Reichen sind zu reich und die Armen zu arm.«

»Für neunzig Dollar pro Woche
und ›soviel Milch, wie sie trinken
kann‹, beginnt Eunice Waymon als
Nina Simone in der Midtown Bar
in Atlantic City. Sie schickt

populäre Songs durch ihr Klassik-
Gedächtnis und wird berühmt mit
ihrer Erfindung der Piano-Pizza
aus Gershwin, Blues und Adagio
ma non troppo.« Michael Naura

»Die like flies, just like the song said.« Kein angenehmes Thema für die
achtziger und neunziger Jahre, für ein Publikum, das Nina Simone erst
1987 als Werbejingle zu »Chanel« zur Kenntnis nahm, mit dem entspannt
swingenden ›My Baby Just Cares For Me‹, einem Lied, das sie schon
1957 am Ende einer vierzehnstündigen Session für die Plattenfirma
Bethlehem einspielte. Zum Hit wurde damals ein anderer Song, jenes
heißkalte ›I Loves You Porgy‹ aus Gershwins ›Porgy And Bess‹. Schöne
Zeiten für die junge Nina, keine Rede von Politik und Rassentrennung,
nur von Liebe und Schmerz. Ein bißchen verbohrt und humorlos mag
sie da später erscheinen, offensichtlich eine jener weiblichen Unbelehr-
baren, die unzeitgemäß den peinlichen Geruch von Konsequenz und
Verbitterung verströmen. Sie hätte das alles nicht so ernst nehmen sollen, damals.
Ulrike Marie Meinhof, deutsche Journalistin und Vorzeigekolumnistin,
geboren am 7. Oktober 1934 in Oldenburg, schreibt 1968 über die Warenhausbrandstiftung in der Zeitschrift ›konkret‹, Nr. 14: »Was können –
so bleibt zu fragen – die Leute mit einem Warenhausbrand anfangen?
Sie können das Warenhaus plündern. Der Ghetto-Neger, der brennende
Geschäfte plündert, erfährt, daß das System nicht zusammenbricht,
wenn er sich kostenlos beschafft, was er dringend braucht, sich aber aufgrund seiner Armut und Arbeitslosigkeit nicht kaufen kann, er kann lernen, daß ein System faul ist, das ihm vorenthält, was er zum Leben
braucht. Die Waren dagegen, die Frankfurter aus Frankfurter Kaufhäusern wegschleppen können, wären kaum die, die sie wirklich brauchen.
Bei einer Warenhausplünderung hierzulande würde nur der Bestand an
Sachen in einigen Haushalten vergrößert, die ohnehin nur der Ersatz-
befriedigung dienen … Die kollektiven Bedürfnisse, die in reichen kapi-
talistischen Ländern eklatant unbefriedigt bleiben, würden davon nicht
berührt, können durch Warenhausbrandstiftung nicht bewußtgemacht

174

werden.« Die Friedensaktivistin sympathisiert mit den Zielen von Baader und Ensslin, ihr Doppelleben als linkes Feigenblatt der Hamburger Blankenese-Society und Protokollantin von Fließbandarbeit und Fürsorgeeinrichtungen bereitet ihr immer größere Schwierigkeiten, das Schreiben wird bald an seine Grenzen stoßen.

Als die elfjährige, musikalisch hochbegabte und fleißige Eunice Waymon in ihrer Geburtsstadt Tryon in North Carolina ihr erstes Konzert mit klassischer Musik gibt, muß sie zusehen, wie man ihre Eltern aus der ersten Reihe nach hinten komplimentiert. Sie steht auf und erklärt, sie werde so lange nicht anfangen, bis ihre Eltern nach vorne zurückkehren. So geschah es. Sie spielte, die Weißen liebten den rührenden Starrsinn ihrer kleinen Eunice, zu deren Klavierausbildung sie einen Fonds ins Leben gerufen hatten. Sie lachten.

»No, you never guess to whom you talking – no!« Als Nina Simone die Seeräuber-Jenny 1964 ›In Concert‹ singt, klingt ihr Alt so unvergleichlich, als lege sie ihre ganze schwarze Sehnsucht in die Hoffnung auf bittere Rache, die da einmal kommen werde. Dann würden sie sehen, was sie ihr angetan hatten, die Weißen, die Schwarzen, die Männer, die Ignoranten, die Jury des Curtis Institute in Philadelphia, die sie nach einer Aufnahmeprüfung ablehnte – ein Schock, den sie nie überwunden hatte.

Am 21. Februar 1933 geboren, entwickelte sie schon früh ihre musikalische Begabung, begleitete mit dreieinhalb Jahren ihre Mutter, eine Methodisten-Predigerin, auf dem Klavier und der Orgel, bekam Unterricht, wurde darauf vorbereitet, die erste schwarze klassische Konzertpianistin zu werden. Sechs Jahre pendelt sie zwischen dem schwarzen Zuhause mit einer bigotten Mutter, einem magenkranken Vater und fünf Geschwistern und jenem Zuckerbäckerhaus der englischen Klavierlehrerin Miss Muriel Massinovitch, tanzt als schwarzes Aschenputtel in einen Traum aus Büchern, Blumen und Bonbons. Das Haus wird zu einer weltlichen Gegenkirche mit einer weißen »Momma«, in der sich die Musik von Johann Sebastian Bach in ein neues Evangelium verwandelt. Sie lernt Umgangsformen, übt, wie man sich auf der Bühne bewegt: Auftritt, Verbeugung, Abgang. Sie spürt die Erwartung, in den schwarzen Gottesdiensten die Gemeinde in Ekstase zu versetzen und als Prinzessin im Konzertsaal jene technische Perfektion zu zelebrieren, in die der »Eunice Waymon Fund« investiert hatte. Zwischen diesen beiden Welten lebt sie, diese Schizophrenie wird Nina Simone nie verlieren.

»Warum singst du da draußen in der Welt, wo du doch Gott preisen könntest?« klagte die Mutter, die Gott mehr liebte als ihre Kinder. Musik mußte einem Zweck dienen, ansonsten war sie des Teufels. Es nützte da wenig, daß sich Eunice Waymon in einer Piano-Bar in Atlantic City aus Verehrung für Simone Signoret Nina Simone taufte. Sie hatte in den Sommerferien einen Job in der »Midtown Bar« angenommen, hatte mit Stolz registriert, wie Studenten, ihr neues Musikpublikum, die plappernden Betrunkenen aus dem Lokal warfen; sie begann zu singen – »Entweder du singst, oder du bist gefeuert!« erklärte der Lokalbesitzer –, und sie versetzte ihre Bachschen Fugen, impressionistischen Träumereien und Blues-Improvisationen mit den Texten von Standards und Musical-Songs. Doch je mehr das Publikum ihr zujubelte, als sie Anfang der sechziger Jahre von den Clubs in die großen Konzerthallen wechselte, mit diesem unvergleichlichen Nebeneinander von Jazz, Klassik, Folk, Pop und Afrika, desto mehr verachtete sie es wegen seines schlechten Geschmacks: »Ich haßte die Tatsache, wie leicht die Menschen mit blöden, stumpfsinnigen Melodien zufriedenzustellen waren.«

Ulrike Meinhof, deren Vater 1939, deren Mutter 1948 stirbt, engagiert sich Ende der fünfziger Jahre in der Antiatomwaffenbewegung, arbeitet von 1959 bis 1969 in der Zeitschrift ›konkret‹, fungiert zeitweise als deren Chefredakteurin, bis sie 1968 nach Berlin geht. Es ist ein kurzer langer Weg von der Starre der Adenauerschen Bundesrepublik der Alliierten mit ihrer Remilitarisierung und Sprachlosigkeit über die Hoffnung auf eine Sozialdemokratische Partei der Veränderungen bis zur Enttäuschung über die Große Koalition und ihre Notstandsgesetze. Die Zeit der Regelverletzungen beginnt, eine Zeit, da man so lange sitzen bleibt, bis sich irgend etwas verändert, da man die Mächtigen zwingen will, zu reden und zu erklären, und nur den Fußtritt, den Knüppel oder den Wasserwerfer als Antwort bekommt. Wo sich Öffentlichkeit verweigert, wird sie hergestellt, mit Blockaden, Streiks, mit Flugblättern, notfalls mit Tomaten. Als der amerikanische Vizepräsident Hubert Humphrey 1967 Westberlin besucht, bereiten Mitglieder der »Kommune I« Puddingbeutel als Wurfgeschosse und Waffen vor. ›Bild‹ verwandelt die Aktion in ein versuchtes Attentat: »Geplant: Berlin – Bombenanschlag auf US-Vizepräsidenten. Mit diesen Bombenlegern werden wir fertig! Die Mehrheit der Deutschen hat Verständnis für den Kampf der Amerikaner in Asien.«

Napalm und Pudding, Ulrike Meinhof 1967 in ›konkret‹: »Nicht Napalmbomben auf Frauen, Kinder und Greise abzuwerfen ist demnach kriminell, sondern dagegen zu protestieren. Nicht die Zerstörung lebenswichtiger Ernten, was für Millionen Hunger und Hungertod bedeutet, ist kriminell, sondern der Protest dagegen. Nicht Terror und Folter durch Spe-

»Das, was in den Jahren zuvor argumentativ vorbereitet worden war, lag jetzt buchstäblich auf der Straße: der mörderische Krieg in Vietnam, die Notstandsgesetze als potentielle innerstaatliche Zwangsmaßnahme, die Springerpresse als Instrument der Entmündigung und Verdummung.«
Klaus Wagenbach

Renate Riemeck in einem öffentlichen Brief an ihr Pflegekind Ulrike Meinhof: »Wer – außer ein paar Sympathisanten – hat noch Verständnis für den politisch-moralischen Impetus eures Handelns? Opfermut und Todesbereitschaft werden zum Selbstzweck, wenn sie nicht begreifbar gemacht werden können.«

cial Forces sind kriminell, sondern der Protest dagegen. Nicht die Unterdrückung der freien Willensbildung in Südvietnam, das Verbot von Zeitungen, die Verfolgung von Buddhisten ist undemokratisch, sondern der Protest dagegen in einem ›freien‹ Land. Es gilt als unfein, mit Pudding und Quark auf Politiker zu zielen, nicht aber, Politiker zu empfangen, die Dörfer ausradieren lassen und Städte bombardieren ... Napalm ja, Pudding nein.«

1968 läßt sich Ulrike Meinhof von ihrem Mann, dem ›konkret‹-Herausgeber Klaus Rainer Röhl, scheiden, geht mit ihren beiden Kindern nach Berlin, vollzieht Schritt für Schritt die Verbindung von Theorie und revolutionärer Aktion, die für andere nur als Lippenbekenntnis zum linken Alltag gehörte. Später findet Röhl Tagebuchnotizen: »Das Haus, die Partys, Kampen, das alles macht nur partiell Spaß, ist aber neben anderem meine Basis, subversives Element zu sein. Fernsehauftritte, Kontakte, Beachtung zu haben, gehört zu meinem Beruf als Journalistin und Sozialist, verschafft mir Gehör über Funk und Fernsehen. Menschlichkeit ist sogar erfreulich, deckt aber nicht mein Bedürfnis nach Wärme, nach Solidarität, nach Gruppenzugehörigkeit. Die Rolle ... entspricht meinen Bedürfnissen nur sehr partiell, weil sie meine Gesinnung als Kasperle-Gesinnung vereinnahmt, mich zwingt, Dinge lächelnd zu sagen, die mir, uns allen, bluternst sind: also grinsend, also maskenhaft.«

Zuckerbrot und Peitsche, Liebe und Haß für ihre Zuhörer – Nina Simone konnte ihre musikalische Welt, den eigenen Erfolg nie ernst nehmen und suchte die Schuldigen im ausverkauften Saal. Sie stieß die vor den Kopf, die sie liebten, fühlte sich mißbraucht, sie wuchs nicht im intellektuellen Klima westeuropäischer Universitäten auf. Schmal ist der Grat zwischen Verfolgungswahn und Gerechtigkeitsempfinden, besonders wenn man schwarz, wenn man ein Künstler, eine Frau ist. »Nimm ein schmerzvoll erworbenes Wissen von Grausamkeit, von Unrecht und Frustration, gepaart mit sensibler Wachheit für diese Dinge. Dazu etwas Humor, bitteren mitunter, Intelligenz, Talent und die unbedingte Notwendigkeit, Liebe zu erfahren und zu geben. Dann hast du Nina Simone«, schrieb der amerikanische Kritiker Nat Shapiro. Und die Kehrseite, jener Simone-Standardsatz nach Konzerten? »War ich nicht wunderbar? Habe ich ihnen nicht alles gegeben, was sie wollten? Und wer ist jetzt für mich da?«

Nina Simone trennt nicht zwischen privater Geschichte und ihrer Politik, sie lebt unmittelbar aus dem Gefühl, ohne Angst, naiv zu wirken: »Aus Deutschland sind Sie? Ich habe mich sehr wohl gefühlt in Ihrem Land«, versichert sie 1969 einer deutschen Reporterin. »Frage: ›Glauben Sie, daß das deutsche Publikum Sie versteht?‹ Nina Simone wendet das Gesicht ab. Der hohe Aufbau aus Haar und Schmuck verlängert ihren Kopf und läßt sie mehr denn je wie eine schwarze Nofretete erscheinen. ›Ich habe eine Botschaft für alle jungen Menschen‹, sagt sie langsam mit ihrer kehligen Stimme. ›Ich vertraue auf die Jungen, die unbelastet sind vom Rassenhaß, die den Götzen Geld nicht anbeten, die rebellieren gegen Sattheit und Materialismus.‹ Und nachdenklich: ›Ja, ich glaube, daß mich die Deutschen verstehen – wer könnte das besser, als Menschen, die selbst erfahren haben, wohin Rassenvorurteile führen können.‹« So fern der Wirklichkeit, wie nah.

Nach der gewaltsamen Befreiung des Kaufhausbrandstifters Andreas Baader am 14. Mai 1970 lebt Ulrike Meinhof im Untergrund. Ihre Pflegemutter Renate Riemeck schreibt 1971 in einem offenen Brief in ›konkret‹: »Dir konnte doch nicht der Irrtum unterlaufen, den antiautoritären Aufstand mit dem Beginn einer großen Revolution zu verwechseln. Du machtest dir über die tatsächliche Stärke des Machtapparates keine Illusionen. Es kam alles so, wie es vorauszusehen war: als es der Protestbewegung nicht gelang, die Solidarisierung der lohnabhängigen Massen zustande zu bringen, und die Revolution ausblieb, war der Eklat perfekt und die Enttäuschung unvermeidbar. Wer – außer einer Handvoll Sympathisanten – hat noch Verständnis für den politisch-moralischen Impetus eures Handelns? Opfermut und Todesbereitschaft werden zum Selbstzweck, wenn sie nicht begreifbar gemacht werden können.« Und Ulrike Meinhof deponiert ihren Antwortbrief in einem Abfallkorb am Berliner Wittenbergplatz. Der ironische Titel: »Eine Sklavenmutter beschwört ihr Kind.«

Die Grenze zwischen dem Gefühl, die eigene Sache zu verraten und als vermeintlicher oder wirklicher Sklave zur Waffe zu greifen ist sehr schmal. Nach dem Bombenattentat in jener Kirche in Alabama, dem vier

»Meine Haltung gegenüber dem Publikum hat sich nie geändert: Wenn es mich nicht respektiert, beleidigt es meine Musik, und dann mache ich nicht weiter, denn wenn die Leute nicht zuhören wollen, will ich nicht spielen. Niemand wird gezwungen, zu kommen und mich zu sehen. Dann kommen eben andere.« Nina Simone

schwarze Mädchen zum Opfer fielen, nach dem Mord an Medgar Evers will Nina Simone losgehen, um irgendeinen Weißen zu erschießen. Ihr Mann sagt: »Nina, du verstehst doch überhaupt nichts vom Töten. Du hast doch nur die Musik.« Und sie schreibt: »Die Vorstellung, daß ich für die Rechte meines Volkes kämpfen und wenn nötig jemanden umbringen würde, beunruhigte mich nicht sonderlich; schon damals war ich nicht davon überzeugt, daß wir durch Gewaltlosigkeit das erreichen würden, was wir wollten. Aber er hatte recht: Mit dem Töten kannte ich mich nicht aus, aber in der Musik kannte ich mich aus. Ich setzte mich ans Klavier.«

Erinnern sie sich? »Do you remember Martin Luther King and Malcolm X?« (beredtes Schweigen), »Lorraine Hansberry?« (ratloses Schweigen), »Duke Ellington, Sidney Bechet?« (schwacher Beifall). Nina Simone bellt ihre Fragen über die hämmernde Begleitung auf dem Flügel hinweg, 1980 in einem Club in Montreal, ihr Leben ist schon Geschichte. »I beg your pardon«, knurrt sie drohend und wiederholt: »I said MartinlutherkingmalcolmX!?« (anschwellender Beifall). »That's better ... more,

Martin Luther King: »Fast scheint es mir, daß der ›gemäßigte‹ Weiße der Idee der ›Ordnung‹ größere Verehrung entgegenbringt als der Gerechtigkeit. Das schale Verständnis, das Menschen guten Willens einem entgegenbringen, behindert mehr als die absolute Verständnislosigkeit der Übelgesinnten.«

183

more … I can't hear you!« Und dann »four little girls in Alabama … on a bombing on a sunday morning?« Und da ist sie wieder im Jahre 1963 bei ihrem wütenden Aufschrei gegen die weißen Rassisten, ihrer Hymne für eine Bürgerrechtsbewegung, die man schließlich mit Geld, Gesetz und Karrieren zum Stehen brachte.

In jedem Ton klingen die alten Wunden an, jede Zeile ihrer Protestsongs zeugt von Verletzungen, die tiefer gehen als ein Mord, ein Attentat, ein ferner Krieg. »Ich hatte es satt, jedesmal die andere Wange hinzuhalten, wenn meine Rasse einer weiteren Demütigung unterworfen wurde. Ich, für meinen Teil, wollte einfach nicht mehr die andere Wange hinhalten, ich liebte meine Feinde nicht mehr. Es war Zeit für ein wenig Gerechtigkeit nach dem alten Testament.«

Am 15. Juni 1972 wird Ulrike Meinhof verhaftet, hat in Köln-Ossendorf besonders schwere Haftbedingungen, wird dann nach Stuttgart-Stammheim verlegt. Ulrike Meinhofs Brief aus dem toten Trakt in Köln-Ossendorf: »Satzbau, Grammatik, Syntax – nicht mehr zu kontrollieren. Beim Schreiben: zwei Zeilen – man kann am Ende der zweiten Zeile den Anfang der ersten nicht mehr behalten – Das Gefühl, innerlich auszubrennen – das Gefühl, wenn man sagen würde, was los ist, wenn man das rauslassen würde, das wäre, wie dem anderen kochendes Wasser ins Gesicht zischen, wie z. B. kochendes Tankwasser, das den lebenslänglich verbrüht, entstellt –« Am Morgen des 9. Mai 1976 findet man sie erhängt an ihrem Zellenfenster in Stammheim.

Nina Simone verläßt ihr Haus in Südfrankreich nur manchmal, um irgendwo eines ihrer umstrittenen Konzerte zu geben, ihr Leben taugt nicht für einen engagierten Geschichtsfilm, zu dem der schwarze Mittelstand und weiße Nostalgiker genußvoll Hollywood-Popcorn knabbern. Sie hat ihr Gewehr im Kopf, ihre unstillbare Sehnsucht nach Liebe, ihren peinlichen Traum von Gerechtigkeit, ihre gebrochene Stimme. Die große Revolutionsoper, die sie versöhnen würde, ist nicht in Sicht.

Das wollen wir jetzt tun

Wir haben Fehler gemacht, wir legen ein volles Geständnis ab: Wir sind nachgiebig gewesen, wir sind anpassungsfähig gewesen, wir sind nicht radikal gewesen ...

Wir haben in aller Sachlichkeit über den Krieg in Vietnam informiert, obwohl wir erlebt haben, daß wir die unvorstellbarsten Einzelheiten über die amerikanische Politik in Vietnam zitieren können, ohne daß die Phantasie unserer Nachbarn in Gang gekommen wäre, aber daß wir nur einen Rasen zu betreten brauchen, dessen Betreten verboten ist, um ehrliches, allgemeines und nachhaltiges Grauen zu erregen.

Wir haben ruhig und ordentlich eine Universitätsreform gefordert, obwohl wir herausgefunden haben, daß wir gegen die Universitätsverfassung reden können, soviel und solange wir wollen, ohne daß sich ein Aktendeckel hebt, daß wir aber nur gegen die baupolizeilichen Bestimmungen zu verstoßen brauchen, um den ganzen Universitätsaufbau ins Wanken zu bringen.

Da sind wir auf die Idee gekommen, daß wir erst den Rasen zerstören müssen, bevor wir die Lügen über Vietnam zerstören können, daß wir erst die Marschrichtung ändern müssen, bevor wir etwas an den Notstandsgesetzen ändern können, daß wir erst die Hausordnung brechen müssen, bevor wir die Universitätsordnung brechen können ... daß wir gegen den ganzen Plunder am sachlichsten argumentieren, wenn wir aufhören zu argumentieren und uns hier in den Hausflur auf den Boden setzen.
Das wollen wir jetzt tun.

Peter Schneider am 5. Mai 1967 im Audimax der Freien Universität Berlin

Love Parade, Made In USA –

Newport, Monterey, Woodstock

Die Verhandlung wegen Kriegsdienstverweigerung war vier Tage später angesetzt, das Hauptseminar von Dr. Bußmann über die Rolle der Banken bei der deutschen Reichsgründung sollte am Wochenende von der AG vorbereitet werden, der FC Bayern München hatte das Doppel geschafft, war gerade deutscher Fußballmeister und Pokalsieger geworden, im Pfarrsaal St. Josef lief am Abend Eisensteins ›Panzerkreuzer Potemkin‹. An diesem 15. August 1969 bewegten sich Zehntausende junger weißer Amerikaner in Richtung Bethel, einer großen Wiese nahe Woodstock im Staate New York. Es sollte das berühmteste Festival der Rockmusik werden, ein Ereignis, das in Europa erst ein Jahr danach auf der Leinwand Realität wurde, ein Technicolor-Mythos im Medienverbund verpackt – das Konzert, das Dreifachalbum, der Film.

»3 days of peace and music – woodstock – a film by Michael Wadleigh« stand auf der Vorderseite des edlen, farbigen Filmprogramms, »woodstock – the movie from Warner Bros.« auf der Rückseite. Die Groß- und Kleinschreibung orientierte sich nicht nur an ästhetischen und orthographischen Kriterien, Hippieland war schon in Hollywoodhand. Im Inneren des dezenten Hefts nur ein paar Photos von Musikern, meist eingefärbt oder zu imaginären Plakaten und Ausschneidebögen verfremdet, als Schwerpunkt aber Photos vom Publikum: badend, klet-

ternd, blumengeschmückt, tropfend, schlafend, nackt, vor allem nackt. Natürlich nackt, selbstverständlich nackt, so wie die Natur uns ... Wir guckten mit diesem FKK-Blick, man wußte, hier ging es um etwas anderes, und trotzdem wollte einem diese Nacktürlichkeit nicht so recht einleuchten, das Gefühl, einer Symbiose aus Naivität und berechnendem Voyeurismus beizuwohnen, verließ uns die geschlagenen drei Stunden nicht.

Das Publikum trat als Hauptdarsteller auf – das war schon 1970 überdeutlich. »Ich glaube, wir sind hier, um zusammenzusein« zitierte der Rockkritiker und Gründer der Musikzeitschrift ›Crawdaddy‹, Paul Williams, und ergänzte, »und um Musik zu hören.« Es war dieser Nachsatz zu Woodstock, der die Fraktionen trennte, in jene, die um der Musik willen gekommen waren, und jene, denen Musik im Grunde der bloße Anlaß blieb, denen es um *good vibrations* ging, um die Gelegenheit, mit irgend jemandem eine Orange zu teilen. Sicher schön, Country Joe zu sehen, Joan Baez, The Who, Joe Cocker oder Jefferson Airplane, aber der Verdacht wuchs, eine seltsame aufgeblasene und zusammengestückelte Collage auf Großleinwand zu betrachten, eine Quersumme aus einem Treffen langhaariger, bleichgesichtiger Pfadfinder und einer Frühform der Love Parade. Die nachträglichen Erklärungs- und Beschreibungsversuche eines Paul Williams sprechen für sich: »Musik hören, ein Brot essen, morgens wach werden – jeder Lebensausdruck wird bedeutungsvoller, wenn Tausende um einen herum dasselbe Leben leben und ein jeder weiß, daß man dasselbe wie der Nächste erlebt.« Oder: »Um einen Clan zu bilden, gibt es nichts Besseres als dasselbe Wasser zu trinken und denselben Energie-Input miteinander zu teilen. Dem Individuum wird bewußt, daß man von all den anderen Individuen verkör-

189

pert wird.« Kein Wunder, daß er bald von »der Front« schreibt, vom »Gemeinschaftsgefühl«, vom »dreitägigen Lebensereignis«, kein Wunder, daß in Deutschland Richie Havens' litaneihaftes ›Freedom‹ oder das zerfetzte ›Star Spangled Banner‹ von Jimi Hendrix eher den musikpolitischen Geschmack der Jugend traf als die völkisch-jugendbewegten Untertöne, die man ohnehin mit kritischer Sensibilität in jeder Nische aufstöberte. In der Gemeinschaft aufgehen konnte man auch beim Teachin, beim Sit-in zur Vorlesung, bei »Ho-Ho Ho-Chi-Minh« auf der Straße oder in der Stehkurve des Grünwalder Stadions. Die Decke auf der grünen Wiese war 1970 in Deutschland noch für die Familie reserviert.

»Tausende strömen in die kleine Stadt, die außer dem exklusiven Urlaubsbetrieb das ganze übrige Jahr den Dornröschenschlaf des Abgelegenseins und der Ruhe schläft. Jetzt kommen sie mit Autos, Flugzeugen und der Bahn: die Liebhaber der Jazzmusik.« Der Film ›Jazz an einem Sommerabend‹ dokumentierte das Jazzfestival in Newport, Rhode Island 1958. Elf Jahre vor Woodstock drehte Bert Stern jenen Festivalbericht, über den die ›Illustrierte Film-Bühne‹ weiter schreibt: »Und die

190

Newport 1958: Büroangestellte
und Kritiker, Paare mit Regenschirmen und kaugummikauende
Audrey Hepburns mit Kopftuch –
jeder für sich und deshalb für die

Musik. Keine Kleidungs- und
Denkreservate, kein Versuch,
musikalische Überzeugung mit
Alter gleichzusetzen.

Kamera geht mit uns spazieren zwischen den Reihen der Lauschenden: Einzelgänger, Liebespaare, Enthusiasten, Kritiker, Urlauber.« Wie schön, wie verschieden und welch eine Erholung. Eine Frau im Kostüm wippt mit dem Stöckelschuh, eine lächelt, einer döst, eine schleckt Eis, einer hält sein Baby auf den Knien, läßt es tanzen. Jeder hört die Musik, keiner führt vor, wie er sich davon befreit hat, Musik zu hören. Die Atmosphäre war Ergebnis und Zugabe, nicht die Aufführung. Anstelle hüpfender Brüste ein Lächeln, statt des Schlafsacks ein Blick, man mußte keinen Joint teilen oder das Zelt oder eine Weltanschauung, es genügte, im selben Takt Atem zu holen oder sich im gleichen Moment eine Zigarette anzuzünden. Bezeichnenderweise war Newport auch ein Festival der distanzierenden Sonnenbrillen, in Woodstock tauchen sie höchstens bei den Musikern auf. Ein Fest gar für Sonnenbrillen: Bambusbügel, gescheckte Hornfassungen, die Tropfenform und die Schmetterlingsbrillen, der weiße ovale Rand und die schwarze Ray Ban.

Kleidungsfragen auch: Das weinrote Jackett des Baritonsaxophonisten Gerry Mulligan, der radgroße, schwarze, mit weißen Federn besetzte Hut von Anita O'Day, die mit ihren weißen Handschuhen zum schwarzen, ärmellosen Abendkleid – mitten am sonnigsten Nachmittag – ihre eigenen Improvisationen dirigiert, die Mütze von Thelonious Monk, die Krawatten zu den dunklen Geschäftsanzügen, es sind die Formeln und Formen, die der Musik Freiheit und Widerstand geben, die Variationen dazu sitzen im Publikum. Als Anita O'Day ihr ›Sweet Georgia Brown‹ singt, steht eine Frau vor der Bühne, im Jäckchen mit weißem Kragen, hält die Hobby-Schmalfilmkamera mit einer Hand, versucht mit der anderen ihren Strohhut festzuhalten, der immer wieder zur Seite ruscht. Eine Karikatur könnte es werden und ist doch der Spiegel der Musik, ein Abbild, das die Einmaligkeit der eigenen Erinnerung so wichtig nimmt wie die Sängerin ihre Handschuhe und den Song.

Die geblümten Woodstock-Hängerchen, Stirnbänder und Batikhemden,
die Militärjacken sowie die Einheitstracht aus Jeans zu befreitem Oberkörper und bloßen Füßen zeigen vor allem eins: wir sind so frei wie unsere Musik, wir brauchen sie nicht mehr. »Obwohl man wegen der Musik gekommen war«, schreibt Paul Williams, »stellte sich heraus, daß
nicht die Musik das wirklich Wesentliche war. Die Leute brachten auch
nicht die Erinnerung an die Musik mit nach Hause und die Sehnsucht
danach. Nein. Das Wesentliche waren die Menschen in Woodstock: die
Hochstimmung der Energie dieser Menschen, das Gefühl und die Freiheit des Zusammenseins. Es gibt noch mehr im Leben als Musik, und
wir werden unser Leben so ›high‹ gestalten, daß es auch der besten
Rockmusik ebenbürtig ist. Wir sind frei!« Man merkte es dem Film an:
Er wurde so langweilig wie der allzu lange, unverstellte Blick aufs un-
verfälschte Glück – Kunst muß eindeutig gekleidet und inszeniert sein,
um nachhaltig zu wirken.

Fragen des Filmstils auch in Newport: Das Jimmy Giuffre Trio spielt
›The Train And The River‹. Drei Männer in beigen Anzügen – im starren
Bildrahmen festgehalten – bewegen sich synchron verschoben zu ihrer
polyphonen Musik, die Kamera versucht nicht zu folgen, sie wählt nur
den Ausschnitt und den Gegenstand, eine filmästhetische Haltung, die
in den nächsten zwanzig Jahren nicht nur in Deutschland in Vergessen-
heit geraten wird, von Bremens ›Beat Club‹ bis zum ›Rockpalast‹ aus
Grugaland. Obwohl Wadleighs ›Woodstock‹ weitgehend auf die so be-
liebten Wischschwenks und krampfartigen Zooms im Rhythmus der Musik verzichtet, auf hektische Schnitte und psychedelische Farbeffekte,
vertraut er doch nicht mehr *einem* Bild, er muß mehrere nebeneinander
projizieren, um die Distanz zwischen Musik und Publikum zu verwi-
schen: Interviews, Zeltstadtleben, Großaufnahmen von Sängerinnen
und Sängern, möglichst verdoppelt oder verdreifacht. Sei frei, wähle
dein eigenes Bild.

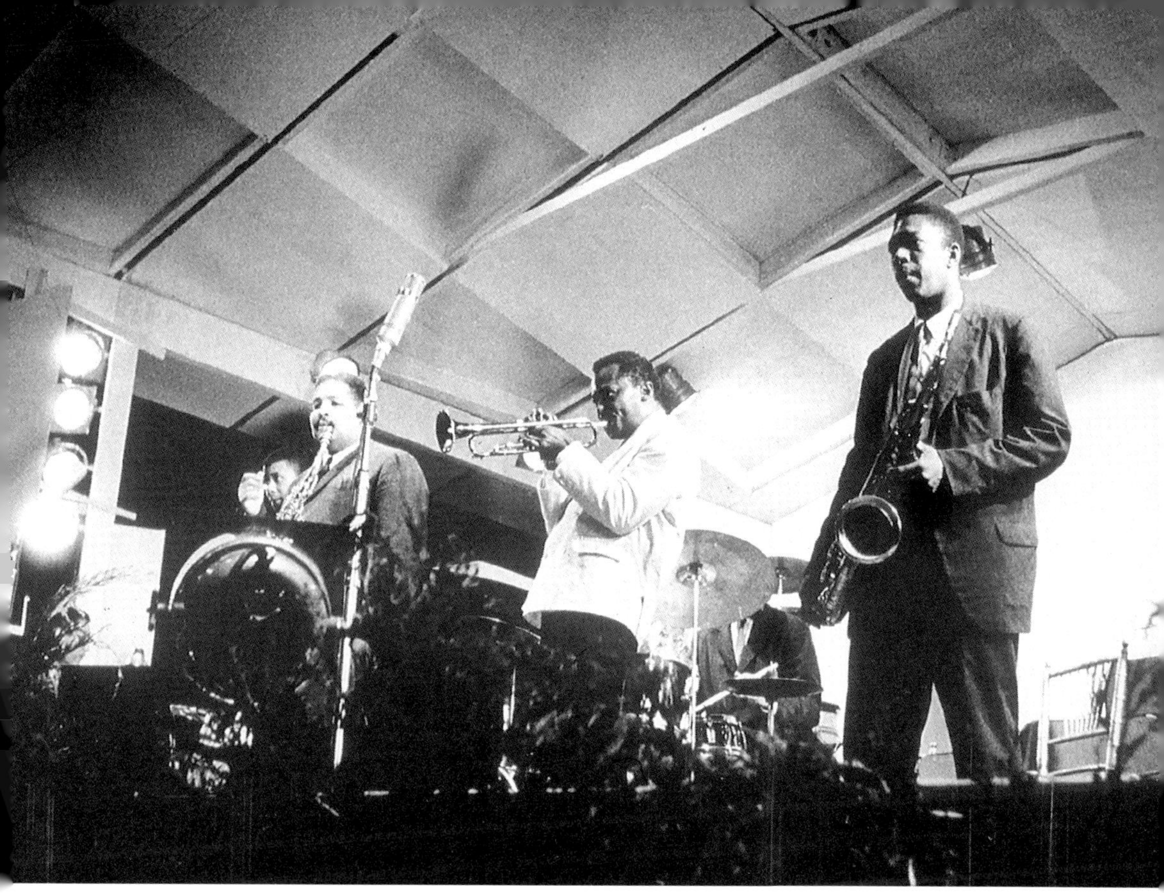

›Jazz an einem Sommerabend‹,
der Kultfilm von Bert Stern über
das Newport Jazz Festival 1958.
Wer diesen »privaten« Film
vor Augen hatte, konnte die
Woodstock-Love-Parade nur als
geschickt montierten Agitationsfilm sehen.

Und noch einmal: Newport 1958. Die Dixielandband kurvt im offenen Buick mit ihrer Version von ›O Tannenbaum‹ durch Newport, das Chico Hamilton Quartet sitzt in dunklen Innenräumen, der schweißbedeckte Cellist begleitet den schwarzen Querflötisten Eric Dolphy, auf der Bühne scherzt Louis Armstrong mit Jack Teagarden zu ›Rockin' Chair‹, und der junge Gerry Mulligan liefert die coole Variante von intellektuellem Swing – zugegeben, manchmal irritiert die allzu bewußte Laisser-faire-Mischung von Stilen und der zeitgemäß liberal-betuliche Kommentar von ›Jazz On A Summer's Day‹. Doch die Mixtur gehört zur Einstellung: Büroangestellte und Kritiker mit Taschentüchern auf dem Kopf, Paare mit Regenschirmen (vorsichtshalber) und kaugummikauende Audrey Hepburns (mit roter Wollweste), jeder für sich und deshalb für die Musik. Keine Spur von Alters- oder Kleidungsreservaten, kein Bedürfnis, etwas vorzuführen, kein forcierter Versuch, eine wie immer geartete musikalische Überzeugung mit einer Altersgruppe gleichzusetzen – mit einer Jugend auf Wiesen und Weiden, die wie eine Schafherde »No rain, no rain!« blökt. Wer ›Jazz an einem Sommerabend‹ vor Augen und Ohren hatte, konnte die Woodstock-Parade nur als geschickt montierten Agitationsfilm sehen.

Doch dazwischen lag Monterey. P. A. Pennebaker und Richard Leacock drehten ihren Film über das Monterey Pop Festival im Juni 1967, in Deutschland kam er erst im August 1970 in die Kinos. Es war nicht mehr Newport und noch nicht Woodstock, das heißt, es ging um beides, um Musik *und* Menschen. Vielleicht lag es daran, daß Newport wie Monterey am Meer liegt, die Freiluftbühne beklappstuhlt war oder die Musiker zu Zuhörern werden konnten, wenn sie nicht auf der Bühne standen: Jimi Hendrix, der Ravi Shankar beobachtet, Mama Cass, wie sie offenstehenden Mundes zu Janis Joplin hochsieht, ob Mike Bloomfield oder Garth Hudson von The Band, Monterey erscheint wie eine Wiedergeburt von Newport, die Menschen nehmen ernst, was sie hören.

»Auch Monterey Pop ist kein Musikfilm, wie man ihn sich wünschen würde«, schrieb Wim Wenders in bester »Cahiers du Cinema«-Regisseur/Kritikertradition, »aber er ist besser als viele andere, er entläßt einen nicht völlig unbefriedigt. Einige Momente bleiben einem deutlich und intensiv in Erinnerung, so daß man sich doch freut, den Film gesehen zu haben.« Für den deutschen Novizen waren es sicher das Flammenopfer von Jimi Hendrix, der seine Elektrogitarre mit Feuerzeugbenzin besprtzte, sie anzündete und die Reste ins Publikum warf – eine symbolisch dunkle »Was soll's?«-Geste, die uns schon in Antonionis ›Blow up‹ bei den Yardbirds begeisterte –, oder die schlußendliche Gewalttätigkeit der Who, die in frühem Punkgeist ihre materielle Basis in Kleinholz verwandelten: die Zärtlichkeit der Gewalt bei Hendrix gegen die großkotzige Aggressivität bei den Who. Oder man beobachtete bewundernd die Fingerfertigkeit und irritierende Freundlichkeit Ravi Shankars, hörte zum erstenmal durch das Sehen, wie jemand und wer da überhaupt sang: Man beobachtete Otis Redding mit ›I've Been Lovin' You Too Long‹ und dessen Lächeln beim vierten »One more time«-Break, die üppige Mama Cass mit ihrer sattweichen Stimme in ›California Dreamin‹, lernte beim Auftritt von Jefferson Airplane Grace Slicks Männerorgan von Martin Balins Frauenstimme abzugrenzen.

»California dreamin' is becoming a reality.« Wim Wenders hatte recht, als er schrieb, der Film dokumentiere eigentlich die Flower-power-Bewegung. Doch ob es die gemalten Blumen auf den Wangen waren oder die echten im Haar, die psychedelischen Muster auf kahlrasierten Schädeln oder auf der Motorhaube des Buick, die Bilder spiegelten die Musik, dienten nicht als Füllsel, sondern entsprachen einer gemeinsamen Form: der trägen Leichtigkeit von Country Joe & The Fish, den mäandernden Kollektivgitarren von Jefferson Airplane, dem entspannten Blues von Canned Heat. Die Gesichter reflektierten die Musik: mit Skepsis, Innigkeit, Begeisterung oder mit gähnender Langeweile. Manche Einstellungen mußte man nicht mögen – endlos gedehnt erscheinende Großaufnahmen von Händen, von wippenden nackten Fußsohlen, von Ausdruckstänzern, die fern von dem eigentlichen Geschehen Selbstbefreiung zelebrierten –, aber meist sah man die Musik, auch wenn sie nicht im Bild war. Wahrscheinlich sprach der Purist aus Wim Wenders, wenn er kritisierte: »Ständig sind Bilder von Zuschauern eingeschnitten, um jene Idylle zu erzeugen, die man sogar in Wochenschauen von Sportereignissen auf den Tod nicht ausstehen kann.« Es blieb erträglich. Das Verhältnis von Kunst und Kommerz war noch ausgeglichen, Film und Fernsehen hatten noch nicht die Ästhetikkontrolle übernommen, bestimmten noch nicht die Wahrnehmung von Musik. Glaubt man den Bildern aus Monterey, hätte die Rockmusik 1967 durchaus noch eine Chance gehabt, zum Jazz des Popzeitalters zu werden. Doch dann kam 1969 Woodstock dazwischen.

»Die Welt wird nun, nach diesem Festival, nie wieder so sein wie zuvor.« Schrieb Paul Williams und untermauerte seine Verkündigung mit Statistik: »Mehr Leute waren auf LSD zusammen denn je zuvor. Mehr Menschen erlebten und hörten zeitgleich zusammen dieselbe Musik am selben Ort live – denn je zuvor. Geschichtlich gesehen, handelte es sich um die größte Stadt, die jemals ohne Regierung und ohne Kriminalität Bestand hatte. Es gab keine Gewalt. Keine Gesetze, keine von oben vorgegebene Ordnung. Es war eine wahre politische Demonstration.« Man sollte ihnen die Freude nicht nehmen, all den Jugendlichen, die zum erstenmal spürten, daß sie nicht allein waren, welche Macht sie darstellen könnten, wenn die Obrigkeit sie nur ließe – das Präfix »zusammen« wurde nicht grundlos zum Schlüsselwort aller euphorischen Kommentare. Doch fern von allen ideologischen Überhöhungen – das Schützengrabensyndrom hatte mit dem Wir-sind-alle-Brüder-und-Schwestern-Geist sicher mehr zu tun als politische oder ökologische Einsichten – wurde Woodstock nur zum Mythos, weil Warner Brothers es wollte und damit rund fünfhundert Millionen Dollar verdiente. Das Erstaunen über das Fehlen von Gruppen wie Creedance Clearwater Revival, The Band oder Grateful Dead, die nicht im Film auftauchten, erklärte sich erst später, als bekannt wurde, daß diese sich nicht mit einem Butterbrot abspeisen ließen und deshalb auf ihre mediale Verdopplung und Mitwirkung verzichteten. Die übrigen fünfhunderttausend unbezahlten (ehedem: finanziell ausgebeuteten) Komparsen freuen sich übrigens bis heute, Teil der Geschichte zu sein.

Woodstock revisited: Da waren die Festivals in Toronto, in Palm Springs und Newport am Pazifik (mit Verletzten und Verhafteten), in Denver (mit Tränengasschwaden), auf der Isle of Wight, in Altamont (mit einem Toten), doch allein Woodstock wurde zum Dokument und Synonym für Befreiung, Brüderlichkeit und Größe. Und wie jede Chiffre löste sie sich vom Anlaß und Inhalt. Weder die großartige, von imaginären Gitarrengriffen begleitete Stimme von Joe Cocker noch die musikalische Free-

Jazz-Hommage von Jimi Hendrix über die amerikanische Nationalhymne blieben im kollektiven Gedächtnis an erster Stelle – es war der
bis heute von jeder Generation neu abrufbare Protesttraum von langen
Haaren, kuscheligen Zelten, gutem Dope und freier Liebe. Von nun an
hatte die Rockmusik Festivals und Stadien zu füllen, je größer, desto
politisch manifester, und es dauerte nicht lange, bis die Synonyme
»Jugend« und »Kommerz« und »Dabeisein« die letzten Reste einer Al-
ternativkultur ersetzt hatten. Hunderte von Woodstock-Kopien überzogen (und überziehen) das Land, wo früher Konzertsäle und Clubs
waren, dominierten nach Woodstock Trabrennbahnen und Freiluft-
gelände die Musikszene.

»Friends, you have seen the heavy groups, now you'll hear morning
maniac music. Believe me, it's a new dawn.« Sprach Grace Slick und
jeder murmelte die Zeilen wie ein Mantra, besaß das Dreifachalbum,
jeder kannte die Durchsagen, die Wetterberichte, die Solidaritätsadres-
sen von Farmern und Aktivisten, jeder wußte seit Country Joe, wie man
F.U.C.K. buchstabierte. Aber wir mußten dafür bezahlen, kopierten,
was wir nicht verstanden. Die »Drei Zimmer mit Küche«-Partys verwandelten sich ausnahmslos in Miniwoodstocks. Beim Eintreffen der Gäste
erklangen Joan Baez und Crosby, Stills and Nash, später The Who mit
›Tommy‹ vielleicht, doch dann, wenn der zweite Bierkasten auf dem
Balkon leerer wurde – »Könntet ihr ein bißchen auf den Sessel aufpas-
sen, das Orange ist ziemlich empfindlich!« –, die penetrant trommeln-
den Santana zum Tanzen, die unvermeidlichen elf Minuten ›Goin'
Home‹ von Ten Years After, stilgerecht versetzt mit Iron Butterflys ›In-A-
Gadda-Da-Vida‹ und Canned Heat's ›On The Road Again‹; Joe Cockers
kleine Hilfe dann zum Schluß, Labsal nach dem Frust über das frühzei-
tige Verschwinden des einzigen Mädchens, das man interessant gefunden hätte.

Zwei Jahre nach dem Woodstock-Film setzten die Grateful Dead zu
ihrer ersten Europatournee über den Atlantik. Auch die Dead waren in
Woodstock aufgetreten, fehlten aber im Film und auf Platte. Langsam
sickerten Nachrichten ein, über die Philosophie der Dead, die ihr eigenes Woodstock lebten und mit Bus und Großfamilie und Fans durch die
USA zogen, stundenlange Konzerte zelebrierten, Leben und Kunst und

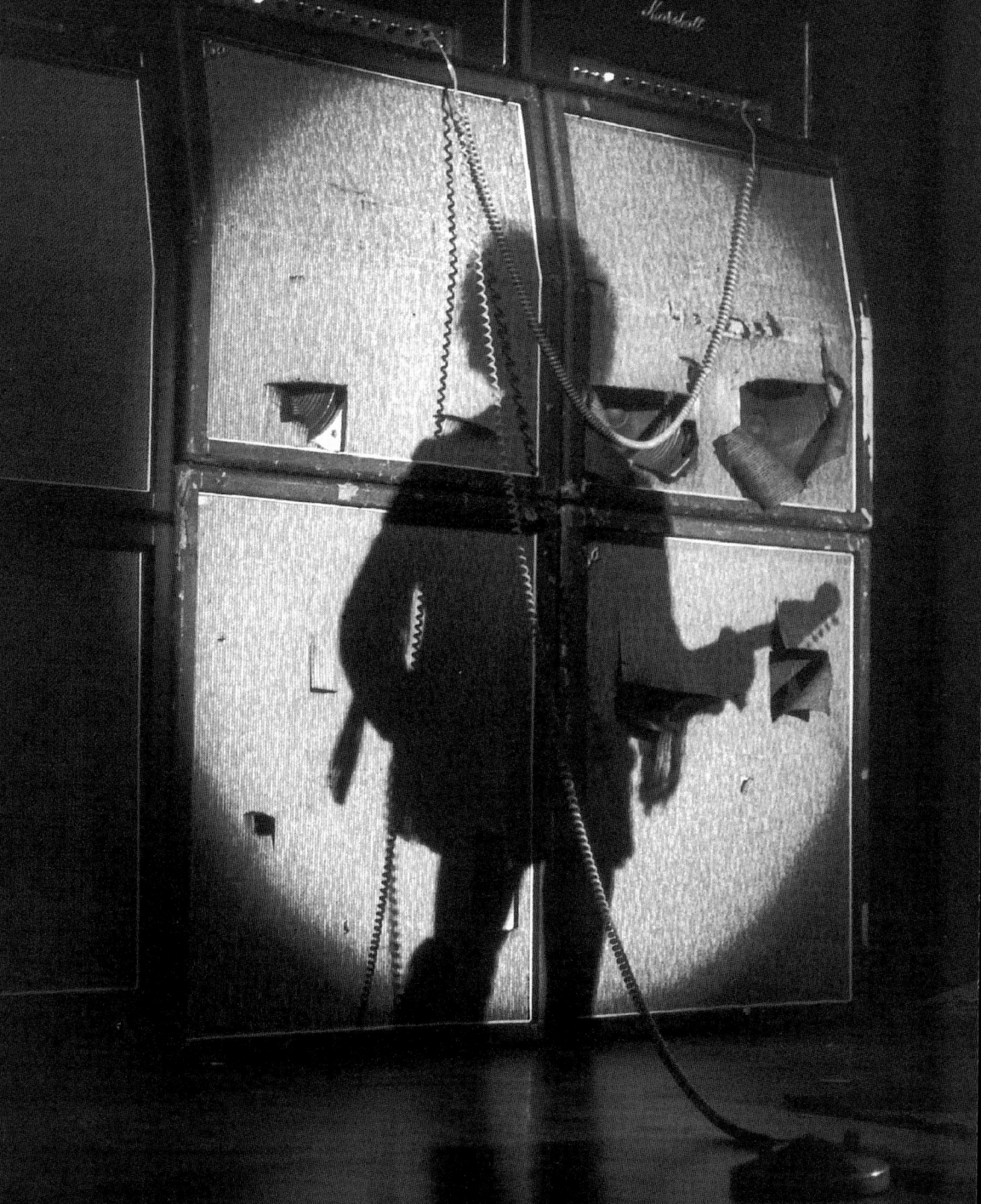

Kacke miteinander verschmolzen, eine Band, die nicht auf Platte und Film paßte, weil sie alles in sich hatte und die Häppchenkultur gesprengt hätte. Der Troß erreichte Deutschland, die Konzertsäle platzten fast angesichts der riesigen Lautsprechermauern, eine ›Birth Of A Nation‹-Kulisse, gigantisch und doch voller Zartheit der Musik. Dreieinhalb Stunden dauerte das Konzert, erst nach einer guten Stunde merkte man, daß da etwas anders war. Es würde immer so weitergehen, mit diesem Schaukeln der Melodien und Gitarrenimprovisationen, mit diesem entspannten Plätschern der Rhythmen und Stimmen. Die ersten Zuhörer erhoben sich von ihren Plätzen, standen auf, gingen nicht heim, sondern holten sich etwas zu trinken, blieben in den Fluren und unterhielten sich, kamen zurück, setzten sich, standen auf, aßen, ein freundliches, höfliches Zunicken und Nebenbeihören – ein kleiner Hauch von Woodstock wehte durch Deutschland, ein Musikleben, das unsere Zeit ignoriert.

Nachspann: Nur diese eine Frau im Scheinwerferlicht: Joan Baez, die singende Jeanne d'Arc. »He's fine« erzählt sie dem Publikum in Woodstock, und jeder weiß, daß sie von ihrem Mann spricht, von David, der im County Jail sitzt, weil er den Einberufungsbefehl für Vietnam verbrannt hat. Klatschen. »We're fine, too«, ergänzt Joan Baez etwas holprig und stimmt ein Lied für den Gewerkschaftler Joe Hill an, zur Melodie von ›I Dreamed I Saw St. Augustine‹. Es gehörte schon immer zum guten Ton, Joan Baez peinlich zu finden.

Ein paar Tage nach Woodstock saßen mir drei Männer der Prüfungskammer gegenüber, unter dem Schwarzrotgold der Flagge der Bundesrepublik Deutschland, und fragten mich nach den Gewissengründen, die mir (angeblich) verboten, Wehrdienst zu leisten. Man war präpariert, hatte im rororo-Buch die Fangfragen studiert, wußte um die Geschichten aus dem Wald, mit den Männern, die deine/Ihre Freundin/Mutter/Frau vergewaltigen wollen. »Was würden Sie denn da tun?« Die staatliche

Macht und Repression schienen omnipräsent und übermächtig. Man fühlte sich als Opfer und wollte die harmlose Realität nicht wahrhaben: Viel konnte nicht geschehen. Eventuell mußte man in die Berufung, schlimmstenfalls saß man einenhalb Jahre auf einer Stube mit Reservisten, die den falschen Musikgeschmack hatten, während David und Joan in einem Land lebten, in dem Bürgerrechtskämpfer gelyncht, Black Panthers erschossen, Hippies im Gefängnis vergewaltigt und junge Männer nach Vietnam in den Tod geschickt wurden. Vielleicht sahen viele in den drei Tagen mit »Music, Peace and Love« mit gutem Grund etwas ganz anderes.

Ein Genre, das es nicht gibt

Die meisten Filme über Rockmusik zeigen mehr ihr Desinteresse, ihr Mißfallen oder ihre Verachtung als ihren Gegenstand. Das, was es zu sehen gibt, die Musiker, ihre Instrumente, die Bühne, die Arbeit, der Spaß oder die Anstrengung, Musik zu machen, erscheint ihnen nicht wert genug, so, wie es ist, gezeigt zu werden. Auch wenn ihre Haltung nicht ganz ablehnend ist, ist es doch die geringschätzige Meinung der Reklamefilme, die davon ausgehen, daß nichts so gut sei, als müßte es von ihnen nicht noch aufgewertet oder verdoppelt werden ...

Die meisten Filme über Popmusik meinen, deren »Sprache« zu kennen. So wie die Leute, die lauthals über einen Witz lachen, gerade weil sie ihn nicht verstanden haben, eignen sie sich diese Sprache, oder das, was sie dafür halten, auch gleich an und machen sie zu ihrer eigenen. Deshalb sind diese Filme, vor allem wenn sie sich als Fernsehspots verkaufen, fast immer nur Stotterfilme, Nachäff-Filme ... Leute, die solche Filme machen, verstehen nicht nur nichts von der Musik, sondern haben auch von ihrer Arbeit eine geringschätzige Meinung. Sie tun, als sei ihnen ihre Film- kamera ein Schlagzeug, und in Wirklichkeit halten sie beides, Kamera und Schlagzeug, für einen Fleischwolf.

Wim Wenders

Archie Shepp & Cecil Taylor –

Mit den richtigen Schuhen im falschen Kopfhörer

Kopfhörer um Kopfhörer … immer wieder ein Ausfallschritt nach links. Wynton Marsalis, Joshua Redman – es läßt mich kalt. Die Verkäuferin im Plattenladen beobachtet mich etwas mißtrauisch, wenn ich mir manchmal Notizen mache. Eine Wiederveröffentlichung von Archie Shepp mit Horace Parlan – ich bleibe hängen. Doch es sollte was Neues sein … James Carter, Geri Allen, es klingt immer WIE etwas. Dann lieber Shepp als sein eigenes Sample. »Mama Roooose« – er singt, wie er bläst, mit dem vibrierenden Kratzen, das er aus der Tiefe seiner Seele holt, spielt sein Tenor in diesen weit ausholenden, schwingenden Tongirlanden, die jeden anderen aus dem Gleichgewicht bringen würden. Vielleicht trägt er deshalb jene riesigen schwarzen Schuhe, die ihn magnetisch an der Erde haften lassen. Wahrscheinlich muß man sie einmal gesehen haben, um seine Musik zu verstehen. Wie die Socken von Cecil Taylor, wie die Hüte von Thelonious Monk.

Jazzfest in Hamburg. Keiner trägt vergleichbare Schuhe. Mainstream, Vocal, HipHop, Noise und Artverwandtes, jeder bekommt seinen Abend, das Stilbarometer eines Berliner Jazzclubs – »Rockjazz, Swing, Bebop, Free Jazz« – hat sich als jederzeit zu ergänzendes, verbindliches Aufklebersystem durchgesetzt, keiner muß sich mehr verlaufen. Zwei, drei Kopfhörer überspringen, um nicht etwas serviert zu bekommen, was man nicht bestellt hat. »Mein Gott, das ist ja moderner Jazz«, sagt die Frau neben mir, in einem Tonfall, als habe sie bemerkt, daß sie in die falsche U-Bahn eingestiegen ist. Kein Problem, nächste Station raus und zurückfahren, der Fehler liegt beim Kunden, er hat die Schilder nicht genau genug studiert. Musikalische Skandale finden mangels falschen Publikums nicht mehr statt. Es gibt keine Avantgarde mehr, spricht die Postmoderne, alles ist gespielt, die Feinde sind verschwunden. Vielleicht fehlt es auch nur an den falschen Plätzen für die richtige Musik? Jede Stadt hat ihr Obdachlosenasyl für arbeitslose Revolutionäre, man muß nichts mehr wahrnehmen, sich nicht mehr aufregen, es klingt so WIE, und vor allem immer am richtigen Ort.

Donaueschingen, Oktober 1967. Als dritter Punkt im Programm, nach dem Globe Unity Orchester, nach »Jazz meets India« das Archie Shepp Quintet, fünfundvierzig Minuten, die ein hartgesottenes Publikum in die Flucht schlugen. Von Hindemith über Pierre Schaeffers »Musique concrète« zu Stockhausens funktioneller Raummusik hatten die Donaueschinger Musiktage Ohren geöffnet, nun leerte ein Furioso für Tenor-

saxophon, zwei Posaunen, Baß und Schlagzeug den Saal. Ein volltönen-
des Baßsolo als Einleitung zu ›One For The Trane‹, das wütende Requiem
für den am 17. Juli gestorbenen musikalischen Vater John Coltrane.
Dann das Tenorsaxophon Shepps in einem Solo voll rasender Läufe und
verwundetem Brüllen, dahinter, dazwischen die beiden gurgelnden Posaunen in unberechenbaren Ausbrüchen, anstelle des Mardi Gras zieht
ein Protestmarsch durch die Straßen von New Orleans. Wie lange er
dauerte, war nicht mehr spürbar, reihenweise verließen die erschöpften
Gäste den Saal, hörten nicht mehr, wie plötzlich das Chaos in zartes
Suchen überging, die Posaune zum Baß sprach und darunter das Saxophon zwei, drei Anläufe zu einer Melodie nahm, schließlich die ersten
Töne von ›The Shadow Of Your Smile‹ anvisierte und mit einem wol-
kenaufreißenden Atemstoß zur Himmelfahrt rief. Man wußte nicht, ob
dies Parodie oder Erlösung aus dem tiefsten Inneren war. Später hörte
man beides in einem, das eine war nicht ohne das andere denkbar. Wie
Coltrane, der zwischen den Standards oder Musical-Themen und reli-

»Der schwarze Musiker nimmt sein Instrument und entlockt ihm Klänge, an die er zuvor nie gedacht hat. Er improvisiert, er kreiert, und alles kommt aus seinem Inneren. Es ist seine Seele, es ist die Musik seiner Seele. Einzig auf diesem Gebiet hat der schwarze Mann in den Vereingten Staaten je die Freiheit besessen, sich auszudrücken.« Malcolm X, 1964.

giöser Ekstase lebte, so widmete ihm sein zorniger, in afrikanische Gewänder gehüllter Schüler die Geburt des Chaos aus der Melodie. Die hundert Überlebenden klatschten, so lange sie konnten. Dann gingen auch sie.

Später interpretierten Musikkritiker jenes ›Shadow Of Your Smile‹ als bösartige Ironie, Werkzeug, um die Banalität weißer Musik zu entlarven. Und doch war es eher ein Rückgriff auf singbare Melodik, in der ein schwarzer Revolutionär seinen eigenen Standort spiegelt. Er verwendete das, was er liebte, und machte daraus, was er konnte. Ob dies ›Body And Soul‹ war oder ›Sophisticated Lady‹, er war schon immer ein Mann der Tradition, des liebevollen Bewahrens, ein Bewunderer des Great American Songbook.

Die revolutionären Zeiten erweckten oft den Eindruck, als käme Kunst aus dem Nichts. Archie Shepp, 1937 in Fort Lauderdale in Florida geboren, vertrat jahrelang das Idealbild des schwarzen, politisch radikalen Jazzmusikers, er wurde zur Projektionsfläche des weißen Hasses, wenn er sich öffentlich äußerte, wie etwa im amerikanischen ›Down Beat‹: »Ich lebe nun achtundzwanzig Jahre in den Vereinigten Staaten«, schrieb er 1965, »und in meinen Augen verkörpern sie die übelste und rassistischste Gesellschaftsordnung der Welt – vielleicht mit Ausnahme von Rhodesien, Südafrika und Südvietnam. Habt ihr euch schon mal gefragt, was ich mit meiner aufgestauten Wut machen werde, wenn nichts mehr sie zurückhalten kann? Unsere Rache wird schwarz sein, so wie unsere Leiden schwarz sind, so wie Fidel Castro schwarz ist, so wie Ho Chi Minh schwarz ist.« Und ein paar Sätze weiter: »Ihr könnt meinen Traum nicht länger ignorieren. Ich werde ihn singen, ihn tanzen, ihn hinausschreien. Und falls es nötig sein sollte, ihn mir gewaltsam nehmen. Euch gehört die Musik, ihr besitzt sie, und wir spielen sie.«

Dies war Labsal für eine weiße deutsche Seele, die dem Glauben anhing, der schwarze Mann sei entweder GI, Musiker oder Leichtathlet, deren Schwarzweiß-Fühlen nur pro- oder antikommunistisch ausgerichtet sein konnte, deren zutiefst gefühlte Verachtung automatisch im Wort »Faschist« gipfelte. Archie Shepp: »Ich bin ein antifaschistischer Künstler, meine Musik ist für das Volk. Wenn du ein Bourgeois bist, dann mußt du sie nach meinen Maßstäben hören. Ich will immer wie-

Archie Shepp mit dem Schrift-
steller James Baldwin, 1976.
›Drei Uhr morgens‹
»Zwei schwarze Stiefel am Boden
wollen wissen, wo's langgeht.
Zwei schwarze Stiefel, jetzt,
gemeinsam, entdecken, woher der
Wind weht.
Mal ganz zu schweigen vom Ver-
schleiß des verdammten Leders.«
James Baldwin

der eines sagen: Zerstört die Ghettos. Let my people go!« Selbst wenn
Shepp davon überzeugt war, öfters Proletarier in seinen Konzerten
gesehen zu haben, und später bestritt, jemals zornig gewesen zu sein,
jene Mischung aus Wut und Liebe, Zärtlichkeit und Aufschrei, aus Trauer
und Hoffnung spricht aus jeder Aufnahme dieser Zeit – gleichgültig,
wie sie gedacht war.

Als ich ihn zum zweitenmal höre, tritt er im Trio auf, im »Domicile«,
einem Münchner Jazzclub. Er hat sich verändert, spielt eine avancierte
Form des Bebop, ein Repertoire, das vorwiegend aus der großen klassischen Musik der Schwarzen besteht. Der Ort entspricht dem Stil, die Glä-
ser klingen, der Stammtisch bramarbasiert, die wundersam kraftvolle
Musik hat weniger mit dem künstlerischen Niveau als dem Anspruch
der Erinnerung zu kämpfen. Rückzug und Aufgabe? Doch ganz so einfach liegen die Dinge nicht. In Shepps Seele lebten schon immer verschiedene Welten: die Kirchenmusik, vermittelt durch seine Großmutter
Mama Rose, der er später jene unvergeßliche Komposition schenkt, die
Volksmusik der Schwarzen, die ihm sein Vater, ein nebenberuflicher
Banjospieler, nahebrachte, und die Liebe zu den Standards, zur Musik
Duke Ellingtons, die er ihm Radio hörte. Die schwarze Grundausstattung
also, ergänzt um Literatur- und Theaterwissenschaft, die er studierte
und erfolgreich abschloß, bevor er 1959 nach New York ging und durch
Cecil Taylor in den Zirkel des New Jazz eingeführt wurde. Ein Fundus,
in den er nach Belieben griff und sich seines Erbes versicherte. Und so
waren seine Versionen von Duke Ellingtons Balladen nicht als Reminis-
zenzen zu hören, sondern als Anverwandlung der eigenen Geschichte,
gespielt mit der Energie und dem Gefühl eines schwarzen Marxisten.

Als sich zu Beginn der siebziger Jahre abzeichnete, daß den Schwarzen
zwar formell die Gleichberechtigung zuerkannt und damit das Haupt-

ziel der Bürgerrechtsbewegung verwirklicht werden würde, der Traum
von einer radikalen Veränderung der Gesellschaft aber gescheitert war,
sah sich nicht nur Archie Shepp am Ende eines verlorenen Kampfes.
Nach dem Tode John Coltranes fand sich die musikalische Avantgarde
zudem in einer Sackgasse, die Schwarzen hörten James Brown oder Sly
Stone statt Albert Ayler und Ornette Coleman, ein Teil der Jazzmusiker
hungerte weiter, der andere wandte sich unter der Ägide von Miles
Davis dem Jazzrock zu. Während Archie Shepp früher zwischen verschiedenen musikalischen Sprachen wechselte, beschränkte er sich jetzt
auf eine – seine eigene. Wo er früher Afrikanismen, Rhythm 'n' Blues,
Free Jazz und Ellington mischte, fand er nach 1975 zu einer seltsam vibrierenden Ruhe. Manchmal resignativ, oft routiniert, aber meist von
einer schwelenden Emotionalität und Kraft, die ihn selbst zum schwarzen Klassiker macht. Eine Heimkehr, die dem weißen, europäischen
Avantgardisten verschlossen blieb.
Jahre vor Archie Shepps erstem »Domicile«-Gastspiel nahm ein anderer
Neuerer im selben Club am Klavier Platz, unter jener großen Collage

aus Schwarzweißphotographien der Jazzgiganten, huschte mit flinken, hämmernden Fingern über die Tasten, elektrisierte die – vorwiegend männlichen – Hörer mit endlosen Tonkaskaden. Der Pianist Cecil Taylor hatte auf unerklärlichen Wegen nach München gefunden, spielte ohne umsatzfördernde Drittelpause, vermieste den Barstehern das Finger-schnippen, hielt die Touristen vom Bierkonsum ab, ließ nur Hören zu. Eine Provokation. Der Besitzer des Jazzclubs, selbst amtierender Jazzer mit »a«, fürchtete um die Pedale und Mechanik seines Pianos, kämpfte sich zum kleinen Podium durch, forderte ihn schließlich und endlich während des Stückes zum Abbruch des Gastspiels auf, Cecil Taylor erhob sich, die Musiker verabschiedeten sich bedauernd nickend vom Publikum und verließen den Club. Die Geschichte wiederholte sich, in Europa, in den USA. Die richtige Musik am falschen Ort.

Später, als er die Engagements in Clubs gegen Konzertauftritte einge-tauscht hat, taucht er wieder in München auf, diesmal auf der Halb-rundbühne des ARRI, dem Filmkunstkino von Arnold Richter. Ja, nein, ja, nein, ein Gespräch mit Cecil Taylor sei grundsätzlich möglich, das Konzert beginne um 20 Uhr, Mr. Taylor übe vier Stunden, von 15 bis 19 Uhr, dann eine Stunde Konzentration, es wird eng bis unmöglich. Lei-der. Cecil Taylor hat das Klavier zu seinem einzigen musikalischen Ort erwählt.

Tief über den Flügel gebeugt, huschen seine Finger über die Tasten. Er streichelt sie, lockt, überredet, bespricht sie, fordert und schlägt darauf ein. Wie selbstverständlich schreit er auf, wenn die Spannung sich nicht in Töne auflösen läßt, spielt dann erlöst weiter. Jeder Ton klingt für sich, ist präzise zu vernehmen und verbindet sich doch in rasender Geschwin-digkeit mit siebenundachtzig anderen. Eine Bewegung, die von den Füßen, den Zehen ausgeht, sich über den Körper fortsetzt, bis sie in den Fingerspitzen endet – die Taste trifft. Cecil Taylor: »Ich meine, daß die Emotion den Intellekt informiert und nicht umgekehrt.«

Ein Tänzer am Flügel, der die Choreographie eines Balletts in Musik verwandelt. Themen tauchen immer wieder auf, nachdem man dachte, sie verloren zu haben; Klangfarben, die links als Cluster gespielt wurden, erscheinen rechts als extrem schnelle chromatische Läufe. Melodien reduzieren sich auf ein, zwei Töne, dazwischen bleiben Räume, werden Cluster eingeschoben, die nicht mit der Handfläche oder dem Arm angeschlagen, sondern durch Einzelnoten in rasender Geschwindigkeit erzeugt werden, bis sie als eine Klangfläche zu hören sind. Es ist das alte Spiel von Ruf und Antwort, von korrespondierenden Klängen, von Spannung und Entspannung, eingebettet in ein System, das dem Rhythmus Afrikas so nahesteht wie den religiösen Suiten Duke Ellingtons oder der Harmonik der europäischen Moderne – mit einem Wort: das System »Cecil Taylor«.

Seine Musik hat sich von jedem Lexikoneintrag, von jeder Kategorie gelöst. Manche nennen es – noch immer – Free Jazz, viele hören die klassische Ausbildung am Konservatorium, vernehmen Strawinsky und Bartók und Chopin, wahrscheinlich irritiert und verstört die meisten die pure Energie seiner Konzerte. »The World Of Cecil Taylor« ist inzwischen zu einem eigenen Kosmos geworden. Ein Kosmos, den man auch sehen muß – zumindest einmal im Leben –, um zu begreifen, was da zu hören ist. Mehr als achtzig Platten dürfte er eingespielt haben, und stärker als bei jedem anderen speichern sie das Elend der Schallaufzeichnung. Auch als Konserve behauptet die Musik ihren Platz, und doch vermißt man die Bewegungen dieses Moriskentänzers, der sich mit Vorliebe in Trainingsanzügen, weiten Hemden und dicken Wollsocken dem Bösendörfer nähert, ihn mit Rufen, Gedichten und Schreien beschwört, bis er sich schließlich setzt und das magische Ritual zelebriert. Man muß sich der Musik hingeben, vielleicht sechshundert Kilometer fahren, um dann auf einer Wiese im strömenden Regen zu stehen und ihn auf der Bühne zu sehen. Nebenbei, im Sessel, ist diese Musik nicht zu ertragen. Man kann nicht lesen, sich nicht unterhalten, nicht essen, nicht lieben. Nichts – außer ihr zuhören.

Als Ende der sechziger Jahre Photographien des hornbebrillten, strengen jungen Mannes erschienen, seine Platten bei rührigen Importdiensten auftauchten, war diese Ausschließlichkeit zu spüren. Wenig hatte

Über Cecil Taylor zu schreiben heißt auch, über die Grenzen des Musikjournalismus zu reden. Musiktheoretische Analyse, ergriffene Beschreibung, lyrische Assoziationen oder Anekdoten – alles ist möglich, alles stimmt und verflüchtigt sich doch angesichts dieser Musik.

er mit den Zeitgenossen seiner Gewichtsklasse zu tun – weder mit
Ornette Coleman noch mit Albert Ayler kam es zu Aufnahmen –, bei den
Einspielungen mit John Coltrane blieb jeder in sich, der junge Archie
Shepp war eher Novize denn Partner. Eine Frage der zweiten Generation auch. Der am 25. März auf Long Island, New York, geborene Cecil
Percival Taylor soll im Jahr 1933 zur Welt gekommen sein, viele halten
1929 für wahrscheinlicher. Sicher ist auf jeden Fall, daß er 1956 durch
ein Engagement im New Yorker »Five Spot« einem größeren Publikum
bekannt wurde, daß er mit der Dichte seines Spiels einige Musiker (und
Clubbesitzer) zur Verzweiflung brachte, sich mehr Feinde als Freunde
machte. Als der Godfather der freien Musik Anfang der sechziger Jahre
erstmals auf der Titelseite von ›Down Beat‹ erschien, war er schon einmalig. Cecil Taylor: »Das, was den Jazz so spannend macht, ist die Tatsache, daß *jeder* Musiker seine eigene Akademie ist.«
Cecil Taylors Musik spiegelt auch das Elend des schwarzen Künstlers in
den USA oder, umgekehrt, die Liebe Europas zum Onkel aus Amerika:
Kaum ein Dutzend seiner zahllosen Platten wurden auf amerikanischen
Labels veröffentlicht. Obwohl der in Brooklyn lebende Pianist seit den
siebziger Jahren mehrere Preise, Stipendien und Lehraufträge an Uni-

»Cecil Taylor singt eine Phrase, legt auf dem Flügel Harmonien darunter und singt die Phrase wieder, versucht, das Piano singen zu lassen, dieses Gefühl eines menschlichen Werks zu schaffen. Cecil bemüht sich immer, dem Piano den Klang einer Stimme zu entlocken. Man kann das Klavier beinahe schreien und weinen hören.« Buell Neidlinder, Bassist.

versitäten in den Vereinigten Staaten erhielt, sind es vor allem europäische Firmen – und hier namentlich die Berliner FMP, sprich Free Music Production – die das ökonomische Risiko tragen, die seine Musik akribisch und gigantisch dokumentieren. Eine Entwicklung, die über Jahrzehnte hinweg dazu geführt hat, daß sich der Schwerpunkt der musikalischen Aufmerksamkeit für den Jazz von Amerika nach Europa verlagert hat. Mag dies das Art Ensemble Of Chicago sein oder das Sun Ra Arkestra, Paul Bley, Chet Baker, Joe Maneri oder auch Archie Shepp, ohne die europäischen Label würde der erinnernswerte Teil des amerikanischen Jazz der letzten fünfundzwanzig Jahre nur mehr auf den Stundenplänen diverser Universitäten existieren. Die Namen sind und waren Programm: Black Lion, CMP, Dreyfus, ECM, Enja, HatART, Intakt, JMT, Leo Records, MPS, Soul Note, Steeplechase, thank you!

»Man sollte die Menschen nicht dazu zwingen, sich für magische Momente in der Musik zu interessieren. Mein Interesse ist nur darauf gerichtet, wunderbare Musik zu machen. Und ich zweifle nicht daran, daß sie das in absehbarer Zeit hören werden.« Der politisch engagierte Cecil Taylor hat sich nicht verändert, er trägt seine Variante der Anstaltskleidung des Musikgenies, wer ihn sehen will, weiß, wo er zu finden ist. Skandale ausgeschlossen, heute verläuft sich keiner mehr.

»... and the Maestro. The reason why we all here!« stellt der Bassist Thurman Baker am Ende des ersten Sets metaphorisch mehrdeutig Cecil Taylor vor. Als um halb eins angekündigt wird, dies sei nur eine Pause, nicht das Ende, klingt es beinahe wie ein Scherz. Ein einziges Stück, zwei Stunden lang bis an die Grenze der Hingabe und Erschöpfung, und man wird nicht entlassen, darf nicht gehen in dem Gefühl, alles gehört zu haben. Wir bleiben, trunken vielleicht oder in Trance, aber wir bleiben.

»Life is lonely – again / and only last year / everything seems so sure.«
Regelmäßig erscheint Archie Shepp im Konzertplan, singt Billy Stray-
horns ›Lush Life‹, umspielt gedankenverloren das Thema, zieht die Töne
in die oberen Register, kippt manchmal tief in die Eingeweide seines
Tenorsaxophons. Das Vibrato dringt direkt unter die Haut, und dann
kommen die klaren Läufe. Dazwischen liegt allein die Luft, die man
zum Einatmen braucht, um wieder in der Melodie zu versinken. Begei-
stert tobt das Publikum, und doch ist da eine Traurigkeit, wenn man
fühlt, daß die alten Träume nur mehr in einem Ton hörbar sind. Er trägt
diese riesigen Schuhe, es lohnt sich noch immer, sich auf den Weg zu machen und die Platten zu Hause zu vergessen. Peter Brötzmanns Nacken,
Ornette Colemans Sakko, Chet Bakers Stuhl, Cecil Taylors Socken, Dexter Gordons Augen, Archie Shepps Schuhe – wer sie nicht gesehen hat,
kann ihre Musik nicht hören. Sie improvisieren nicht über irgendwel-
che Harmonien, sondern über sich. Die Beziehung zu den Schuhen ist
wichtiger als jede Musiktheorie. Die Musik, die zu den Schuhen paßt,
ist dann nicht mehr beliebig. Das nennt man dann Stil, denke ich.
Doch manchmal verläuft sich Archie Shepp in der Zeit, spricht über
dem Ostinato des Basses die zornigen Texte der sechziger Jahre, singt
von »Revolution«, und es klingt zurück vom Bierbauch »Yeah, yeah,
Revolution«. Vor mir lehnt ein Mann, betrunken, traumhaft sicher in
seiner Langsamkeit. Er schützt sein Bier vor dem Umfallen, entfernt mit
resignierter Bewegung die unpassende Zitrone aus einem Hefeweiß-
bier, klammert sich an seine Zigarette. Er lächelt nur, wenn es unerträglich schön wird, wenn die Töne zwischen Gefühl und Härte schleifen. Er
hat schon verstanden, wo wir stehen.

Ich erinnere mich gut

In Europa und Japan wird die Kultur der Schwarzen respektiert. Dort versteht man sie. Aber bevor man in Amerika die richtige Sache fördert, wird eher ein Weißer wie Elvis Presley gepusht, der nur eine Kopie des Schwarzen ist. Sie stecken ihr Geld in Promotion und Publicity von weißen Rockgruppen und schmeißen ihnen die Auszeichnungen als Belohnung dafür hinterher, daß sie schwarze Künstler kopieren. Aber okay, schließlich weiß jeder, daß alles mit Chuck Berry anfing und nicht mit Elvis. Jeder weiß auch, daß Duke Ellington der »King of Jazz« war und nicht Paul Whiteman. Alle wissen das. Aber das wirst du in keinem Geschichtsbuch nachlesen können, solange wir nicht die Macht haben, unsere eigene Geschichte zu schreiben. Und das wird keiner für uns machen, wenn wir's nicht selber in die Hand nehmen ...

Ich hab ein gutes Gedächtnis für das, was sie mit uns in diesem Land gemacht haben. Die Juden erinnern die Welt auch ständig daran, was die Deutschen ihnen angetan haben. Genauso müssen die Schwarzen immer daran erinnern, was in den Vereinigten Staaten passierte oder, wie James Baldwin mir einmal sagte, in diesen »noch zu Vereinigenden Staaten«. Wir müssen uns vor dieser »Teile-und-herrsche«-Strategie in acht nehmen, mit der uns die Weißen jahrelang unserem wirklichen Selbst entfremdet und unserer inneren Kraft beraubt haben. Ich weiß, daß keiner mehr so was hören will, aber die Schwarzen müssen es trotzdem immer wieder sagen, müssen diesen Leuten ihre Forderungen ins Gesicht schreien, bis sich irgendwas ändert.

Miles Davis

David Bowie – Berliner Maskenball

Als er Wasser trank. Als er inmitten der kahlen Landschaft mit den Händen Wasser schöpfte und trank. Die orangefarbenen Haare glatt am
Kopf nach hinten gekämmt, den Kragen des Dufflecoats hochgestellt,
das marmorbleiche Profil unbewegt, da sahen wir ihn wie im lang er-
sehnten Traum. ›Der Mann, der vom Himmel fiel‹ schien wie das wahre
Porträt David Bowies, obwohl Nicholas Roegs Film auf einem Science-
fiction-Roman von Walter Tevis basierte. Der Zauber verflog in den
Momenten, da Thomas Jerome Newton allzu menschlich und der Film
zu einer Geschichte wurde. Wir wollten nur den Schauspieler, nicht die
Rolle. Es war unsere erste leinwandhafte Begegnung mit David
Bowie.
Wir kannten ihn schon Jahre, seit 1971, um genau zu sein, als halbzarte
Greta Garbo von ›Hunky Dory‹, dann als bisexuellen ›Ziggy Stardust‹,
im Frank-Sinatra-Look als ›Young American‹. Den Folkrock hatten wir
gegen den Glitterrock getauscht, den Theater-Rock-'n'-Roll von ›Diamond Dogs‹ gegen den Plastik-Soul aus Los Angeles, dem Abschieds-
konzert von 1973 lauschten wir auf einer Bootleg-LP und atmeten doch
erleichtert auf, als er kurz darauf als ›Pin Up‹, Wange an Wange mit
Twiggy, wiederkam. Zeilen hatten sich inzwischen im Kopf festgefres-
sen, zählten mehr als jeder Satz von Walser und Frisch. »Ch-ch-ch-ch-

changes« stotterten wir, um zur Lösung zu kommen: »Time may change me / but I can't trace time.«

Das Schlußstück von ›Hunky Dory‹, ›The Bewlay Brothers‹, hatten wir nie richtig verstanden, ahnten aber um seine Schönheit und tiefere Bedeutung, spielten es so lange, bis Ziggy Stardust auftauchte und uns davon erlöste. Nun mußte man Farbe bekennen, zum Glitter- oder Decorock mit den sternchenübersäten Plateauschuhen, dem einschulterfreien, zickzackgestriften Wolltrikot, dem Kunstlederjäckchen und den monatlich wechselnden Stilen aus den Abfalltonnen der Carnaby Street. »Time takes a cigarette put it in your mouth«, flüsterte er zum ›Rock 'n' Roll Suicide‹, der im Nebenraum tagenden GEW-Arbeitsgruppe stießen Make-up, goldener Ohrring und grüne Federboa ungut auf. Billig, affig und völlig daneben sei dieser Typ. Die Ablehnung war nachvollziehbar, die engagierte Rockmusik, grundsätzlich links, establishmentfeindlich und weltumarmend, hatte ihre erste Belastungsprobe zu bestehen. Sachzwang klang es von drüben, übers Ministerium und die Verlängerung von Probezeiten wurde geklagt, von irrationaler Fremdbestimmung, verinnerlichten Abhängigkeitsverhältnissen, politischer Bedeutung der Privatsphäre hörte ich zwischen ›Lady Stardust‹, ›Moonage Daydream‹ und ›Rock 'n' Roll Suicide‹. Später, als sie bei Lambrusco und Roth Händle saßen, erwähnten sie Woodstock und Altamont, Jethro Tull und das bedauerliche Verschwinden von Country Joe – ›Suffragette City‹ gefiel nicht mal der engagierten Fachbereichsleiterin Deutsch.

Das Rasiermesser nähert sich dem Auge, durchtrennt die Pupille, weißliche Flüssigkeit quillt wie ein träger Tropfen aus dem Schnitt – dazu Tango und Wagners ›Tristan und Isolde‹ –, der provozierende Beginn eines Rockkonzerts, 1976. Vier Jahre nach Ziggy Stardust und seinen androgynen Freunden vom Mars, zeigt David Bowie den verstörenden

Kurzfilm ›Der andalusische Hund‹ von Luis Buñuel und Salvador Dalí. Eine filmische Geste anstelle einer Vorgruppe. Im hellen, kalten Scheinwerfer steht der »Thin White Duke« – der Schwarzweißfilm ist auch Motto der Lichtdramaturgie. Bowie trägt eine schwarze weite Stoffhose, weißes Hemd mit gestärktem Kragen zur Anzugweste, mit der rechten Hand umschließt er das Mikrophon. Der linke Arm schnellt nach oben, und die Finger spreizen sich zu einer großen Geste, die im Nichts endet: ›Five Years‹.

Sein stilisiertes Pathos und seine Dramatik der latenten Endzeit hatten Hippie-V(ictory) erledigt. Die Bewegung konnte alles bedeuten: Bei seiner Rückkehr nach England, im offenen Mercedes am Bahnhof von London, ähnelte sie dem Gruß der Faschisten, im Konzert sang er »You're not alone«, beschwor die Menge in ›Rock'n'Roll Suicide‹ und deutete himmelwärts, »… it's too late to be grateful« wiederholt er jetzt und kontrastiert die Resignation mit der Energie und dem vorwärtspeitschenden Drive von ›Station To Station‹. Es sind Lieder, die man nur mit überlebensgroßer Gestik singen kann, die einen vom Sitz reißen und zugleich seltsam kühl zurücklassen. ›Fame‹ – seine Stimme wechselt mit den Rollen: der große Erzähler mit dem verrauchten Timbre, der eroti-

›Station To Station‹ 1976: »The
return of the thin white duke /
Throwing darts in lovers' eyes /

Here we are in one magical
moment / Such is the stuff from
where dreams are woven.«

sche Chansonnier, der aggressive Rocksänger oder der Operntenor mit
dem britischen Akzent – ›Word On A Wing‹. Immer schwingt aber der
dramatische Ton des Schauspielers mit, der seine Monologe über alles
liebt. Die zwiespältige, kalte Berührung bleibt bis zum Schluß des Konzerts – und fasziniert. Tiefe Verbeugung, vier Gitanes, drei Zugaben,
Handküsse in die Arena, sein umwerfendes Lachen hängt noch lange in
der Luft.

1976: Festhalle Frankfurt, Olympiahalle München, Deutschlandhalle
Berlin, in den Pausen ertönt die Musik von Kraftwerk, David Bowies
neuester Inspirationsquelle, der Mensch-Maschine aus Düsseldorf. Was
den Deutschen nach »Futuristenkitsch« (›Spiegel‹) und »süßer Monotonie« (›Sounds‹) klingklangte, ließ David Bowie den Plastik-Soul seiner
›Young Americans‹ vergessen. Als wir endlich den Glamrock von T-Rex,
Cockney Rebel, Roxy Music und Queen als apolitisch, aber sing- und
tanzbar akzeptiert hatten, verunsicherte nun die mechanische Schönheit der deutschen Konstruktivisten. Hinter den minimalistischen End-
losschleifen und lakonischen Melodien der elektronischen Schlagwer-
ker hörte der 1947 in Brixton geborene Bowie mehr als teutonische
Beamtenromantik, es war ihm das Echo jener Fritz-Lang-Filme, die er
verehrte, die wahre Musik zu ›Metropolis‹, zu jenen schweißgebadeten
Arbeitern, die an der riesigen Fabrikhallenwand kleben und wie Robo-
ter die Hebel umlegen. Beseelt-Mechanisches als Ideal, Musik, die von
Menschen angetrieben wurde und zum Monumentalen strebte. »Wir
sind die Kinder von Wernher von Braun und Fritz Lang«, sprach Kraftwerk.

Ein papierener Aufschrei ging zwei Jahre später durch die Presse, als
David Bowie im deutschen ›Playboy‹ erklärte: »Ich würde gerne in die
Politik gehen. Eines Tages tue ich das bestimmt auch. Ich fände es
traumhaft, Premierminister zu sein. Und doch glaube ich fest an den
Faschismus. Autoritäre Führung hat bei den Menschen immer einen

Leistungsaufschwung bewirkt. Zeigt den Leuten doch um Himmels willen, was sie tun sollen. Wenn ihr das nicht macht, wird nichts getan. Ich
kann es nicht ausstehen, wenn Leute nur rumhängen. Überflüssig zu
sagen, daß das Fernsehen faschistisch ist. Rockstars sind auch Faschisten. Adolf Hitler war einer der ersten Rockstars.« – ›Playboy‹: »Wie
das?« Und David Bowie entwickelt seine kruden Theorien von Hitler als
Mick Jagger, von Adolf, dem Medienkünstler, der sein Land inszeniert,
um dann zum Kern zu kommen: »Das Dritte Reich war wie ein Rockkonzert.« Empörung.

Später wird sich Bowie von einigen Passagen des ›Playboy‹-Interviews
distanzieren, sie seinem damaligen verwirrten Zustand zuschreiben,
sich entschuldigen, nachdem ihn seine linken Freunde in Berlin über
den Faschismusbegriff aufgeklärt haben. Und doch steckt hinter diesen
Sätzen die Essenz seiner Erfahrung als Ziggy Stardust, aus ›Diamond
Dogs‹, seiner Version von Orwells ›1984‹, wie aus den Allmachtsphanta-
sien der USA-Tourneen. Der Medienzauberer Bowie weiß große Kollegen wie Big Brother zu schätzen, er ging immer zu weit, um die Grenzen zu spüren. Und er erklärt seine Vorstellung vom »Dritten Reich als
Rockkonzert« genauer: »Die Kinder waren damals sehr aufgeregt, ver-
schwitzte, kleine spitze Mädchen und Typen, die wünschten, sie wären
das da oben. Das ist für mich Rock 'n' Roll Erfahrung.« Wer möchte dem
widersprechen, der einmal eingezwängt unter vierzigtausend ›Born In
The U.S.A.‹ brüllte, der im Stadion in den Gesang einstimmte, von dessen Echo man eben überrollt wurde, den es fröstelte, wenn es aus dem
Lautsprecher dröhnte: »Ladies and Gentlemen – the Rolling STONES!«
Die Faszination des Bowieschen Faschismus war nicht von gestern.

1972 war in den deutschen Kinos ›Cabaret‹ angelaufen. Ein Film von Bob
Fosse nach dem Roman von Christopher Isherwood über das Berlin der

dreißiger Jahre. Ein Oscar für Liza Minnelli, und doch wartete ich immer auf diese unglaubliche Szene in einer Gartenwirtschaft, da ein Hitlerjunge aufsteht, zur Ziehharmonika mit knabenhafter Engelsstimme jenes vermeintliche Volkslied zu singen beginnt, einige SA-Männer sich erheben, immer mehr Frauen und Männer und Kinder sich anschließen, in den Gesang einstimmen, der anschwillt und schließlich das ganze Lokal, ja, die ganze Welt ausfüllt: »The morning will come when the world is mine – tomorrow belongs – tomorrow belongs to me.« Die Arme gehen nach oben, der Zukunft entgegen, die verführerische Macht der Musik hat Tradition.

Nach jener Thin-White-Duke-Tournee, mit der er zum erstenmal Deutschland durchquert hatte, tröpfelten die Nachrichten regelmäßiger: »David Bowie, 29, britischer Rockstar, amüsierte sich in Paris mit der Nachtclubschönheit Romy Haag, 26. Der Flirt war standesgemäß«, meldete der ›Spiegel‹, »die Dame ist ein junger Mann aus Berlin, der sich an seinen ›maskulinen Vornamen gar nicht so sehr erinnern kann‹. Ehefrau Angie stören die Eskapaden des Familienvaters (ein Sohn) wenig, sie hat sich angepaßt: ›Sicher, er ist bisexuell, aber ich bin es auch, also ist alles ganz harmonisch.‹« War Romy Haag ein Fressen für die Presse, bedeutete Berlin für David Bowie den Beginn einer zweijährigen Affäre mit dieser Stadt. Er pendelte zwischen den Tonstudios in Paris und dem Hansa Studio nahe der Mauer, verhalf dem desorientierten Iggy Pop zu seinen besten Alben – ›The Idiot‹ und ›Lust For Life‹ –, lud den Klanggenerator Brian Eno zur Mitarbeit ein, mietete eine Wohnung in Schöneberg und nannte ein Stück auf seiner neuen LP ›Low‹ programmatisch ›A New Career In A New Town‹. Die Paparazzi-Photos, die in deutschen Journalen auftauchten, zeigten einen jungen Mann mit kurzem Cäsarenschnitt, einem Oberlippenbärtchen, grünkariertem Hemd zu blauer Jeans – David Jones alias Bowie privat. Und seltsam: Das Normale wirkte künstlicher als jede Maske. Er hatte das Image, die Kleidung, die Musik, die Haarfarbe so oft gewechselt, wurde mit dem Bild vom Chamäleon zu oft identifiziert, hatte sich lächelnd von der Illusion der Persönlichkeit verabschiedet, der Versuch, zur Normalität zurückzukehren, mußte scheitern. Aus dem Aristokraten, der Diva, dem Fetischisten oder dem Dandy sollte der nette, schwule Schwiegersohn von nebenan werden, es schien eine Rolle unter vielen anderen. Und nebenbei bemerkt, war der Vergleich mit dem Chamäleon ohnehin falsch. Das Chamäleon wechselt seine Farbe, wenn es erregt ist, David Bowie veränderte sich, um sich zu erregen. »In dem Moment, in dem man weiß, daß man auf sicherem Boden steht, ist man tot, hat man ausgespielt. Ich langweile mich sehr schnell.«

Berlin schien wie eine Filmkulisse, wie geschaffen, sich von einem Dunstkreis aus grauer und vergangener, aber sichtbarer Größe inspirieren zu lassen. Die vernarbten Schußspuren in den Häuserfassaden, die grasumwucherten Skelette von Kirchen, die weiten Flächen, in denen sich Neubauten verloren – für den Mann, der vom Himmel fiel, ein ebenso futuristisches wie historisches Relikt. Zeugnis des Nationalsozialismus wie einer Welt der dreißiger Jahre, mit all den rotsamtenen Etablissements, den traumhaften Transsexuellen und neurotischen

David unter den Linden, 1976:
»Berlin ist eine Frontstadt, in
der sich zwei verschiedene Gesell-
schaftssysteme gegenüberstehen.

All diese Gegensätze schaffen
ständig eine ungewöhnlich
gespannte Atmosphäre, und
die setzt Kreativität frei.«

Künstlern. Und über allem schwebt die Gegenwart des Terrorismus der siebziger Jahre und seiner staatlichen Gegengewalt, die latente Drohung einer Brutalität, durch die die dekadente Erregung noch gesteigert wird. Eine ideale Projektionsfläche.

›Playboy‹-Frage 1978: »Haben Sie sich auch mit der politischen Lage in Deutschland auseinandergesetzt?« David Bowie: »Klar, es ist wahnsinnig viel passiert. Die ganze Sache mit Baader-Meinhof. Die Spannung in Berlin ist fast wie in ganz Europa unglaublich groß. Ich habe nie daran gezweifelt, daß der Faschismus wieder anwachsen würde.« – »Wie lange haben Sie in Berlin gelebt?« David Bowie: »Am längsten war ich, glaube ich, sechs Wochen in Berlin. Es ist eine Stadt voller Bars für traurige, enttäuschte Menschen, eine Stadt, um sich zu besaufen. Ich habe in Berlin gearbeitet, um die Stadt genauer zu studieren. Ich weiß nicht, wie lange es Berlin in dieser Form noch geben wird. Wahrscheinlich nicht mehr lange.«

Die Rockwelt registrierte Berlin. Was vorher als ungeliebtes Erbe galt, das man besser gegen Thüringen getauscht hätte und wie ein Stachel im eigenen Fleisch saß, bekam jetzt jenen Pop-Hauch von romantischem Heroismus, der dem Spiel mit der Verzweiflung so gut stand. Berlin war ein ungefährlicher, aber wirksamer Kitzel. Eine Reise mit angehaltenem Atem durch verbotenes Land, in Autoschlangen langsam an flachen Grenzbaracken vorrückend oder auf das abrupte Aufreißen von Schiebetüren in Zügen wartend, eine Mischung aus Lächerlichem und Bedrohlichem. Die U-Bahn-Fahrten unter Ost-Berlin mit den verwaisten Stationen, deren Namensschilder wie eingefrorene Vergangenheit wirkten, waren nicht minder geisterhaft wie die Spaziergänge durch die leere Hauptstadt der DDR. Die Volkspolizisten, die auf den U-Bahnhöfen sinnlos hinter Pfeilern standen, erschienen ebenso als Statisten eines surrealen Films wie jene unwirklichen Ober, die in den volkseigenen Lokalen immer nahe der Tür den Blick auf alles und nichts gerichtet hielten. David Bowie, der den Zug dem Flugzeug vorzog, der schon 1973 am Ende seiner Fahrt mit der Transsibirischen Eisenbahn im Bahnhof Zoo Zwischenstation gemacht hatte, war in der Heimat seiner Ängste und Sehnsüchte angekommen.

»I – I will be king, and you – you will be queen. Though nothing will

Susan Sarandon und David Bowie
in ›Begierde‹ von Tony Scott,
1982. Die unsterbliche Geschichte
von der Sehnsucht nach Vampiren
und dem unvergänglichen Biß.
David Bowie, 1978: »Das
Schlimmste ist, daß ich immer
Filmregisseur sein wollte. Also
machte ich Filme auf Schallplatten. Ich glaube, daß aus der
Rockmusik eine Renaissance des
Filmemachens entstehen wird.
Nicht wegen des Rock 'n' Roll –
sondern trotzdem.«

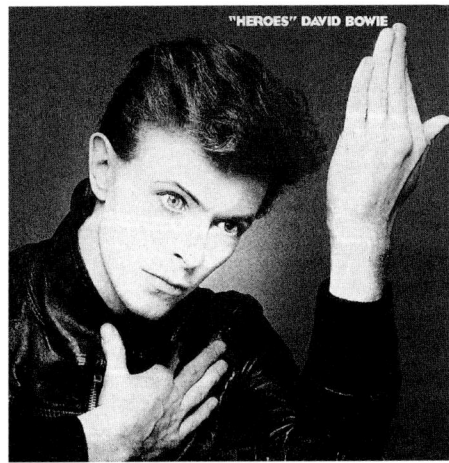

»Making love with his ego« sang
einst Ziggy Stardust. Der Narziß
zitiert und sieht sich an. Er
wechselt die Hüllen, ohne das
Gesicht zu verlieren. Sein Gesicht
ist die Hülle David Bowie.

drive them away. We can beat them – just for one day. We can be heroes
– just for one day.« Über dem stampfenden Schlagzeug ziehen die
Schlieren der Gitarre Robert Fripps, erheben sich die Synthesizerklänge
wie eine farbige Wand aus steigenden und fallenden Wasserfontänen –
›Heroes‹, die Hymne erscheint 1977, Musik Brian Eno/David Bowie,
Text Bowie. »Duu – könntest du schwimmen, wie Delphine – Delphine
es tön. Niemand – gibt uns eine Chance. Doch können wir sie schlagen –
für immer und immer. Und wir sind dann Helden – für einen Tag.« Dies
hatte nichts mehr mit den Versuchen englischer oder amerikanischer
Gruppen und Sänger zu tun, sich beim deutschen Publikum mit deutsch
gesungenen Fassungen anzubiedern, dies war die kehlige Sprache des
deutschen Idioms, eine klangliche Verbeugung vor dem Expressionis-
mus deutscher Kultur. Mit beinahe Zarah-Leander-getränkter Dramatik
sang er fünf Strophen in der Übersetzung der Backgroundsängerin
Antonia Maass, machte aus den Heroes Helden. Wir fühlten uns verstanden und auch geehrt, zum erstenmal nicht mit den verbalen Glas-
perlen der Musikkolonialisten abgespeist zu werden: »I'm so glad to be
back in Hamburgkölnberlinmünchenfrankfurtwuppertal.«
In ›Heroes‹/›Helden‹ kulminierte alles, was 1977 im Angesicht von Eng-
lands »No Future« zu sagen war: die distanzierenden Anführungs-
zeichen zum Helden, dieses Wir-gegen-die-Welt-mit-dem-Rücken-zur-
Wand-Gefühl, dazu die politische Kulisse der Berliner Mauer, Schüsse
peitschen durch die Luft, doch vor allem – »just for one day«. Die Geschichte eines einzigen, glücklichen Tages setzte den trotzigen, hoff-
nungsvollen Gegenentwurf zur alten Jugendhymne ›My Generation‹
mit dem legendären »I hope I'll die before I get old« oder zur kommenden Losung Neil Youngs: »Better to burn out than it is to rust.« Und die
deutsche Sprache fügte zur richtigen Haltung noch Tiefe: »Und die
Scham fiel auf ihrer Seite – und wir können sie schlagen – für alle Zeiten
– dann sind wir Helden – für diesen Tag.« Am Rande des stimmlichen
Abgrunds schrammt er, kratzt an den größten Gefühlen, versteht nicht
die Sprache, nur ihren Klang.
Beinahe hätten wir ihn ernst genommen, gerührt von so viel Zuwen-
dung. Daß Angie Bowie im August 1978 wegen Romy Haag die Scheidung eingereicht hatte, interessierte uns nur mehr am Rande – Angie

Bowie zu ›Bild‹: »Dieses Verhältnis kann ich unserem Sohn Zowie (6) nicht länger zumuten!« Wir standen im Zentrum der Aufmerksamkeit, der ›Rolling Stone‹ und damit die amerikanische Rockwelt mußte sich über Deutschland und Berlin Gedanken machen. Bowie hatte sich zudem als Maler im expressionistischen Stil nach deutscher Heckel-Manier profiliert – das Programmheft zur Tournee von 1978 enthielt Din A3-große, farbige Abbildungen seiner Gemälde –, er spielte, gar neben Marlene Dietrich, in einem Kostümfilm aus den dreißiger Jahren: ›Just A Gigolo‹. Daß er einen Titel seiner Platte nach dem Berliner Stadtteil ›Neukölln‹ nannte, einen anderen nach Florian Schneider von Kraftwerk – allerdings in der martialischen Verbindung ›V-2 Schneider‹ – schlug in dieselbe Kerbe.

Nein, wir fühlen uns ernsthaft geehrt. Wäre da nicht jenes Coverphoto zu ›Heroes‹ gewesen: den linken Arm angewinkelt, die Hand nach oben, den Augen zugewendet, pantomimisch wie ein Spiegel.

»Making love with his ego«, sang Ziggy Stardust. Der Narziß sieht sich an, seine Person ist sein Gesicht. Ein Auge mit erweiterter Pupille: Er hätte es mit sechzehn Jahren bei einer Schlägerei beinahe verloren. In Farbe, das eine ein kaltes Graublau, das andere ein warmes Braun, beweglich und starr, das Irritierende seiner Augen spiegelt sich in seiner Musik. Er ist ein singender Schauspieler, der seine Musik als Film konzipiert und seine Rollen wechselt, bevor sie seinem Image gefährlich werden. Die Maske ist seine Persönlichkeit, die Faszination liegt in der Ehrlichkeit, mit der er zu seiner Leere steht. Ein Jahr später ist er bei ›Lodger‹, dann braungebrannt und haargefärbt bei ›Let's Dance‹, dann spielt er mit Zwei-Wochen-Bart den Dozenten für kreatives Schreiben.

»Originell? Keinesfalls. Eher bin ich ein geschmackvoller Dieb. Ich habe so viele Hüllen, daß ich vergessen habe, wie der Kern aussieht. Ich würde ihn nicht erkennen, wenn ich ihn fände.« David Bowie war nicht der erste, der uns die Gleichzeitigkeit von Spiel und Ernst der Popmusik vorführte, aber keiner kann das uneigentliche Singen mit so umwerfendem Charme zelebrieren. Er wechselt seine Hüllen, ohne das Gesicht zu verlieren. Sein Gesicht ist die Hülle David Bowie.

19** – 20**

R.I.P. / it up / Tear it up / have a ball.

(Nachspann zu ›Woodstock‹ 1994)

Charlie Parker (1920–1955) * Clifford Brown (1930–1956) * Billie Holiday
(1915–1959) * Buddy Holly (1936–1959) * Lester Young (1917–1959) * Eddie
Cochran (1938–1960) * Eric Dolphy (1928–1964) * Sam Cooke (1931–1964) *
Lenny Bruce (1925–1966) * John Coltrane (1926–1967) * Otis Redding
(1940–1967) * Krysztof Komeda (1931–1969) * Brian Jones (1942–1969) * Al
Wilson (1943–1970) * Jimi Hendrix (1942–1970) * Janis Joplin (1943–1970)
* Albert Ayler (1936–1970) * Jim Morrison (1943–1971) * Duane Allman
(1946–1971) * Jim Croce (1943–1973) * Gram Parsons (1946–1973) * Nick
Drake (1948–1974) * Cass Elliot (1943–1974) * Tim Buckley (1947–1975) *
Phil Ochs (1940–1976) * Hampton Hawes (1928–1977) * Marc Bolan
(1947–1977) * Roland Kirk (1936–1977) * Elvis Presley (1935–1977) * Paul
Desmond (1924–1977) * Sandy Denny (1941–1978) * Don Ellis (1934–1978) *
Keith Moon (1947–1978) * Tom Wilson (1931–1978) * Lennie Tristano
(1919–1978) * Sid Vicious (1957–1979) * Charles Mingus (1922–1979) * Ian
Curtis (1956–1980) * Tim Hardin (1941–1980) * John Lennon (1940–1980) *
Bill Evans (1929–1980) * Bob Marley (1945–1981) * Mike Bloomfield
(1944–1981) * David Blue (1941–1982) * Al Haig (1924–1982) * Art Pepper
(1925–1982) * Lester Bangs (1948–1982) * Thelonious Monk (1917–1982) *
Dennis Wilson (1944–1983) * Marvin Gaye (1939–1984) * Phil Lynott
(1951–1986) * Richard Manuel (1945–1986) * Andy Warhol (1928–1987) *
Chet Baker (1929–1988) * Roy Orbison (1936–1988) * Pannonica de Koenigs-
waerter (1914–1988) * Nico (1938–1988) * Stan Getz (1927–1991) * Johnny
Thunders (1952–1991) * Miles Davis (1926–1991) * Steve Marriott
(1947–1991) * Dizzy Gillespie (1917–1993) * Frank Zappa (1940–1993) *
Sun Ra (1914–1993) * Kurt Cobain (1967–1994) * Sterling Morrison
(1942–1995) * Don Cherry (1936–1995) * Wolfman Jack (1938–1995) * Gerry
Mulligan (1927–1996) * Ronnie Lane (1946–1997) * Carl Wilson (1946–1998)
* Carl Perkins (1932–1998) * Frank Sinatra (1915–1998)

Patti Smith – CBGB im Spessart

Am Anfang war das Bild: eine selbstbewußte junge Frau, sehr schmal, sehr androgyn, im weißen Männerhemd, das schwarze Sakko über der Schulter wie eine Tasche. Die eine Hand hält die Hosenträger vor der Brust zusammen, die Hemdärmel ausgefranst und abgeschnitten, Secondhand als Stil, die Sängerin als Ikone. Der Photograph des Plattencovers, Robert Mapplethorpe, galt zu dieser Zeit mehr als ihr Freund denn als Name, den Produzenten John Cale kannten die Eingeweihten, auf die Platte ›Horses‹ warteten all jene, die Andy Warhols ›interview‹ ebenso lasen wie das einheimische ›Sounds‹ oder den amerikanischen ›Rolling Stone‹. Photos tauchten auf, von einem dunkelhaarigen Mädchen zwischen Hippie und Boheme schwankend, in einem zu großen Keith Richards-T-Shirt, mit französischer Existentialisten-Blässe. An der Seite Bob Dylans, Lou Reeds oder Sam Shepards sah man sie, das deutsche ›Zeit‹-Magazin bildete sie gar in einem Bericht über das Chelsea-Hotel in New York ab. Die Unterzeile: »Lebt im Chelsea: Patty Smith, Poetin, war mit 18 zum erstenmal im Irrenhaus. Trennt sich niemals von ihrem Lieblingsspielzeug – einem Revolver.« Daß sie im Chelsea wohnte, war immerhin richtig.

Mitten im dunkelsten Mittelalter der Rockmusik tauchte unsere Jeanne d'Arc auf, die klassische Rebellin in der Hosenrolle. Schon im Käutner-

›Horses‹ – Patti Smith (Arista)
Recorded: Electric Ladyland Studios, New York City, September – Oktober 1975; Released: November 1975 Chart Peak: Did not chart (UK) 47 (USA) Personnel: Patti Smith (vocals and guitar) Lenny Kaye (lead guitar) Ivan Kral (guitar and bass) Richard Sohl (piano), Jay Dee Daugherty (drums) Producer: John Cale.

schen ›Wirtshaus im Spessart‹ der fünfziger Jahre hatte uns Liselotte Pulver als Räuber in Hosen bedeutend besser gefallen als im Kleid der jungen Grafentochter. Rock-'n'-Roll-Männerland war besetzt und aufgeteilt: zwischen dem gigantomanischen Kunstrock, dem gitarrenonanierenden Hardrock und dem beständig am Abgrund zur Peinlichkeit balancierenden Glamrock. Flucht war zwecklos. In endlosen Lastwagenkolonnen durchzogen die Trucks der Supergroups die Lande, wer nicht verdursten wollte, mußte wenigstens ab und zu in die Stadien und Konzertarenen, um Musik zu fassen: Emerson, Lake & Palmer oder Electric Light Orchestra, Pink Floyd oder Yes, Supertramp oder Procol Harum – immer wieder gab es ein paar Songs, die man nicht vermeiden konnte und am Ende eines langen Tages mitsummend sogar besänftigend fand. Über die Grenze zu wechseln hatte wenig Sinn, dort warteten Black Sabbath, Uriah Heep, Deep Purple oder Led Zeppelin, bei King Crimson, Van Der Graaf Generator drohte die Kunstszene, der Rückweg war von Sweet und Slade versperrt.

»Do you know what your Daddy said, Patty? Hesaidhesaidhesaid: sixty days ago she was such a lovely child. Now here she is with a gun in her hand.« Patti Smith erschien als weiblicher Orpheus: Da vermischten sich Lesung und Rockkonzert, Gedichtanfänge mit Liedern, die Zärtlichkeit des Bleistifts mit der Kraft der Gitarrenverstärker. Ein Gedicht für

Johnny leitete ins ›Land Of Thousand Dances‹, eins über Frauen führte zu ›Time Is On My Side‹, und ein Zitat des Zeitungszaren Hearst für die vom FBI gesuchte Terroristin und Tochter Patty sprach sie als Beginn zu ›Hey Joe‹. Die alte amerikanische Song-Tradition, ein Lied mit einer kleinen Geschichte einzuführen, hatte eine neue Chanson-Variation gefunden: Poesie mit Rockmusik zu verbinden. Tok....tok...tok..tok.tok – die Pulsschläge auf den Stahlsaiten erhöhen sich, die Patti Smith Group, die ursprünglich nur aus Lenny Kayes Gitarre und Richard Sohls Klavier bestand, setzt mit ›Hey Joe‹ ein, ein bißchen blechern und mißgestimmt klingt das – an DeutscherIndustrieNorm gemessen –, der rauhe Atem des Rock 'n' Roll wehte wieder durch amerikanische Lande.

Der Seufzer, Amerika habe es besser, konnte sich nur auf New York City beziehen. Umgeben vom Jazzrock jeglicher Couleur, von allen Varianten regionaler Radiomusik eingeschlossen, von den Allman Brothers über die Doobie Brothers zu den Eagles und Little Feat, bewegten sich die jüngeren Schwestern und Brüder von Andy Warhols Factory zwischen dem Chelsea Hotel, dem CBGB's in der Bowery und der St. Mark's Church, wo regelmäßig Poetry-Lesungen stattfanden. Vor hundert Leuten hatte sie dort 1971 ihren Durchbruch, ließ sich von Lenny Kaye auf der Gitarre begleiten, ein Maschinengewehrfeuer aus Gedichten über ihre Heldinnen Edie Sedgewick, Marianne Faithfull oder die Jeanne-d'Arc-Darstellerin Maria Falconetti. Ein Jahr danach erschien ihr erster Gedichtband bei Telegraph Books – die unter anderen Ted Berrigan und Ron Padgett veröffentlichten – in einer Auflage von tausend Stück mit dem Titel ›Seventh Heaven‹: »O Raphael. Wächterengel. In der liebe und im verbrechen dreht sich alles um die sieben.« Gewidmet war der schmale Band dem Meister der Krimikurzsatzprosa, Mickey Spillane, und der Keith-Richards-Freundin Anita Pallenberg. Drei Koordinaten ihrer Welt waren gesteckt: ihr unheiliger, mystischer Gott, die Beat generation und die Idole der Rockmusik – die Namen waren so wichtig wie die Inhalte.

Mit ihrer vierten Vorliebe fand sie Verbündete. In jenem jungen Richard Myers etwa, der sich Richard Hell nannte, oder dessen Freund Tom Miller, der als Tom Verlaine firmierte. Die französischen Dichter des 19. Jahrhunderts wurden neu geboren: Rimbaud, Baudelaire, Mallarmé.

Urban, grausam und unsentimental wollte man sein, die Gleichzeitigkeit von Gefühl und Verstand, Drogen und Schreibmaschine war das Ideal – sie lebten eher als dunkle Poeten, die den Rausch des öffentlichen Auftritts suchten, denn als Musiker, die sich über harmonische Auflösungen Gedanken machten. Sie lernten Gitarren und Bässe zu bedienen, Hell schlitzte sein T-Shirt, rieb sich Bier ins kurzgeschnittene Haar – während ringsum der männliche Rockstandard lang und wellig fiel. Sie nannten sich ›Neon Boys‹ oder ›Television‹, Namen, die dem alternativen Easy Rider ebenso wie dem kulturbeflissenen Jazzfreund künstlich oder banal aufstießen. Doch vor allem fanden sie einen Ort, den niemand sonst wollte, eine Musikkneipe in der Bowery, in einem Haus, dessen obere Stockwerke als Herberge für Penner diente: »CBGB's-OMFUG« oder »Country, Blue Grass, Blues – and Other Music For Uplifting Gourmandizers«.

Ein steile Treppe hinunter, die in einen schmalen, langgezogenen Raum mündete, vorne die kleine Bühne, neben der Toilette mit dem Telefon,

ein wahrlich versiffter Untergrund, kein Wunder, daß der Besitzer jeden
auftreten ließ, der ihm mehr als zehn Gäste bescherte. Zwei Jahre später kannte jeder, der hip sein wollte, »Sibitschibi«, selbst im fernen Europa. Was einer Generation zuvor ihr »Cavern Club« in Liverpool war,
wo ehedem Namen wie »Birdland«, »Village Vanguard«, »Bitter's End«
oder »Max's Kansas City« die New-York-Träume bestimmten, wirkte
jetzt das CBGB wie die Nabelschnur zu einer Welt, die wieder alles versprach: Musik und Sex und Poesie. Manchmal riefen Leute im CBGB an,
baten das Mädchen an der Kasse, den Telefonhörer in Richtung Bühne
zu halten, um zu hören, ob es sich zu kommen lohne. Irgendwie saßen
wir immer dabei, am anderen Ende der Leitung.

Als die Patti Smith Group im Oktober 1976 – ungewöhnlich früh für
deutsche Verhältnisse – in München auftrat, wartete die Gemeinde: im
»Downtown«, einer Hinterhauslokalität nahe des Hauptbahnhofs. Die
Klatschkolumne der linksliberalen ›Abendzeitung‹ meldete das Ereignis: »Elfhundert Münchner feierten die hagere Pop-Sängerin Patty Smith,
eine Art weiblicher Mick Jagger. Nicht schlecht, was Patty (Abendgage:
10.000 Mark) bot, die Show kam an. Mit zerrissenen Jeans, zerbeultem
T-Shirt und im Herrenjackett präsentierte sich Fräulein Smith, der man
ein Techtelmechtel mit dem Millionenerben Paul Getty III nachsagt, auf
der Bühne und prustete in den Songpausen zuweilen Selterswasser ins
Publikum.« Das mit dem Herrenjackett war offensichtlich richtig.
»We're gonna have a real good time together.« Sie sang den Velvet-Un-
derground-Song, als sei er ihr ureigener Einstieg, schwang das Mikrophon und den Po – »Schau mal, die trägt einen BH« –, boxte in die Luft
wie Pippi Langstrumpf vom Lande, eine Göre als Großstadt-Schamanin,
man war verblüfft und wurde augenblicklich Mitglied im Club. Nach all

Jeder konnte sie falsch verstehen und sie dafür lieben: Lesben, Frauenbewegte, Anarchisten, Androgyne, Sadisten, Romantiker – jedem gab sie ihr Bild.

den Männern – von David Bowie bis Marc Bolan und Gary Glitter –, die sich die Lippen schminkten und Lidschatten trugen, all den vermeintlichen Transvestiten im Glitzertrikot und imitierten Tunten auf Plateauabsätzen endlich eine Mädchenfrau, die alle Rollenmodelle umkehrte. Bob Dylan war zur Frau geworden, die männlichen Bewunderer schmolzen dahin. Vorhersehbar, daß die Rezensentin (!) der ›Süddeutschen Zeitung‹ unter der Überschrift »Eine Überdosis New York« der »coolen Underground- und Camp-Poetin« eine »herbe Enttäuschung« attestierte, und doch einräumte: »Vergessen wir mal die Musik, die Band, die verstimmten Instrumente, vergessen wir auch Patti Smiths Stimme (sie hat, wie so viele andere, auch keine), dann bleibt ein faszinierender Typ.« Und nachdem sie ihr Verwirrung, Imitationswahn und Peinlichkeit bescheinigt hat, schließt sie: »Stark und gut wurde sie, wenn sie nicht mehr hektisch um sich schlug, sondern still und konzentriert ihre charismatische Exzentrik wirken ließ. Dann verwandelte sich der ordinäre Gossen-Vamp plötzlich in einen zerbrechlichen Asphaltschmetter-

»Patti Smith was born
to be a punk not a poet.«
›New York Times‹

ling voller Elektrizität. Daß sie's nicht erkannte, darin lag ihre Stärke.«
Was wohl meinte: sonst hätte sie auch das zerstört.

Patti Smith polarisierte. Wo die einen die Haltung sahen, zählte für die
anderen der Inhalt, wo die einen den Klang hörten, kritisierten die
anderen die Technik. Während sie in Deutschland mit der gebührenden
Liebe zur amerikanischen Poesie und zur Beat generation gepflegt
wurde – mit Pociao und Walter Hartmann in Köln als Propheten –,
schien sie in England, dem selbsternannten Mutterland des Punk, be-
sondere Aggressionen zu wecken. Der ›New Musical Express‹ bezeich-
nete sie als »ekelhaft, kalkuliert und manipulierend«, und die beiden
führenden jungen Wilden der Kritikergilde, Julie Burchill und Tony Parsons, notierten 1978: »Aus der großen Hoffnung wurde eine dumme,
alte Vettel, die für ›Viva‹ schreibt.« Im Gegensatz zum Punk in England,
der immer auch als politischer Pogo zu tanzen war, lautete der Smith-
Schlachtruf »Wake Up!« Wozu, das konnte sich jeder selbst aussuchen,
der transatlantische Unterschied war deutlich hörbar. Während die Sex

Pistols der Queen ironisch fürs faschistische Regime dankten, sang Patti Smith todernst: »Jesus died for somebody's sins but not mine.« Ein Problem, das weder die Sex Pistols noch die Clash noch die Gang Of Four besonders berührt hätte.

Die alte englisch-amerikanische Kluft brach auf, die den Deutschen seltsam akademisch und belanglos schien: Wer denn den Punk erfunden habe, und welche Form die wahre sei. Zwar mußten Burchill/Parsons in ihrem provokativen Nachruf-Pamphlet auf den Punk ›The Boy Looked At Johnny‹ – ein Patti-Smith-Zitat – einräumen, daß der Sex-Pistols-Manager Malcolm McLaren seine modischen wie musikalischen Ideen offensichtlich aus den USA importiert hatte, die amerikanischen Pioniere aber von traniger Konsistenz seien.

»Amerikaner« lautet schlicht die vielsagend lakonische Überschrift eines Kapitels, das zusammen mit Patti Smith auch den Rest der Gang erledigte: »Was kann ein Kunstschüler schon tun, außer Rock'n'Roll zu spielen? Letzter Schrei letztes Jahr waren Schmollmund Tom Verlaine und seine ›Flohdompteure des Rock‹: Television – eine satirische Glanzleistung von einem Bandnamen.« Von »Verlaines Grimassen« ist da die Rede, »die von den inneren Qualen seiner Reinkarnationsübungen als französischer Symbolist in Gestalt eines fischfingrigen Gitarrenhelden künden«. »Hell schwelgte wie ein verzogenes Kind in Cinéma-vérité-Nihilismus – in den Augen Dollars statt Sterne«, und so ging das fort, »die Motive der Ramones sind rein finanzieller Natur«, sie seien »reaktionär«, Blondie sei »dumm«, Snatch sollten lieber Baseballspieler heiraten als singen, die amerikanische Jugend bekomme »alles hinten reingeschoben«, Fazit: »Amerikanischer Rock'n'Roll – ein schwerer Fall von Überflußgesellschaft, TV-Vergiftung und großer Dummheit.«

»das buch ersetzt mir die musik. ich habe keine ahnung wo ich bin und keine lust zu fragen. ich bin in münchen und die schatten werden länger. das aufblitzen einer idee.« Als 1977 Patti Smiths Gedichte und Prosastücke zum erstenmal gesammelt vorliegen und ihr Buch ›Babel‹ 1980 ins Deutsche übersetzt wird, liest man, was man vorher nicht wahrhaben wollte – die Texte waren nicht so gut, wie wir dachten. Ihre religiösen Bezüge und Vergleiche erschienen nicht nur Atheisten merkwürdig verschroben, man mußte schon den Klang ihrer Stimme hören, um den

242

Texten zu glauben. Oder, wie die ›New York Times Book Review‹ schrieb: »She was born to be a punk, not a poet.«

Die Beat generation der fünfziger Jahre wurde neu geboren: außerhalb der Gesellschaft zu stehen wie Ginsberg, Kerouac, Corso oder Burroughs, sich einem nicht abreißenden Bewußtseinsstrom hinzugeben und zu jeder Zeit und an jedem Ort zu schreiben, Regeln zu verletzen und die Sprache für sich neu zu erfinden, dem wechselnden Rhythmus des Tages und der Nacht zu folgen. »Dies wird notwendigerweise von mir handeln. Ich gehe aufs Ganze«, erklärte Jack Kerouac zwanzig Jahre früher und fuhr fort: »Als Jazzdichter soll man mich nehmen, einen langen Blues blasend in einer Sonntagnacht-Jam-Session.« Und so suchten Patti Smith & Co. nach der Musik für ihre Poesie, wie Kerouac sie bei Charlie Parker fand, Ginsberg bei den Mantras. Jazz und Lyrik, Musik und Poesie, das Muster war nicht neu, und doch sang sie ihre (weibliche) Version unverfälscht frisch, mit der Aggressivität eines Punks und der Erotik der Mehrdeutigkeit. Jeder konnte sie falsch verstehen und dafür lieben: Lesben, Frauenbewegte, Anarchisten, Androgyne, Sadisten und Romantiker – jedem gab sie ihr Bild. Ob in Feldmarschalluniform, mit Funkgerät und Schnürstiefel oder mit wallenden Kleidern und weißen Tauben, ob gekreuzigt oder mit Pfeifchen in Tanger, als Brancusi-Verehrerin oder Jeanne-Moreau-Fan.

Und dies war neu: Der Fan wurde zum Rockstar, eine Sängerin zum Anfassen. Die Beatles verehrten Goffin/King oder Buddy Holly, die Rolling Stones bewunderten Chuck Berry, aber immer war das in der Musik zu hören, wurde bestenfalls nebenbei im Interview erwähnt. Die Schmidtsche Kleidung war den französischen Dichtern des 19. Jahrhunderts entlehnt, die Kargheit ihrer Haltung den Filmen Robert Bressons, die Rockposen den Idolen Jimi Hendrix oder Jim Morrison – sie sprach ohne Unterlaß davon, sie schlüpfte in die Rollen ihrer Helden, spielte sie nach, um sie zu spüren, um mit ihnen ihre Auferstehung zu feiern. Patti Smiths Welt – und das machte auch die Konzerte bisweilen zwiespältig und brüchig – konnte zu einer Abfolge von Hommagen und Anlässen werden: Geburtstagen, Todestagen, Gedenktagen, sie nennt die Namen, erzählt die Geschichten, zeigt die Bilder, das Image, ja, allein der Name »Rimbaud« genügte, man mußte seine Gedichte nicht lesen (obwohl wir seine ›Sämtlichen Dichtungen‹ natürlich sofort gekauft hatten). Patti Smith hatte eine neue Version des Rock'n'Roll gefunden: Nimm dir eine Gitarre, erzähle von deinen Idolen und damit von dir selbst, und suche deinen eigenen Ton. »Call me fieldmarshall!«

Sie beginnt langsam, spricht im Schrittempo des büßenden Ungläubigen: »Jesus died for somebody's sins but not mine / melting in a pot of thieves / wild card up my sleeve / thick heart of stone / my sins my own / they belong to me / me / me / me / people say beware / but I don't care ...«, die Schrittfolge wird kurzatmiger, das Tempo schneller, einer der Klassiker findet seine Meisterin – G.L.O.R.I.A. – tschieloareiä – Gloria! Das Spektrum der Patti Smith Group reichte von der ureigenen Coverversion zur freien Klangimprovisation mit Spoken-word-Lyrik bis zum soliden Hit, der Bruce-Springsteen-Kooperation ›Because The Night‹. Es ging schnell. Nach dem »Downtown« kam sie in den Münchner »Schwabingerbräu«, stieg dann zum »Zirkus Krone« auf, wo sie auf dem Flügel stand, um voller Inbrunst Debby Boones No. 1 Hit ›You Light Up My Life‹ zu singen, ein Weg, der das Ziel nicht aus den Augen verlieren wollte: den Rock'n'Roll zur Kunstform zu erklären, seine Ursprünglichkeit zu bewahren und zugleich vor zehntausend Menschen aufzutreten.

»Eh eh-eh-eh oh! Äh äh-äh-äh oh« – der Rockpalast singt. »Tschörmen Telewischn praudli prissenz« grüßt ernsthaft der lockige Albrecht Metzger die Essener Grugahalle und damit auch uns »an den Fernsehapparaten überall in Deutschland«. Seit 1977 präsentiert sich der Rockpalast des WDR als »lange Rocknacht«, versammelt sich das mitteljunge Deutschland zu Bier und Knabberzeug, trennt sich die Spreu vom Weizen: »Könntest du nicht mal zuhören, ohne dauernd zu reden! – Ich wußte ja nicht, daß das hier so ernst ist.« Inmitten der grölenden Rockbierzelt-Atmosphäre entstehen immer wieder die wunderbarsten Konzerte und Momente, von Mink de Ville bis Jack Bruce, von Mitch Ryder bis Joan Armatrading – 1979 ist es soweit, die Patti Smith Group betritt die Bühne. »We can go out to the hall«, meint der süße Alan Bangs aus dem Interview-Innenraum, und Patti Smith verkündet draußen bereits »I'm very proud to play here tonight with Johnny Winter ...«, sie gibt Albrecht Metzger keine Chance für seine legendäre Ansage.

Patti Smith 1996: »Manchmal höre ich Coltrane. Manchmal brauche ich ›Purple Haze‹ oder sehne mich nach Stille. Das Brechen der Wellen. Das Meer. Es wäre schön, jetzt am Meer zu sein.«

Es wird peinlich und grandios. Vor der riesigen US-Fahne intoniert sie den Byrds-Klassiker ›So You Wanna Be A Rock 'n' Roll Star‹, vergreift sich an Elvis Presleys ›Jailhouse Rock‹, läßt die amerikanische Nationalhymne à la Hendrix zerfetzen und das Schlagzeug à la Who malträtieren – der Star wird wieder ungeschützt zum Zitat, zum Fan. Das deutsche Fernsehen verlegt Woodstock künftig auf den Samstagabend. Fünfundzwanzig Millionen Zuschauer betrachten ihre karierte Weste über nackter Haut, summen ›Frederick‹ und ›Because The Night‹, verfolgen ihr Bad in den streichelnden Händen der Menge – »touch me now« –, es gelingt ihr, die privaten Obsessionen zu öffentlichen zu machen, beides zugleich in der Schwebe zu halten – der Fan steht mit ihr auf einer Bühne. Am Ende ist das vertraute Erfolgssyndrom unübersehbar. Der früheren Poetry-Gemeinde klingen die neuen Songs zu sehr nach ›My Generation‹ und ›Rock 'n' Roll Star‹, dem strammen Rockpublikum bleiben ihre Klarinettenimprovisationen ein eher ärgerlicher Interruptus, zumal ihre tonmalerischen Instrumentalfähigkeiten nicht in dem Maße zunehmen, wie ihre sprachliche Spontaneität zurückgeht. Als sie 1979 nach einem Konzert im Fußballstadion von Florenz vor siebzigtausend Zuschauern ohne Vorankündigung den Rock-'n'-Roll-Zirkus verläßt, um nicht zur menschlichen Musikbox zu werden, danach ihre lang verborgene Liebe, den MC 5-Gitarristen Fred »Sonic« Smith heiratet und nach Detroit ins Privatleben zieht, senkt sich der Vorhang.

P.S.: 1996 kehrte unser Feldmarschall in leinenem Zivil zurück. »Ich möchte nicht auf einem Planeten leben, auf dem es keine Helden gibt, keine Engel, keine Heiligen, keine Kunst«, sprach Patti Smith. Die Veteranen salutierten und wischten sich die Vergangenheit aus den Augenwinkeln.

Munich

die läden haben geschlossen. meine einkäufe kann ich nicht mehr abholen. ich strecke mich auf dem schmalen bett aus und starre an die decke. ich fühle mich auf einmal dreckig, unruhig. wenn ich im rif wäre, könnte ich jetzt in meinen burnus schlüpfen und mit den nächtlichen straßenhändlern feilschen. ich schnappe mir ein butterweiches jackett aus schokoladebraunem leder und schlendere durch die tristen geschäftsstraßen. woanders könnte ich jetzt zurückkommen mit den armen voller öle und gewürze und bündeln frischer minze. ich laufe lange zeit. sonst ist niemand zu sehen. ich habe mich verirrt im sonnensystem eines modernen deutschen wohnviertels. ich stoppe ein taxi und lasse mich vor der einfahrt zum club yes absetzen. lange bleibe ich nicht, denn die frauen rücken mir auf den pelz.

Patti Smith

Sex Pistols – Ferien an der Mauer

Dieses dreckige Lachen, dieser Leck-mich-am-Arsch-Tonfall kam wie eine Erlösung. Während ringsum Räucherstäbchen dufteten und leucht-käferchengleich glimmten, die Musiklehrer im Lande zu Mussorgskis ›Bilder einer Ausstellung‹ die Vergleichsversion von Emerson, Lake & Palmer auflegten, Yes und Pink Floyd als Lightshows waberten, erschien plötzlich der Kopf eines manisch starrenden Irren im Spätprogramm, mitten in den öffentlich-rechtlichen Nachrichten. Waagrecht von der Seite ragte das Gesicht Johnny Rottens ins Fernsehbild, debiles Grinsen und verdrehte Augen – no fun! Eins schien sicher, in Zukunft mußte man den Fernsehapparat um neunzig Grad drehen, um zu wissen, wie's um die Musik steht.

Die Deutschen quälte anderes: Schüler forderten Todesstrafe für linke Terroristen und die Übertragung der öffentlichen Strangulierung in der Tagesschau, Peter Lorenz, der Vorsitzende der Berliner CDU, wird von der »Bewegung 2. Juni« entführt, bei der Besetzung der Deutschen Bot-schaft in Stockholm erschießt die RAF Geiseln, am 8. Mai 1976 erhängt sich Ulrike Meinhof in ihrer Zelle in Stuttgart-Stammheim. Auf der an-deren Seite des Ufers kämpft man im badischen Whyl gegen das Atom-kraftwerk, in Brokdorf ein Jahr später wiederholen sich die staatlichen Knüppelorgien von 1968. Keine nennenswerte Arbeitslosigkeit, kein

Johnny Rotten, Paul Cook, Steve
Jones und die Hand von Glen
Matlock (von links). Die Stamm-
kunden aus dem »Sex«-Shop von
Vivienne Westwood sitzen mit dem
vierten im Bunde endlich in einem
Boot: dem genial-irrsinnigen,
anarchistischen Hypnotiker
Johnny Lydon alias Rotten.

»No Future in Deutschlands Dreaming« – Punk erscheint wie eine ziellose, unpolitische Solidaritätsadresse aus fernen Landen. Empfänger: alle und keiner. Wir haben andere Probleme.

Am 26. November 1976 erscheint ›Anarchy In The UK‹. Wer nicht mehr weiterweiß, ertanzt sich mit dem Pogo die Selbstverwirklichung und den Sieg des Proletariats zumindest auf fünfzig sich freizurempelnden Quadratmetern vor der Bühne. Welcher Benimm- und Kulturschock, als die Sex Pistols in der englischen TV-Show ›TODAY‹ den Moderator anmachen, ihn mit »Du geiler alter Bock« und »Du beschissener Ficker« beschimpfen, die Spielregeln anpinkeln oder sich schlicht weigern, wie es Kuckucksnest-Autor Ken Kesey ehedem formulierte, »deren Spiel zu spielen«. Aber Punk – und das war von Anfang an spürbar – wandte sich nicht nur gegen Kapitalismus und sein populistisches Sprachrohr »Fernsehen«, er kümmerte sich auch einen Dreck um die brave Linke mit ihren Antiatomkraft-Blockaden, den Frauenbewegungen oder den politmoralisch fundierten Verboten bestimmter Wörter oder Zeichen. Und daran hatte man zu beißen.

Der Musikfreund war gewarnt. Jeden Sonntag, nach der befreienden Wallfahrt zum Hauptbahnhof-Zeitschriftenshop und dem Erwerb des fingerschwarzfärbenden, rotumrandeten ›New Musical Express‹, wußte man Bescheid: Seit 1974 erfreulich handfeste Nachrichten von Dr. Feelgood, Brinsley Schwarz oder Kevin Coyne, vom soliden Pubrock aus London, wo sich Blues und Rhythmus mit dem Stout vermischte, vielversprechende Photos vom schmutzigen Sakko des Sängers Lee Brilleaux, die Nase von Wilko Johnson, allein dieser Name des Schlagzeugers: The Big Figure! Welche Erholung nach verkrampften Konstrukten wie Gary Glitter, T-Rex, Genesis oder Yes. Schon im Pubrock roch es intensiv nach Stammtisch, nach lauwarmem Bier, nach Intellektuellen-Allergie, nach Anti-Öko-Blues. Die Bierdosen des Punk flogen auch gegen die romantischen Einwegfeuerzeuge im Nachthimmel der Konzertarenen.

Und es war gut – und dagegen, in jedem Fall: gegen den langweiligen Späthippie auf seinem Marsch durch die Institutionen, gegen all diese verzückt sich schlängelnden Tänzerinnen und Tänzer, die – gleich in welchem Konzert – jede Musik als Therapieübung mißbrauchten, gegen Schwulst, Überbau, Kunst und Interpretation – einfach dagegen, ohne eine Lösung anzubieten. Ja sogar zu behaupten, jede Lösung sei sinnlos, da sie schon das nächste Problem enthalte, rrrright?! Zugegeben, es war nicht die Fröhlichkeit der Beatles von 1963, die da vor sich hin bellte, aber doch eine verwandte »Jeder kann's, wenn er will«-Haltung, der unbedingte Wunsch nach dem Jetzt. Zugegeben, wir waren etwas verwirrt, was den wahren, den echten Punk ausmachte, aber die Neugierde und Lust auf das andere und Neue wischte alle Bedenken weg. Punkkonzert im Schwabingerbräu mit Elvis Costello als Vorgruppe von Suicide. Wie bitte, Punk? Egal, die Etiketten konnten später umgesteckt werden.

»In Deutschland nicht erhältlich« meldete der ›Stern‹ über die neue Single der Sex Pistols, die Musik mußte warten: Dafür Bruchstücke aus dem ›New Musical Express‹ und dem konservativen ›Melody Maker‹ über Malcolm McLaren, den Manager der Poseur-Band New York Dolls, Partner von Vivienne Westwood und ihren Modeboutiquen in der King's Road mit Namen wie »Let It Rock«, »Too Fast To Live, Too Young To Die« und »Sex«. Dazu erscheinen die ersten Bilder von schwarzem Lippenstift, Sicherheitsnadeln, Micky-Maus-Sonnenbrillen und Zahnspangen. Die Geschichten von musikalischen Dilettanten, Kunden aus dem »Sex«-Shop, die sich Swankers nannten – Glen Matlock, Steve Jones und Paul Cook –, führen endlich zu jenem genialen »Irrsinnigen«, dem anarchistischen Hypnotiker John Lydon, der zu Alice Coopers ›School's Out‹ sein Vorsingen absolviert.

Der McLarensche Strategiefeldzug beginnt: Mit ›Anarchy In The UK‹ bei EMI – Skandal, Absagen, Abfindung. Mit ›God Save The Queen‹ (und Sid Vicious statt Glen Matlock) bei A&M – Skandal, Absagen, Abfindung. Mit ›Pretty Vacant‹ (und dem sicherheitsnadelgepiercten ›God Save The Queen‹-Cover) bei Virgin – Skandal, Schlägerei, Erfolg. Nach einem Jahr, im November 1977, erscheint die anachronistische Lang(!)-spielplatte ›Never Mind The Bollocks – Here's The Sex Pistols‹, klettert

in England auf Nummer eins der Hitparade, der Ruhm, das Geld und die dazu notwendigen Leibwächter haben die Rebellen so schnell eingeholt, wie es Medienmanipulator McLaren geplant hatte. Den Gimmick mit dem englischen Posträuber Ronald Briggs in Rio de Janeiro als Co-Sänger(›Belsen Is A Gas‹), lehnt das Ego Johnny Rottens ab, die Selbstauflösung der Sex Pistols nach einem Konzert in San Francisco am 14. Januar 1978 bewahrt ihn davor, zum »kotzsauren Botschafter« auf Lebenszeit zu werden.

Johnny Rotten alias John Lydon: »Diese Fressen unten im Saal waren satt vom süßen Rock-'n'-Roll-Gesäusel, das waren alles Rebellen ohne Kampf, allen voran Wimmer-King Elvis und der Prediger Bob Dylan. Die glaubten doch alle noch, das Leben sei ein Comic-Heft, wo die Guten immer gewinnen. Dabei hat ihnen doch schon Vietnam, Kongo und sonstwas den Schädel gespalten. Aber keiner muckte auf.« Irgend etwas mußte Johnny Rotten finden, um diese »fetten Schweinsgesichter« (Sid Vicious) zu provozieren, ihnen die Gleichgültigkeit, sprich Toleranz musikalisch aus dem Leib zu prügeln. Allein die Songs waren zu gut, man konnte ihnen zwar Schlichtheit bescheinigen, sie erwiesen sich aber verblüffenderweise als ebenso dicht und einprägsam wie jeder ›Hound Dog‹ und ›Tambourine Man‹. Die Lösung fand sich im eigenen Körper, im Körper als Demonstrationsobjekt. Das zerfetzte T-Shirt, die Irokesenfrisur, die durchbohrten Lippen und Wangen – doch auch hier merkten sie bald: die Provokation hielt nicht lange. Das verschwand nach kurzer Zeit in den Hochglanz-Modezeitschriften, das wurde Design und Dekoration. Keine Revolte landete so schnell in den Boutiquen wie der Punk, dort, wo er geboren wurde. Also mußten die alten Runen und Insignien als Gespenster auferstehen, das Anarchisten-A, das Peace-Zeichen, das Hakenkreuz, beliebig gemischt, bewußt provozierend.

Die »Zeit der semantischen Katastrophen für die Jugendkultur« nannte dies später der Kritiker Georg Seeßlen, »Punk war die vollständige Entwertung der Zeichen auf dem eigenen Körper und den eigenen Körper angewandt.« Keine Widerrede, das Punk-Spiel mit faschistischen Symbolen, mit Lenin-Porträts und Mussolini-Architektur läutete die Aufkündigung des »historischen Pakts der Jugendkulturen mit dem Projekt der linken Weltverbesserung, mit Love, Peace und Happiness« ein. Zugleich steckte in ihm aber auch jene Lust am alten Dada-Spiel, an der Verbindung des Unvereinbaren, dieser Ekel vor dem langweilig Korrekten, den gut abgehangenen Einerseits-andererseits-Leitartikeln. Man bekam es seit den Erörterungszeiten der Schule nicht mehr aus dem Ohr: »Denken Sie daran! Zuerst die – noch – ungeordnete Materialsammlung, dann ›Dafür‹- und ›Dagegen‹-Argumente und danach die Synthese! Da müssen Sie dann anfangen, selbständig zu denken. Also viel Glück, Sie haben drei Stunden Zeit!«

Am 29. Oktober 1977 erscheint die Single ›Holidays In The Sun‹. Die »Belgian Travel Agency« klagt gegen das Cover, da es das Copyright einer ihrer Broschüren verletzt. Auf der Vorderseite der Single ein Comic mit Szenen eines Familienurlaubs. Zwei Kinder spielen am sonnigen

29. Oktober 1977: die Single
›Holidays In The Sun‹. Das war
Tabuverletzung, da verstand man
keinen Spaß: Bergen-Belsen,
Berlin, Einheitssymbol Nr. 1,
der Mauergang, inklusive betrof-
fener Blick auf Karnickel und
Vopos waren deutsches Pflicht-
programm.

Strand, dazu die Sprechblasen, Mädchen: »I don't want a holiday in the sun / I wanna go to the new Belsen«, darauf der Junge (stürzt den Sand-kuchen aus dem Eimer): »I wanna see some history / Cos I got a reason-able economy.« Darunter die Familie zufrieden essend um den Tisch, Mutter: »Don't ask for sunshine and I got World War 3 / I looked over the Wall and they looked at me.«

Ein geschmackloser Tiefschlag, kühl vorgetragen, ansatzlos zum K.o. Auch wenn man später disqualifiziert wird, so schnell kommt der Geg-ner nicht mehr hoch, so was vergißt er nie. Das war Tabuverletzung ersten Grades: Bergen-Belsen zu benützen, Berlin, deutsches Thema Nummer eins seit Blockade und Rosinenbomber, Symbol von Freiheit seit dem Mauerbau, Mythos seit Kennedy, Ceterum censeo seit Willy Brandt und Rudi Dutschke. Da verstand man keinen Spaß, der Mauer-gang, die Besteigung der hölzernen Aussichtstürme und der betroffene Blick auf Karnickel und Vopos waren Pflicht und Verpflichtung (»There staring all night and staring all day I had no reason to be there at all«). Und dann noch – es hat kein Ende, dieses Cover – Bilder vom Rhein, vom Oktoberfest, von Lübeck, mit den Textblasen »Cheap dialogue cheap essential misery – I wanna go over the Berlin Wall – A cheap holiday in other peoples' misery«. Vermeintliche Ignoranz und Provokation, und mit ein paar Sätzen kehren sie den Urlaubsimperialismus der Deutschen

gegen Deutschland, verwandeln die deutsche Urlaubs-Kommandozentrale in ein sonniges Entwicklungsland.

Aufgrund der Klage der belgischen Reiseagentur wird das Cover von ›Holidays In The Sun‹ später wieder zurückgezogen. Es ist zu spät.

Der ätzende, bösartige Humor Johnny Rottens war die Ausnahme im sonst oft drögen Punk-Geschäft, die Sex Pistols blieben konsequent – selbst in ihrer zynischen Wiederauferstehung 1996 –, sie kündigten, starben oder versuchten, ihrem Image zu entkommen. Der Alltag des echten Punk endete bald ganz bürgerlich und berechenbar im besetzten Abbruchhaus mit Punk-Frau und Punk-Hunden und Punk-Bier, mit Hastemalnemark und Pogo im SO 36. Die Hundehalsbänder und Bondage-Klamotten kehrten dorthin zurück, von wo sie gekommen waren: Aus der Anti-Mode sollst du kommen und zu Mode wieder werden. Punk wurde von denen geschluckt, die eigentlich daran ersticken oder zumindest kotzen sollten. Der sechzehnjährige Sohn aus der Doppelhaushälfte nebenan zerschnitt eigenhändig sein weißes T-Shirt, bat seinen Vater am Sonntag, mit dem Mercedes ein paarmal drüberzufahren, um durchs braune Reifenprofil etwas revolutonäre Patina reinzuzwingen. Die deutsche Wirklichkeit schlägt jede Satire.

Punk verkam zur Hausmarke: Wenn man wirklich die Nase voll hatte, wenn die Musikstudentin einen Stock höher zum viertenmal auf Geige und Flöte zu ›Yesterday‹ mit Freundinnen ansetzte, wenn Rudi Carell am laufenden Band, Wort für Wort von unten durch die Holzdielen drang, dann wurde es Zeit zurückzuschlagen: mit den Pistols oder der ersten Platte der Ramones. Zwei, höchstens drei Stücke, dann war Ruhe. Als hätte man ihnen die Fresse poliert. Ja, so wild und gewalttätig fühlte sich das an, obwohl man es gleichzeitig vermied – wie das Emailleschild es befahl –, das Fahrrad im Hausflur abzustellen. Und während die jungen Schüler-Punks ihr Geld zusammenlegten, um sich gemeinsam eine Single beim Berliner Plattenladen »Zensor« zu kaufen, ärgerte sich der Sammler, daß die im ›Sniffin' Glue‹ erwähnte Single der Damned aus der Kiste verschwunden war, die Nachpressung von ›Anarchy‹ ein anderes Cover hatte, überlegte er, ob er Poly Styrenes ›Oh Bondage! Up Yours!‹ nochmal erwerben sollte. Das Cover war reichlich abgestoßen und verknickt, vielleicht sollte man den Ladenbesitzer doch einmal fragen, ob er in Zukunft die Singles nicht in Plastikhüllen stecken könnte: Um sie vor den pappigen Fingern der Punks zu schützen.

»Die Welt der Punk-Rocker ist ohne Sinn, nur ›dreckig‹ (punk)«, schrieb ›Bild‹, »ihre Lieder strotzen vor Obszönitäten. Wie zum Beispiel ›Fuck her‹, ›Never Mind The Bullocks‹.« Das klang vielversprechend falsch: Dead Boys, Adam Ant, Ramones, Sham 69, Boomtown Rats, The Jam, U.K. Subs, The Stranglers, DNA, Angelic Upstarts, The Clash, Blondie, Slits, Siouxsie And The Banshees, Squeeze, Gang Of Four – alles Punk, oder was? Differenzierte Seelen in Plattenläden versuchten schon bald, das Phänomen in Punk- und New-Wave-Kisten zu trennen, wobei deutlich wurde, daß Elvis Costello oder Joe Jackson so wenig mit Generation X oder Penetration zu tun hatten wie Punk mit New Wave. Die politischen und die zerstörerischen Bands, die romantischen und die gestylten, die weißgeschminkte Ästhetenfraktion und die Sahne-Blut-Vampire, sie wiederholten die Aufbruchseuphorie der frühen sechziger Jahre, da alles denk- und machbar schien: jedem seine Gitarre, jedem seine fünf Minuten: »It's forbidden to forbid.«

Doch die Sex Pistols wurden nicht zu den Beatles des Punk, die Clash nicht zu deren Stones. Die Geschichte des Punk war symbolhaltiger als ihre Musik. In sämtlichen Varianten kopierten, zitierten und klebten sie Kunst und Armut und Wut zusammen, bis Punk alles und damit nichts wurde. Hinter hundert Gesichtern und Platten steckten tausend Geschichten, jedem seine Punk-Story, jedem sein »schicker Schund«. Die Plattencover erzählten die gleiche Geschichte: Sieht man von den Erpresserbrief-Schnitzelsätzen und Comics ab, wiederholte die Cover-Art die Album-Modelle der letzten fünfundzwanzig Jahre: Graphiken, Siebdrucke, Gemälde, Collagen, das engagierte Photo, Concept-Art und vor allem – der Künstler lacht uns an, ob als Coverboy oder Covergirl. Der schlichte Wunsch, gesehen, geliebt und gekauft zu werden, tauchte häufiger auf, als die No-Future-Programmatik vermuten ließ: die Mods von Jam vor den weißen Toilettenkacheln, die düsterschwülen Strang-

RICHARD HELL
‹THE VOIDOIDS

BLANK
GENERATION

Richard Hell, amerikanisches Rollenmodell für den englischen Punk. Man mußte einräumen, daß der Sex-Pistols-Manager Malcolm McLaren seine modischen wie musikalischen Ideen offensichtlich aus den USA importiert hatte. Die alte englisch-amerikanische Kluft brach auf, die den Deutschen seltsam belanglos erschien.

lers vor mumifizierten Tierleichen, die blanke ›You Make Me‹-Brust von Richard Hell, die rotlippige Blondie und schmollmündige Patti Paladin, die Stummfilmaktrice Lene Lovich oder der Computerclerk Elvis Costello. Eins war ihnen allen ins Gesicht geschrieben: die Primitiven und die Dadaisten, die Gestylten und Maskierten würden nicht mehr lange im Regal zusammenstehen, der letzte unüberhörbare Urknall der Rockmusik würde sie in alle Winde zerstreuen.

Danach war alles anders. So leicht wie der Punk machte es uns keiner mehr mit der Gleichung Rockmusik ist Rebellion. In den kommenden achtziger Jahren erforderte es schon erhebliche intellektuelle Anstrengungen, um im Zitat-Pop, Disco oder Indie-Pop einen subversiven Gehalt zu finden. Meist nach dem Motto: »Pop ist Musik für jetzt und heute«, also müssen meine Theorien und Beobachtungen auch nicht viel länger gültig sein. Punk – dies schien offensichtlich – war zu eindimensional, um allzu lange Widerstand leisten zu können, und doch gab es Segmente, die nicht käuflich waren: Johnny Rottens Stimme etwa, dieses nölende Pathos, mit den dreckigen Schlenkern nach oben. Rottens Wut war die Wut des Fatalisten. Es war ihm alles so gleichgültig, aber er konnte es nicht lassen, sich darüber aufzuregen. Verstehst du nicht, sang er, wie sie dich mit ihrem mittelmäßigen Geschwätz jeden Tag übers Ohr hauen? Aber es ist schon okay, mit zwanzig Dosen

Bier kann ich dieses Programm den ganzen Tag durchstehen, und es ist wirklich schön fernzusehen.

Vielleicht war dies das Entscheidende am Punk: der unausrottbare Wunsch, endlich einen anderen Klang zu hören als den Verlautbarungstonfall von Rednern, die Meinungssuada von Journalisten, die Abwägungsprosa von Kommentatoren, den Sorgenklang von Müttern und die Machtdiktion von Politikern, Direktoren und Lehrern. Wahrscheinlich hoffte man wieder einmal, alles würde für immer verschwinden – in der Stimme John Lydons.

Dort, wo Kojak spielt

Gitarrist der Sex Pistols. Rockstar schlitzt Geliebte nackt in der Badewanne auf: tot

»Wo ist Nancy?« lallte der berühmte Rockstar Vicious (Photo) in seinem New Yorker Hotel. Ja, wo war Nancy? Nancy lag in der Badewanne – den Bauch aufgeschlitzt – tot. (Weiter letzte Seite) – Die bildhübsche Nancy Spungen, 20 Jahre alt, langes blondes Haar, die da langausgestreckt in der Badewanne lag, hatte nur einen BH an. Im Unterleib hatte sie eine entsetzliche Schnittwunde, ein Klappmesser mit einer 13 Zentimeter langen Klinge ragte heraus. Die blauen Kacheln waren über und über mit Blut bespritzt, auf dem Boden lagen vier leere Heroinspritzen. Leutnant Gallagher vom Morddezernat Manhattan (dort, wo »Kojak« spielt) zu BILD: »Mord im Drogenrausch. Herr Vicious ist dringend tatverdächtig!« Nachts hatte der Hotelmanager »Stöhnen und Wimmern« aus dem Appartement Nr. 100 gehört, in dem Vicious wohnte. »Mr. und Mrs. Ritchie« nannten sie das Paar. Der Manager zu BILD: »Ich dachte, die treiben's ja ganz schön.« Erst vor kurzem mußten sie das Zimmer wechseln, weil ihre Matratze brannte. Der Rockstar, 1,80 Meter groß, braune Augen, braune Haare, stammt aus einem Londoner Elendsviertel. Er nannte sich »Vicious« (der Bösartige), als er Baßgitarrist der Punk-Gruppe Sex Pistols wurde. Ein festes Zuhause hatte er nie. Er schlief meist in Bahnhöfen. Einem Polizisten schlug er die Zähne ein, er demolierte Hotelzimmer, besudelte sie mit seinem Blut im Heroinrausch. Vor sechs Wochen mußte er aus London fliehen. Die Polizei fand in seiner Wohnung die Leiche eines 19jährigen Tontechnikers, gestorben an Heroin ...

›Bild‹ vom 14. Oktober 1978

Miles Davis – Time After Time

Miles, 1987: »Ich trug eine scharfe, lange, schwarze Weste vom japanischen Designer Kohshin Satoh. Auf dem Rücken war eine rote Schlange in weiße Ziermünzen eingearbeitet. Außerdem trug ich zwei andere Westen von Kohshin, eine aus rotem, eine aus weißem Wollstoff, und dazu hatte ich eine schwarze, abgewetzte Lederhose an. Als ich zum Pinkeln auf die Toilette ging, standen die Typen aneinandergereiht in ihrem langweiligen alten Scheiß da. Ich war einfach zuviel für sie. Nur einer sagte, daß er mein Outfit toll fände, und wollte wissen, wer es gemacht hätte. Ich sagte es ihm, und er ging zufrieden weg, aber der Rest von diesen verklemmten Weißen war stinkwütend.«

Als er 1981 aus dem Reich der Toten wiederauftauchte, merkten viele, wie wenig sie ihn vermißt hatten. Ohne Vorankündigung war er 1975 plötzlich verschwunden – der Hörer registrierte dieses ›plötzlich‹ erst ein, zwei Jahre später, als neue Platten ausblieben. »Der Picasso der unsichtbaren Kunst«, wie ihn Duke Ellington nannte, hatte sich in seinen luxuriösen Apartment-Orkus aus Drogen, Sex und Paranoia zurückgezogen, rührte seine Trompete nicht mehr an und verließ sein Haus nur, um auf der Suche nach Kokain »als Werwolf oder Dracula durch die Straßen zu streichen« (Miles Davis) oder wegen ausbleibender Unterhaltszahlungen kurzzeitig ins Gefängnis zu wandern. Doch der Rückzug

hatte nicht nur private und gesundheitliche Gründe, er war musikalisch
zu weit voraus gewesen – andere empfanden es als Festsitzen in einer
Sackgasse –, die Luft wurde dünner, der erhoffte Erfolg blieb aus.

»Jetzt finden sie plötzlich ›Bitches Brew‹ sei ein gottverdammtes Meisterwerk«, krächzte Miles Davis 1986 mit dieser heiseren, stimmbandgeschädigten Stimme, »aber zum Teufel, damals haßten sie es. Jazzrock – du meine Güte!« Er lag nicht falsch mit dieser Einschätzung. Wer den lyrisch verhangenen Trompetenton aus ›Birth Of The Cool‹, von ›Kind Of Blue‹ oder dem ›Fahrstuhl zum Schafott‹ liebte, der hatte kein Ohr für den radikal rhythmischen Funk von ›On The Corner‹. Wo sich sonntagsmorgens das ›Concierto De Aranjuez‹ auf dem Plattenteller drehte, abends ›Porgy And Bess‹ oder ›Miles Ahead‹, da suchte man vergeblich im Plattenschrank nach der brodelnden Soundküche von ›Agharta‹. 1969 bis 1975 bedeutete für die meisten Miles-Davis-Gläubigen Formlosigkeit, elektrisch verstärkte Instrumente (Wah-wah!), Black Flower-power, Hippieklamotten und afroindischsüdamerikanische Trommelorgien. Unter vierzehn veröffentlichten Miles-Davis-Platten waren zehn Doppelalben, oft Live-Mitschnitte mit Titeln wie ›Part 1‹, ›2‹, ›3‹, ›4‹ oder ›Wednesday‹, ›Thursday‹, ›Friday‹, ›Saturday‹. Da mußte man nicht reinhören, da wußte man, was einen erwartet. Genervter Hörer, verirrter Miles.

›The Man With The Horn‹ nannte er sein erstes Album zur Wiederauferstehung. Es gibt nur den einen, sein Name muß nicht ausgesprochen werden, man weiß um ihn, um das Signum des Trompeters, jene schwarze Fragezeichen-Silhouette, die zum Qualitätsstempel wird. ›Young Man With A Horn‹, der Titel des Buches von Dorothy Baker und des gleichnamigen Filmes von Michael Curtiz über das Leben des Trompeters Bix Beiderbecke schwingt mit: Der weiße Pate des poetischen Trompetentons starb im Alter von achtundzwanzig Jahren an Alkohol.

Die Musik auf dem Comeback-Album klingt gut, klang enttäuschend, wenn man Bilder im Kopf hatte von ›New Directions In Music‹, von ›Miles Ahead‹, von ›Milestones‹. Er spielte wieder seine vertraute Trompete, in den mittleren Registern, mit mehr Tönen, mit der traditionellen Rockbegleitung, ließ das, was er auch einmal war, wiederaufleben. Die Imageschwierigkeiten, mit denen sonst Popmusiker zu kämpfen haben, tauchen auf und erdrücken die Musik. Die Kritiker reagieren entweder leicht bedauernd, wie einem alten Freund gegenüber, den man nicht verletzen will, aber dem man doch die Wahrheit sagen muß – oder weisen triumphierend auf die Rückkehr des in elektrischen Funkgefilden verloren geglaubten Sohnes hin. Die *new directions* hätten sich endlich festgefahren, man habe schon immer geahnt, daß die Auswüchse ein Ende nehmen würden. Der guten Tradition des gediegenen, gekonnten Musizierens mußte man sich nicht mehr schämen, eine beruhigende Feststellung, insbesondere für Musikprovinzen wie Deutschland, in denen Jazzschulen die Straße ersetzen. Was sie überhörten: Miles Davis war nicht reumütig zu einer früheren Phase zurückgekehrt, er hatte den Beginn seines Altersstils gesetzt: Musik mit Raum, die Pausen werden so wichtig wie die Töne, schwebende Klänge mit scharf akzentuierten Breaks. Und dazu der zart verhauchte oder klar punktierte Ton der Trompete, der die ganze Miles-Palette umfaßt, mit melodischen und harmonischen Farbtupfern, ohne die das Leben flach und eintönig bliebe. »Musik ist immer Stil«, erklärte er seinen meist miserabel gekleideten Kritikern. Miles Davis eignete sich schlecht als Kronzeuge für die musikalischen Reaktionäre und Bibliothekare der achtziger Jahre, die sich an die Wiederaufbereitung machten.

Miles Davis, 1948: »Dexter Gordon lief immer super hip und elegant durch die Gegend und trug diese breitschultrigen Anzüge, die damals modern waren. Ich hatte noch immer meinen dreiteiligen Brooks-Bro-

Das Jahrhundertwerk in Zusammenarbeit mit Gil Evans:
›Miles Ahead – Miles Davis + 19‹
von 1957. Erst später erfuhr man,
daß die Endfassung aus Schnipseln
zusammengebastelt wurde. Ein
Schock für alle Jazz-Puristen, die
an die Authentizität des Originals
geglaubt hatten.

thers-Anzug, den ich für wirklich hip hielt. Im St. Louis Stil! Die Nigger
aus St. Louis hatten nämlich den Ruf, in Kleiderfragen absolute Spitze
zu sein. Deshalb konnte mir keiner etwas vormachen. Aber für Dexter
war mein Stil alles andere als hip. Er sagte mir dauernd: ›Jim, so wie du
aussiehst, kannst du nicht mit uns rumlaufen.‹ – ›Wieso, Dexter, ist doch
ein scharfer Anzug? Ich hab einen Haufen Geld dafür hingelegt.‹ –
›Miles, darum geht es nicht, der Scheiß ist nicht heiß. Das hat nichts mit
Geld zu tun, ich rede von Hipness, Jim. Wenn du hip sein willst, Miles,
dann leg dir ein paar Anzüge mit breiten Schultern und Mr.-B.-Hemden
zu. Du spielst in Birds Band, der hipsten Band der Welt. Mann, du müß-
test es eigentlich besser wissen.«

Nahm man in der Ferne die Plattenhüllen in die Hand, war der Stil, war
die Musik zu fühlen. Photos in Schwarzweiß, der junge Mann mit Sonnenbrille und Zigarette, später ein bißchen Kunstgewerbe, Stilleben
mit Verkehrsampeln, Flaschen, ein Fluß mit kahlen Bäumen, Miles in
Hockstellung vor einer Bretterwand – isoliert, verloren. Juliette Grecos
Frankreich ließ grüßen, der italienische Neorealismus ohnehin, Jeanne
Moreau und Monica Vitti überqueren zu seinen Klängen menschenleere
Plätze, Filme wie ›La Notte‹ von Michelangelo Antonioni wirken wie ein
visuelles Protokoll seiner Musik. Miles Davis lieferte den Soundtrack
zur Zeit. Musik und Stil sind eins.

»Wir empfehlen, daß sie diese Platte mit der größtmöglichen Lautstärke
spielen, damit sie den Klang von Miles Davis genießen können.« Diese
Forderung, die auf den elektrischen Doppelalben der siebziger Jahre
aufgedruckt ist, müßte auch bei den Platten der fünfziger Jahre erfüllt
werden. Fraglich, ob der Eindruck von »Music for Lovers, Loners or
Dreamers« entstanden, ob die aggressive Trauer mit Melancholie oder
Sentimentalität verwechselt worden wäre. Eine Trauer, die nicht durch
Vibrato, durch Effekte erzielt wird, sondern durch einen nur kurz ange-
spielten, sogleich wieder losgelassenen Ton. Irgend jemand prägte die
Wortpaarung »prideful loneliness«, sie trifft jene Mischung aus Entspannung und Intensität, die verlorengeht, wenn er später zu viele
Töne verbindet, zu schnell spielt, um den Anschluß an die Zeit nicht zu
verpassen. Seine Art von Jazz hatte sich zum musikalischen Neben-
schauplatz entwickelt, es war zu sehen.

»Für mich sind viele alte Jazzmusiker faule Arschlöcher, die …
an der Tradition festhalten, weil
sie zu bequem sind, was anderes
zu probieren. Sie hören auf die
Kritiker, und die erzählen ihnen,
sie sollen da bleiben, wo sie sind,
denn das gefällt denen.
Die Kritiker sind genauso faul.«
Miles Davis

Miles und der Schlagzeuger Tony Williams: »Tony legte einfach ein Riesenfeuer unter die Band. Er machte mich dermaßen an, daß ich die Schmerzen in den Gelenken vergaß, die mir vorher so viel zu schaffen machten. Allmählich dämmerte mir, daß Tony und diese Gruppe alles spielen konnten, was sie wollten.«

Berlin, 1967. Mit seinen jungen Löwen steht er auf der Bühne, zeigt Brillanz, animiert vom Anspruch der Musiker, auf die er so stolz ist, die ihm einen neuen Kick verschaffen sollen, in jenem »klassenlosen Quintett«, das viele später klassisch nennen: Shorter, Hancock, Holland, Williams. Es klingt gekonnt, beredt, seltsam steril. Als spielten sie in einem geschichtslosen Raum, wie unter Glas. Und wieder trug die Musik die entsprechende Kleidung, schwankte zwischen den sich abzeichnenden buntgemusterten Stoffen und den taillierten Anzügen mit Krawatte oder Fliege. Der Kompromiß: vielleicht ein Schal zum Pullover. Miles Davis: »Noch ein paar Jahre zuvor zählten wir mit unserer Musik zur Avantgarde, waren richtig populär und hatten ein großes Publikum. Damit war in dem Moment Schluß, als die Kritiker – die weißen Kritiker – den Free Jazz entdeckten, ihn hochjubelten und pushten. Ich glaube, sie machten das mit einer bestimmten Absicht: Sie fanden, daß Leute wie ich zu populär und einflußreich im Musikgeschäft wurden. Denen wollten sie irgendwie die Flügel stutzen.« Nicht nur dem deutschen Leser erschienen diese Eigenanalysen als leicht paranoid. Und doch:

Miles mit Dave Holland, um 1970: »Das war meine Begabung, verstehst du, die Fähigkeit, bestimmte Jungs zu finden und damit eine chemische Reaktion in Gang zu setzen, die sich von selbst weiterträgt; sie spielen zu lassen, was sie können – und darüber hinaus.«

Miles Dewey Davis, geboren am 25. Mai 1926 in großbürgerlicher Familie, hatte Grund, sich verfolgt zu fühlen. Er wurde von einem weißen Polizisten zusammengeschlagen, weil er schwarz war, wurde in seinem Ferrari kontrolliert, weil er schwarz war, wurde beim Empfang des Präsidenten gefragt, was er eigentlich hier zu suchen habe – weil er schwarz war. Er schlug zurück, drehte dem weißen Publikum den Rücken zu, er hob die Faust im schwarzen Handschuh, lange bevor sich andere Black Panther nannten. Wie sollte er da verstehen, daß er plötzlich zu den Konservativen zählte?

Der Fan saß in jener Berliner Philharmonie, zu bequem, um ernsthaft etwas gegen die Sitzarchitektur einwenden zu können, zu furnierkalt, um sich wohl zu fühlen, hielt die Super-8-Kamera krampfhaft ans Auge gepreßt, den Zoom bis zum Anschlag gedreht, versuchte vergeblich die Peinlichkeit des Hobbyfilmers zu überspielen, indem er professionell konzentriert das Schnarren des Motors ignorierte. Durchatmen. Kein Blick nach rechts, keiner nach links, kurze Kontrolle des Batterieanzeigers, die vermutlich bösen Blicke der Nachbarn nicht beachtend. Dreieinhalb Minuten Farbfilm, Kodak, DM 16,50, Entwicklung eingeschlossen, die Tüte geht frankiert nach Stuttgart. Die Besonderheit: der S-8-Film ist Warhol-stumm, kein Ton des Miles Davis Quintets ist zu hören. Der kommt später dazu, aus dem Radio, einer Aufzeichnung von den Berliner Jazztagen. Die Nachsynchronisation bereitet keine Schwierigkeiten, die Musiker sind so weit entfernt, so klein, daß akustisch-optische Verschiebungen kaum zu bemerken sind, den Rest erledigt das beruhigende Brummen und Rattern des Super-8-Projektors. Zum erstenmal beschleichen den Betrachter jedoch Zweifel an der Wim-Wenders-Theorie, wie ein Musikfilm aufzunehmen sei: mit einer Kamera, die die gesamte Bühne erfaßt, um in einer ruhigen Einstellung die Musik für sich sprechen zu lassen. Er erinnert sich, schon bei Wenders' ›Ten Years After‹-Konzertfilm augenmüde geworden zu sein. Doch, da, schau, Miles Davis bewegt sich zum Ohr des Pianisten, ein anderes Mal geht er in die Hocke, während Wayne Shorter zart und stumm sein Saxophon schwenkt. Dreieinhalb Minuten auswendig, dreißigmal gesehen.

Anfang der siebziger Jahre kommt Miles Davis nochmals nach Europa, wie ausgewechselt gegenüber der technisch versierten Sterilität ein paar Jahre zuvor. Am Keyboard taucht ein junger, krausmähniger Keith Jarrett auf, schlängelt sich, die Töne beschwörend und lockend und bannend, in die Erinnerung. Der geschätzte, sensible Chronist Werner Burkhardt notiert in der ›Süddeutschen Zeitung‹: »Zunächst steht Miles nur da und läßt die anderen machen. In leuchtend roter Samthose und schwarzem Pullover, um den er einen langen roten Chiffonschal schlingt, hockt er sich wippend neben seine Gruppe und beobachtet streng, wie die beiden Bongospieler ein rhythmisches Reizklima schaffen und der Pianist Keith Jarrett wie in Trance raunende Trip-Atmosphäre tupft.« Es wird offenbar: Das alte Spiel, den frühen, akustischen gegen den späten, »elektrischen« Miles aufzurechnen, läuft ins Leere. Wieder sucht er Sounds. Wo er früher den Klang eines afrikanischen Daumenklaviers oder eines zerreißenden Papiers hören wollte, sind es jetzt blubbernde Baßlinien oder die Schrittgeräusche eines tänzelnden Boxers. Ob er mit Gil Evans zusammen Streicher verwendete oder mit John McLaughlin Rockmusik, Funk oder später gar HipHop, es sind immer Grundierungen zu seinen Melodien, Satzzeichen oder Stenogrammen. Und wie der Sound zur Zeit passen muß – »Mann, selbst ein Autounfall klingt heute anders als früher« –, so entspricht das Outfit seinem Stil.

Miles Davis, 1970: »Zu der Zeit veränderte sich vieles bei mir, besonders meine Kleidung. Alle fuhren auf die schwarze Sache ab, auf das neue schwarze Selbstbewußtsein, deshalb trug man jetzt afrikanische und indische Kleider. Ich zog mir Dashikis und weite Gewänder an, trug indische Kopfbedeckungen von Hernando, einem Typen aus Argentinien, der einen Laden im Greenwich Village hatte. Dort kaufte auch Jimi Hendrix seine Klamotten. Den coolen Brooks-Brothers-Look ließ ich hinter mir und stieg auf das um, was zeitgemäßer war. Ich merkte, daß ich mich so besser auf der Bühne bewegen und meinen Standort verändern konnte, denn auf jeder Bühne gibt es bestimmte Stellen, wo die Musik und der Sound besonders gut zu hören sind. Und solche Stellen wollte ich finden.«

Miles Davis mißt die Räume aus. Öffnet sie mit ein, zwei kurz angeblasenen Tönen, läßt Melodien, Klänge und Rhythmen der anderen einfließen, schließt den Raum wieder mit einem Ton. Ein polyrhythmisches Geflecht liegt über der Bühne, mit jedem Klangtupfer deutet er auf ein anderes Strickmuster, fokussiert das Ohr des Hörers auf einzelne Linien. Wieder fungiert er als Stilprophet, diesmal von Ambient und Dub: Da treiben Klangwolken und Nebelsounds, offene Kompositionen, die oft nur auf einem Akkord basieren, man mußte darin versinken, in den Doppelalben, den Konzerten. Das war kein Jazzrock – wenn es denn je einer war –, und wie nebenbei erledigte diese Musik mit einem Ton die Schar seiner Jünger und Ableger. Ob sie bei Chick Corea Return To Forever hießen, Headhunters bei Herbie Hancock, Weather Report bei Joe Zawinul und Wayne Shorter oder Mahavishnu Orchestra bei John McLaughlin – ehrenwerte oder mitreißende Musik, der nur eines, das entscheidende, fehlt: die Sehnsucht nach etwas anderem, jenseits der Zeit, die Erinnerung an eine ferne Welt, die nur in diesem Klang der Trompete von Miles Davis liegt.

»Nichts mehr wird wie vorher sein«, schrieb der amerikanische Kritiker Ralph Gleason im Plattentext zu ›Bitches Brew‹ von 1969. »Wir werden immer ›My Funny Valentine‹ hören, und bis ans Ende aller Tage wird es nichts von seiner Schönheit verlieren. Aber dies ist anders. Nicht schöner. Eine neue Art von Schönheit.«

Der Super-8-Stummfilmer der Berliner Jazztage schiebt die Videokassette ein. Programmiert das Fernseh-Nachtkonzert, kontrolliert nochmals Start- und Stopzeit, morgen abend ist auch ein Tag, er muß früh aufstehen. Die Kassette liegt ein halbes Jahr, beschriftet, ungesehen und ungehört, die Zeit orientiert sich nicht mehr an der Musik, die Musik richtet sich nach der verfügbaren Zeit. Als er sie endlich findet, ist er wieder zu Hause. Leicht hinkend schreitet Miles Davis die Bühne ab, hört in die Musik hinein, winkt den Bassisten zu sich, legt ihm den Arm auf die Schulter, flüstert ihm Töne vor, entläßt ihn zum Solo – inspiriert. Winkt dem Gitarristen, geht zum Saxophonisten, schickt sie auf die Reise – gesegnet. Ob mit Baskenmütze und dunkler Sonnenbrille, mit besticktem Jäckchen und Pluderhose, mit seidenem Blouson und schwarzer Stoffhose, er greift auf die eigenen alten Muster und Stile zurück, ein paar angedeutete Akkorde, zwei Takte mit gestopfter Trompete – Time After Time –, das Ende der Straße ist erreicht.

Die Hand streicht kurz die Klebefolie der Kassette glatt, ordnet das Video ein, es gibt keine dringende Notwendigkeit, es morgen schon erneut zu sehen, das beruhigende Gefühl liegt in der Präsenz dieser Musik, als ob man eine glänzend polierte Kastanie zwischen den Fingern reibt. Vierzig Jahre musikalischer Entwicklung, vom Bebop zum Cool Jazz, vom Hard Bop zum modalen Jazz, vom Jazzrock zum Ambientfunk – ein Leben lang spiegelt sich der Stil im passenden Outfit, nun gebietet der Ton über die verschiedenen Kostüme. Alle Richtungen sind verfügbar, die Postmoderne kleidet sich wie sie will, und doch ist der Unterschied zu den wohlfeilen Zeitgenossen deutlich: Miles Davis ging immer von seinem Ton aus und suchte nach Musik. Wer von der Musik anderer ausgeht, um sich zu finden, sucht lange.

Miles Davis, 1989: »Für mich geht's in der Musik und im Leben nur um Stil. Wenn du reich wirken willst, trägst du bestimmte Sachen, ein bestimmtes Paar Schuhe oder ein Hemd oder einen Mantel. Genauso lassen sich durch einen Musikstil bestimmte Gefühle in den Menschen erzeugen; du spielst einen gewissen Stil, und ein entsprechendes Gefühl entsteht. Das ist alles.«

Kassette 1982: Springsteen & der Rest

Side A:

1. Bruce Springsteen   ›The River‹
2. Elton John   ›Blue Eyes‹
3. Willie Nelson   ›Am I Blue‹
4. Captain Beefheart   ›Same Old Blues‹
5. Richard Hell   ›Blank Generation‹
6. Bush Tetras   ›Das Ah Riot‹
7. Lounge Lizards   ›Harlem Nocturne‹
8. Iggy Pop   ›Sea Of Love‹
9. Gun Club   ›Fire Of Love‹
10. David Bowie   ›Cat People‹
11. Brian Ferry   ›Take A Chance With Me‹
12. Sex Pistols   ›You're A Liar‹

Side B:

1. Lou Reed   ›Sweet Jane‹ (live)
2. Pointer Sisters   ›Fire‹
3. David Bowie   ›Can You Hear Me‹
4. Mink DeVille   ›Mixed Up Shook Up Girl‹
5. DAF   ›Alles ist gut‹
6. Walter Steding   ›Hound Dog‹
7. Kevin Coyne   ›Miss Portobello‹
8. Ronnie Spector   ›Anyway That You Want Me‹
9. Violent Femmes   ›Add It Up‹
10. James Taylor   ›Handy Man‹
11. Mitch Ryder   ›Ain't Nobody White‹
12. Willie Nelson   ›Always On My Mind‹

Bruce Springsteen – Born In The B.R.D.

Die rechte Faust gegen den Himmel gereckt, die Gitarre als Repetier-
gewehr umgehängt, Schicksalsschläge dröhnen zum letzten Weg,
»BORN …«, sein Bein zuckt nervös, als könne es das Stillstehen nicht
mehr ertragen, noch ein donnernder Schlag »… IN THE U.S.A.«. Und wir
brüllen mit – »Born in the U.S.A.« – mitten im Frieden, mitten im Europa
der achtziger Jahre. Bruce Springsteen mit Stirnband, eine Mischung
aus Apache, Hippie und versprengtem Einzelkämpfer in Vietnam, in
ärmelloser Jeansjacke, die von dem muskelbepackten Oberkörper fast
gesprengt wird, wahrlich in Bluejeans und schwarzen Lederstiefeln,
»BORN ….«, mit diesem Lied könnten wir in jeden Krieg ziehen, er
brüllt, er kreischt, »… IN THE U.S.A.«, sollen wir zusammen mit den
Krüppeln, den Arbeitslosen, den Veteranen des Vietnamkriegs nochmals den Kampf beginnen? Ihn von der Verliererperspektive aus auf-
nehmen, für mehr Gerechtigkeit und menschliche Achtung?
Als Bruce Springsteen den Vietnamveteranen und Schriftsteller Ron
Kovic trifft, hat er sein ›Nebraska‹ schon hinter sich, seine düsteren
Songs über Mörder und Gemordete, über den amerikanischen Alptraum
und seine Geisterstädte. Kovics Buch ›Born On The Fourth Of July‹ wird
zum Hintergrund von ›Born In The U.S.A.‹, eines Songs, dessen Text so
bitter klingt, dessen martialischer Rhythmus und Brüllrefrain aber so

sehr vom Gegenteil sprechen, daß ihn Ronald Reagan als patriotische Hymne verstehen und für sich reklamieren kann. »Sent me off to a foreign land to go and kill the yellow man – Come back home to the refinery / Hiring man says ›son if it was up to me‹ / Went down to see my V.A. man / He said ›son don't you understand now‹.« Unmißverständlich, und doch singt Springsteen diesen Song auf einer Bühne, auf der eine riesige amerikanische Flagge prangt, zitiert er die Farben des »Stars And Stripes« auf dem Cover seines Albums ›Born In The U.S.A.‹. Selbst wenn er zerbrochen wird – der amerikanische Traum überlebt als Hintergrund, sogar die Toten lassen sich mit diesen Farben bedecken.

Eine deutsche Schule: ein Religionslehrer im Rollstuhl gibt auf. Behindertengerecht integriert, sozialstaatlich abgesichert und angestellt, es gibt keinen augenscheinlichen, äußeren Grund für seinen Rückzug. Die kleinen Kriege: der Kampf um das »Du« oder »Sie« gegenüber Schülern, das Notensystem, der unausgesprochene Zwang, eine bestimmte Quote von »Nichtbestanden« zu erfüllen, das Verbot, den Antikriegsfilm ›Die Brücke‹ in der Unterstufe zu zeigen – es sind zermürbende Lappalien, aber eigentlich zu wenig, um aufzugeben. Zum Abschied schreibt er an die Schule: »Als mittelbare und unmittelbare Auswirkungen der politischen Wirren vor, während und nach dem Zweiten Weltkrieg sah ich zwischenmenschliche Beziehungen in einem chaotischen Durcheinander zusammenstürzen. Deshalb nahm ich mir fest vor, daß demgegenüber mein Verhalten in jedem Moment meiner inneren Einstellung und Bewußtseinshaltung entsprechen sollte. Ich wollte den Kampf gegen Betrug und Selbstbetrug in jedweder Ausprägung; diese meine Identität wollte ich als stabilisierenden Faktor einbringen.« Er sieht sie zerbrechen, er hat die Kraft verloren, dafür zu kämpfen. Er bleibt nicht der einzige, viele ziehen sich langsam zurück, resignieren angesichts der lähmenden bürokratischen Verordnungen, der täglichen Verstellungen, der schleichenden Selbstzensur unbequemer Gedanken.

»Is a dream a lie if it don't come true?« singt der Mann im Lichtkegel, allein mit seiner klagenden Mundharmonika, »or is it something worse that sends me down to the river? – though I know the river is dry.« Und das Licht geht an, und die Band setzt ein, und Bruce Springsteens ›River‹ verbindet den Schmerz über eine vergangene Liebe mit der

Bruce Springsteen: »Wenn du dir die Gitarre umhängst, fühlst du dich unglaublich stark. Es ist, als hättest du das Schwert aus dem Stein herausgezogen.«

Trauer über die verlorenen Träume, eine neue Gesellschaft zu schaffen. Wir hatten es fast vergessen: die hilflose Wut gegen die Arroganz der Macht, die Fassungslosigkeit angesichts der Sprachhülsen der Politik, die Kleiderordnung in den Köpfen. Wir sahen wieder fleißige Studenten, die schon das Rauchen als emanzipatorischen Akt verstanden und zwischen Freizeit und Arbeit problemlos trennen konnten. Wir standen unter Tausenden vor diesem amerikanischen Sänger, der uns zu Tränen über uns selbst rührte, weil wir spürten, daß wir mehr gewollt hatten, als wir bekamen, und vor allem, weil wir vergessen hatten, daß wir einmal mehr wollten. Der alte Rock-'n'-Roll-Schmerz.

Als Bruce Springsteen 1974 das erstemal in Deutschland auftauchte, fand man ihn in Pappkartons auf Flohmärkten, noch eine jener Bob-Dylan-Kopien, deren Endloslyrik nur mühsam von den Refrains aufgefangen wurde, deren musikalische Fähigkeiten von ihrer Glaubwürdigkeit bei weitem übertroffen wurde. Allein der West-Side-Story-Touch der Alben ließ etwas anklingen, das mehr als die übliche akustische Singer/Songwriter-Tradition versprach: ›Greetings From Asbury Park, N.J.‹ und ›The Wild, The Innocent And The E Street Shuffle‹, versehen mit dem Rocker-Image eines Schaukelburschen aus einem desolaten Kurort an der Küste von Jersey, einer Mischung aus Rock'n'Roll und Rhythm'n'Blues, den Stimmsätzen der Girl Groups und den Symbolis-

»Tonight I'll be on that hill 'cause I can't stop / I'll be on that hill with everything I got / Live on the line where dreams are found and lost / I'll be there on time and I'll pay the cost / For wanting things that can only be found / In the darkness on the edge of town.« Bruce Springsteen

men des Straßenpoeten. Perfekt in seiner »street credibility«, aber erfolglos, bis der Rockkritiker und spätere Springsteen-Produzent Jon Landau den lohnenden Satz veröffentlichte: »Ich sah die Zukunft des Rock 'n' Roll, und ihr Name ist Bruce Springsteen.« Die Story wurde beinahe zu perfekt.

»Und das ist alles wahr?« fragt der Regisseur John Ford am Ende von Peter Handkes Amerikaerzählung ›Der kurze Brief zum langen Abschied‹, »nichts an der Geschichte ist erfunden?« Manchmal schienen die Klischees fast zuviel. Die monatelange Arbeit eines Perfektionisten an den nächsten Alben ›Born To Run‹ und ›Darkness On The Edge Of Town‹, die Auseinandersetzung zwischen dem gutgläubigen Künstler und dem bösen, betrügerischen Manager, der Motorradunfall und Springsteens Kampf gegen die Bootlegger, die ihn um den Lohn seiner Arbeit bringen. Doch vor allem sind es die unglaublichen Kulissen, vor denen er seine Welt errichtet – Genre und Hollywood zugleich –, die Gangs, die Highways, die Nebenstraßen und Sackgassen, die Platten, die der DJ in der Nacht für die Einsamen und Vergessenen auflegt, die Autokinos. Immer »on the edge«, am Abgrund, am Rande der Stadt, am Rande der Welt, an der Grenze. Immer wieder überschreitet er die Grenze, fährt er über die »state line«, sein Baby macht sich schön für Samstagnacht, zieht ihr schickstes, ihr rotes Kleid an. Das Gefühl bleibt, es ist mehr als ein Saturday Night Fever – er träumt davon weiterzufahren, über die unsichtbare Schwelle ins ›Promised Land‹, nie mehr zurückzukehren.

Bruce Springsteen, geboren am 23. September 1949 in Freehold, New Jersey, wird zum Abbild aller romantisch Liebenden und Flüchtenden – »prove it to me and I prove it to you« –, es sind die Schwarzweißphotographien der fünfziger Jahre, die jetzt in Farbe als American Graffiti projiziert werden. »We learned more from a three minute record than we ever learned in school.« Der Mythos lebt: von der »Rock 'n' Roll music«, die einem das Leben rettet, von jenen singenden Rebellen, die anstelle des Gewehrs ihre Gitarre halten, von den Verlierern, die zu den wahren Gewinnern werden, weil sie sich – und ihr Baby – nie verraten. Hier stehe ich, hier fahre ich, ich kann nicht anders. Manchmal sind die Texte unerträglich, wäre da nicht diese Stimme, diese Kraft und dieses Lachen.

Die Lehrerkollegen geben zu bedenken, ergänzen, nehmen Bezug, untersuchen sehr genau und müßten nochmals gründlich überprüfen, inwieweit die Chancen reichen, wobei immer noch das Problem bleibt – er will nicht mehr. Er schreibt: »Nunmehr habe ich nicht die geringste Lust, von einem Lehramt oder irgendeiner Behörde mich für Selbstverständlichkeiten in die Illegalität drängen zu lassen. In meinem Bestreben, Fortschritte zur Humanisierung der bestehenden Gesellschaft zu erzielen, möchte ich mich ebenso nicht weiter der Gefahr aussetzen, eines Tages restlos korrumpiert zu sein. Deshalb habe ich einen anderen Ansatz gewählt. Ich schließe mich darin Horst-Eberhard Richter an: ›Wenn man im Machen nicht das anwendet, was man erkannt hat, kann man schließlich nicht mehr erkennen, was zu machen ist.‹« Die Kollegen von der Gewerkschaft für Erziehung und Wissenschaft versuchen ihn »argumentativ« umzustimmen, vergeblich, er geht. Das heißt, er rollt davon.

Die letzten Aufräumarbeiten der siebziger Jahre in Deutschland beginnen: Helmut Schmidt verwandelt sich in Helmut Kohl, Alfred Dregger spielt Ronald Reagan, der langgesuchte Terrorist Christian Klar wird gefaßt, während die Chaos-Regie an die Autonomenszenen in den ver-

schiedenen Städten übergeht und die siebzehnjährige deutsche Nicole
den Grand Prix Eurovision 1982 gewinnt: ›Ein bißchen Frieden‹. Ein
Jahr zuvor hatten sich in Bonn dreihunderttausend Menschen zur größten Demonstration in der Geschichte der Bundesrepublik versammelt –
für Frieden und Abrüstung. Das Ende der einsamen Desperados scheint
angebrochen, die Zukunft zählt auf die Gemeinschaft der Vernünftigen,
die Rockmusik entdeckt wieder ihr politisches Gewissen, diesmal ist es
sozial, umweltbewußt und fern der Heimat. Als MUSE – »Musicians
United for Safe Energy« – 1979 fünf Konzerte im Madison Garden unter
dem Motto »No Nukes« organisiert, versammeln sich die Veteranen der
Protestgeneration, und doch sind es die Nachkommen Springsteen,
Jackson Browne und Tom Petty, die zu ihrer neuen Stimme werden.
Springsteen engagiert sich bei »Sun City« gegen die Apartheid in Südafrika, bei »Hands Across America«, eine Hungerhilfe für Amerika, stif-
tet Millionen, singt für ›We Are The World‹, verharrt in diesem Nie-
mandsland der humanitären und moralischen Unterstützung, die nicht
politisch Partei ergreifen will und deshalb von vielen vereinnahmt werden kann. Es ist *eine* mögliche Antwort auf die Frage, die der schwarze
Poet und Sänger Gil Scott-Heron 1976 in seinem Song ›South Carolina
(Barnwell)‹ gestellt hatte: »Whatever happened to the protest and the
rage? / Whatever happened to the voices of the sane? / Whatever happened to the people who gave a damn? / Or did that just apply to dyin'
in the jungles of Vietnam?«
Doch inmitten der anschwellenden Flut von Benefiz-Veranstaltungen für
gute Zwecke aller Art, da sich Mitleid in einen Scheck verwandelt und
Musik in einen PR-Auftritt, erinnert Bruce Springsteen an die Geschichte hinter dem Lied, holt er die Welt wieder nach Hause. Die Orgel
setzt leise ein, und irgendwo beginnt er mit einer seiner legendären
Einleitungen zu einem Song, erzählt seine rauchige Stimme: »In dem
Haus, in dem ich aufwuchs, gab es keine Bücher, oder irgend etwas, das
man für Kunst halten konnte. Als ich älter wurde … sah ich mir meinen

285

Vater an, er schmiß die High School, ging zur Armee, heiratete ziemlich früh, nahm jeden Job an, den er kriegen konnte, arbeitete in der Fabrik, war Lastwagenfahrer. Und ich erinnere mich an meinen Großvater, er arbeitete in einer Fabrik der Stadt, in der ich aufwuchs. Wir alle hatten eine Sache gemeinsam. Wir wußten nicht genug, wir hatten keine Ahnung, was mit uns passierte. Ich bin jetzt einunddreißig und hab gerade damit begonnen, die Geschichte der Vereinigten Staaten zu studieren. Und plötzlich sehe ich, warum die Dinge so sind, wie sie heute sind, wie man auf einmal zu einem Opfer und Verlierer werden kann, ohne es überhaupt zu merken. Und wie Menschen alt werden und sterben, ohne irgendwann einen glücklichen Tag erlebt oder Ruhe gefunden zu haben. Was ich sagen will, versuchen Sie herauszufinden, wo Sie heute stehen. Und versuchen Sie, denen, die nach uns kommen, etwas Besseres zu hinterlassen. Die wirkliche Zukunft des Rock'n'Roll ist heute ungefähr neun Jahre alt.« Und langsam schwillt der Keyboard-Klang, das Schlagzeug tockt im gleichmäßigen Rhythmus der Uhr, und ›Independence Day‹ setzt ein: »Well Papa go to bed now it's getting late … there's darkness in this town that's got us, too / But they can't touch me now / And you can't touch me now / They ain't gonna do to me / What I watched them do to you.«

Der Erzähler verläßt die Stadt, und durch die Hintertür tritt plötzlich wieder jene Hoffnung ein, von der wir uns schon verabschiedet hatten. Es ist nicht dieselbe Hoffnung wie in den sechziger Jahren, sie trägt Narben und hat ihre jugendliche Unbeschwertheit verloren, aber sie atmet den Geist und die Kraft des Rock'n'Roll. »Ich wünsche mir eine Welt, in der nicht so sehr zählt, *was* man tut: Hauptsache, man meint es ernst. Hauptsache, es hat Zauber. Hauptsache, es hat Kraft.« Ihm fehlt das Gläubige von Pete Seeger und Joan Baez, das Aufrechte und Ehrliche steckt bei ihm in der puren Energie. Es war nicht mehr zu erwarten: daß da einer kommt, der die Ausstrahlung von Elvis Presley mit der Intensität von Bob Dylan kreuzt, der Romantik, Sex und Aufbegehren noch einmal in einem Grinsen vereint. ›War‹ von Bob Marley, ›Blowin' In The Wind‹ von Bob Dylan, Elvis Presleys Version von ›Can't Help Falling In Love‹ – Bruce Springsteen singt sie mit der Inbrunst des Fans, verwandelt sie in pure Präsenz, als gebe es keine Moden, keine Entwick-

Bruce Springsteen: »Der Rock 'n' Roll schenkte mir die Zuversicht, daß es trotzdem da draußen eine Welt gibt, die riesig ist und die auf mich wartet. Eine Welt, in der man sich die Haare wachsen lassen kann oder abschneiden, in der man Jeans tragen kann oder nicht. Eine Welt, in der es nicht so sehr darauf ankommt, was man genau tut: Hauptsache, man meint es ernst. Hauptsache, es hat Zauber. Hauptsache, es hat Kraft.«

lung. Nie würde er seine Musik verändern, auf Trends reagieren: unberührt von Punk, New Wave, von allen Synthie-Bands mit ihren uneigentlichen Texten und den körperlosen Stimmen, von HipHop oder Rap, lebt er in seiner Parallelwelt. Denkbar höchstens, er kehrt wieder zur akustischen Gitarre zurück.

Und da steht er Mitte der neunziger Jahre im Rotgrünblau-Licht allein auf der Bühne, treibt mit schweren Schlägen auf die Gitarrensaiten die Geschichten voran, verlangsamt sie liebevoll, bringt sie atemlos zum Stillstand. Manchmal ist es wie Donnergrollen, manchmal wie Wind, manchmal ein Streicheln und Flüstern, jenseits aller Texte. Nichts, was der Kopf versteht, kommt dem nahe, was dieser Mann unserem Gefühl erzählt, vom Schrei bis zum Atmen einer heiseren, lauten, raunenden

Stimme. Ein Mann, eine Frau, eine Liebe, ein Revolver, eine Bank ...
»you know the rest«. Fortsetzungen sind nicht mehr nötig, sie sind
ohnehin zu Märchen erstarrt. Jeder Ton füllt die Klischees mit Leben
und Bildern, mit Rührung, Hoffnung und Liebe, ein großer Schauspieler aus der Tradition der »actors' guild«, der Schmerz und Trauer in
schönen Geschichten auflöst. »Bruuuuce!«
Irgendwo bei ›The River‹, Anfang der achtziger Jahre, hatte er eine
Schwelle überschritten, sprach nicht mehr ausschließlich von sich, erzählte die Geschichten anderer, blätterte in Zeitungen und verwandelte
Meldungen in Short stories. Er hatte seine Unschuld verloren, schickte
die anderen jetzt auf die Highways, auf denen er früher in seinen Chevys
selbst fuhr. Die sichtbaren Grenzen der USA wurden immer mehr zu Ab-
bildern der Grenzen im Inneren, die äußeren Verwüstungen zu inneren
Deformationen: Landschaften der Armut und der Depression. Aber
selbst in den Momenten tiefster Resignation klang immer die Melodie
von Woody Guthries ›This Land Is Your Land‹ durch. Während er anfangs seine Lieder über Leute schrieb, die sich aus der Gesellschaft verabschieden wollten, die ihr »Baby we were born to run« sangen, fand er
jenseits des Flusses zu Songs, da sie wieder heimkehren wollten, zu ›My
Hometown‹ oder noch genauer zu ›My Father's House‹ – irgendwo zwischen Atlantik und Pazifik.
Der unzerstörbare amerikanische Traum macht es möglich: jeden Morgen in dem Bewußtsein zu erwachen, jederzeit aufbrechen zu können,
ein neues Leben zu beginnen und zugleich zu wissen, immer zu Hause
zu sein. Man mußte später nicht zum verwitterten Holzhaus zurückkehren, um unter den Dielen den alten, unbrauchbaren Revolver zu
suchen, den man dort als Kind versteckt hatte. Man wußte, wo er lag,

289

die Sehnsucht hatte einen größeren Ort – Born in the U.S.A. Vielleicht waren die Geschichten von jenen Verlierern deshalb so faszinierend, weil sie in sich und ihrer Heimat ruhten, auch wenn sie einsam und allein im Nichts verschwanden und nur ihren seltsam sturen Vorstellungen von Moral und Gewissen folgten. Und so wurden all diese Songs, all diese Geschichten, all diese Filme – so schrecklich ihr gewalttätiger Anlaß sein mochte – immer zu einer Feier der Freiheit, des Stolzes, sie selbst zu sein, von den ›Früchten des Zorns‹ bis zu ›Apocalypse Now‹, von ›Sacramento‹ bis ›Deer Hunter‹. Über allem wehte die amerikanische Flagge, auch wenn man sie haßte – »I'm an american artist, I have no guilt«, Patti Smith.

Als jener deutsche Religionslehrer vier Jahre nach seinem Abschied beinahe unbemerkt starb, befestigte irgend jemand seine Todesanzeige mit einer Stecknadel am Schwarzen Brett. Kein Lied, kein Nachruf, keine Beerdigung auf dem Hügel vor der untergehenden Sonne. Sein moralischer Rigorismus, seine Konsequenz wurden eher als lästig und veraltet denn als tragisch empfunden. Man atmete auf, als er ging. Es gab keine Geschichte, es gab keine Musik, es gab kein Land für seine Haltung, in das er hätte eingehen können.

»I wanna tell you a story ...« beginnt Bruce Springsteen, und die Geschichte der USA wird weitererzählt. »Wenn du jung bist und deine Gitarre nimmst, fühlst du dich so stark. Es ist ein Gefühl als hättest du das Schwert aus dem Stein herausgezogen. Später merkst du, daß deine Gitarre eine Menge bewirken kann, aber ebenso vielem gegenüber hilflos bleibt. Ich dachte immer, daß ich die Welt retten könnte, aber daran glaube ich inzwischen wirklich nicht mehr.« Als er eineinhalb Stunden später noch immer wie ein junger Hund über die Bühne tobt, mit der Gitarre auf den Flügel springt, als er alle Klischees erfüllt und lachend mit seinem riesigen schwarzen Saxophonisten hüftenschiebend zu ›Fire‹ schäkert, um dann schweißgebadet zu verkünden, es gebe jetzt leider eine kleine Pause, bis sie wiederkommen, da versteht man: Die Zukunft des Rock 'n' Roll wird jede Nacht neu geboren.

Sitzplätze

Hier sind einige Dinge, die mir in meinen Dreißigern widerfahren sind: Ich habe eine Hypothek aufgenommen, um ein Haus zu kaufen; ich habe aufgehört, den *New Musical Express* und *Face* zu kaufen und habe unerklärlicherweise angefangen, alte Ausgaben des *Q Magazine* unter einem Regal in meinem Wohnzimmer aufzubewahren; ich bin Onkel geworden; ich habe einen CD-Player gekauft; ich habe mich bei einem Steuerberater angemeldet; ich habe festgestellt, daß bestimmte Arten von Musik – HipHop, Indie-Gitarrenpop, Trash Metal – alle gleich klingen und keine Melodie haben; ich ziehe mittlerweile Restaurants Nachtclubs vor und Abendessen mit Freunden Partys; ich habe eine Abneigung gegenüber dem Gefühl entwickelt, das dir ein Bauch voll Bier gibt, auch wenn ich noch immer gerne ein kleines Helles trinke; ich habe angefangen, Einrichtungsgegenstände zu begehren; ich habe eine jener Kork-Pintafeln gekauft, die man in der Küche aufhängt; ich habe angefangen, gewisse Ansichten zu entwickeln – über die Hausbesetzer, die in meiner Straße leben, zum Beispiel und über unvernüftig laute Partys –, die ganz und gar nicht mit den Standpunkten übereinstimmen, die ich vertrat, als ich jünger war. Und 1989 habe ich mir eine Dauerkarte für die Sitzplätze gekauft, nachdem ich über fünfzehn Jahre lang auf der Nordtribüne gestanden habe. Diese Einzelheiten erzählen nicht die ganze Geschichte meines Älterwerdens, aber sie erzählen einen Teil davon.

Nick Hornby

Neil Young – Schlaf mit Engeln

Herbert Achternbusch war im Kino: »Es kam mein letzter Tag in Wien, ›The Searchers‹ von John Ford, der beste Film und meine persönlichste Schwäche. John Wayne: die Tragödie eines Einzelgängers. Der Mann, der aus dem Bürgerkrieg zurückkam, wahrscheinlich rüberging nach Mexiko, Bandit wurde, wahrscheinlich für Juarez oder Maximilian kämpfte – eher für Maximilian, wegen der Medallie [sic!]. – Ja, die Medallie, die man von all dem nur sieht, hat eine Krone. Da ich weiß, was ohnedies passiert, nämlich daß die Wilden die Männer dieser Farm durch einen Rinderdiebstahl weglocken werden, damit sie die Farm und ihre Bewohner vernichten können und das Mädchen Debbie rauben, schließe ich aus der Art, wie die Schwägerin, bevor sie umkommt, den Mantel des Heimkehrers Wayne nimmt und aus Ward Bonds Ausdruck, daß diese Debbie, seine Nichte, die er jahrelang bei den Wilden sucht, seine Tochter ist.«

1973 veröffentlicht Herbert Achternbusch ›Der Tag wird kommen‹, und die Vergangenheit des Westens spiegelt sich in der tiefen Verlorenheit des Loners, der ein Leben lang durch seine und unsere Träume reitet. Die Fakten liefert Amerika, wir schreiben die Theorie dazu: Natürlich ist Kurt Cobain, einsamer Sänger von Nirvana, der illegitime Sohn von Neil Young. 1967 wurde er geboren, ein Jahr nachdem der Kanadier

Young über die Route 66 nach Kalifornien zog. Die Beweisstücke passen: der Versuch Neil Youngs, den verzweifelten Kurt Cobain noch zu erreichen, die Botschaft im Abschiedsbrief Cobains mit jenem Zitat des »Vaters« – »It's better to burn out than it is to rust« – und dazu die große Abrechnung mit allen Hoffnungen und Irrtümern in Neil Youngs spätem Meisterwerk ›Sleeps With Angels‹. Die Mythen erweisen sich stärker als die Fakten, das lernten wir spätestens in John Fords Film ›The Man Who Shot Liberty Valance‹, mit dem legendären Schlußsatz des überlebenden James Stewart zum Zeitungsmann: »When the legend becomes fact – print the legend.« Weiterleben läßt sich's nur im Zwischenreich aus Wahrheit und Mythen, Neil Young sei unser Zeuge.

Als die ersten Töne des scheppernden Pianolas in ›Sleeps With Angels‹ wie eine Spieluhr die Erinnerungen von ›My Heart‹ wachrufen, türmt sich Geschichte auf und bleibt doch Gegenwart. Mit dem Song ›My Heart‹ beginnt die Abrechnung, mit ›A Dream That Can Last‹ endet sie, das Klavier begleitet den langen Schlaf. Wer will, kann hier das Pianola Marlene Dietrichs aus dem ›Blauen Engel‹ wiederhören, jenem Josef-von-Sternberg-Film, da der Traum noch in Deutschland zu Hause war. Oder Jahrzehnte später, wenn die gleiche Marlene Dietrich im amerikanischen Exil von ›Touch Of Evil‹ auf ihrem verstimmten Klavier spielt, während Orson Welles, als Polizist Quinlan eine tragische, moderne Variante des unbeugsamen Rächers, in die Sackgasse seines Gerechtigkeitswahns läuft und vom langweilig korrekten Charlton Heston erschossen wird. Man könnte sich auch an das klimpernde Piano in jener anderen Grabstein-Suite von Neil Young erinnern, an ›Tonight's The Night‹, dem Memorial für die Freunde Danny Whitten und Bruce Berry, aber es muß nicht sein. Ein Zitat ist ein Zitat ist ein Zitat. Neil Youngs Zitate weisen nicht wehmütig zurück, sie beschließen ein Kapitel, um das nächste zu beginnen. »Meine Vergangenheit kann nicht verändert werden. Es ergibt nicht mal einen Sinn, sie genauer anzusehen – sie ist vorbei.«

»Er schläft mit Engeln« singt er, und die Stimmen von Crazy Horse antworten »zu früh«, »zumindest war er nicht allein« tröstet der Sänger, »zu spät« kommt das Echo. Der Song zitiert den Sound von Nirvana, doch der Text spricht mehr von der lebenden Witwe Courtney Love als vom toten Kurt Cobain, ein seltsam reservierter Tonfall, eher eine musikalische Widmung denn ein Klagelied für den verlorenen Sohn. »Too soon, too late«, der Schicksalschor verwirrt Zeilen und Zeiten, »too late, too soon«, am Ende bleibt nur das Gefühl, Kurt Cobain habe den richtigen Zeitpunkt verpaßt, sei zur falschen Zeit am richtigen Ort, zur richtigen Zeit am falschen Ort gewesen oder habe etwas gesucht, was er in dem Augenblick verlor, als er es hatte. Neil Young erzählt von Kurt Cobain, singt zugleich von sich und nimmt unser aller Kreuz – es ist die teuflische heilige Trinität der Rockkunst.

Neil Young, der Schmerzensmann, verfolgt uns, seit wir ihn das erstemal sahen. Irgendwann Mitte der siebziger Jahre bei seiner Europatournee, in Heidelberg, die erste Hälfte des Konzerts allein mit der Gitarre, seinen Mundharmonikas und einem Klavier, winzig klein auf der weit, weit entfernten Bühne, die zweite Hälfte mit Crazy Horse und einem Song, den er als ›Like A Hurricane‹ vorstellte. Es war ein Heimspiel für die amerikanischen GIs, die seine Texte auswendig konnten, sie zu ihren machten, »You can't be twenty on Sugar Mountain« mitsangen und zu »A little part of it in everyone / every junkie 's like a settin' sun« melancholisch »Hmhm« hinterhersummten. Der Double-bubble-Geschmack des Rootbeers im Halbliterkrug an der PX-Raststätte machte die schöne Illusion vollkommen – wir fühlten uns endlich zu Hause, waren Touristen im eigenen Land.

Dann, als wir ihm endlich nah genug waren, im Kino, zum »Letzten Walzer« von »The Band«, wo er mit tief hängenden Schultern und einem freundlich irren Grinsen, in einer Mischung aus Glöckner von Notre Dame und Waldschrat, versicherte, welche Freude und Ehre es ihm bereite, und sein »Helpless, helpless« anstimmte, ließ er uns ratlos zurück. Wie schafft es jemand, einen Song zu komponieren und zu singen, dessen Refrain aus »hilflos, hilflos« besteht? Es war der Beginn einer seltsamen Liebe, die jedem recht geben mußte, der ihn unerträglich fand. Diese hohe, weinerliche Stimme, die zur akustischen Gitarre noch jämmerlicher klang, diese autobiographisch gefärbten Texte und sentimentalen Geschichten, dieses ständig verfettete Haar zum Schlabber-Look des Kiffers, und doch riß jeder Ton an den Nerven, ging jeder Ton zu Herzen. Natürlich bildeten sich anfangs Fraktionen: Wo die einen bei Buffalo Springfield und Crosby, Stills, Nash & Young ihr Glück fanden, bei ›After The Goldrush‹ und ›Harvest‹ aufblühten, da schien den anderen nur in der Symbiose mit dem Elektrorock von Crazy Horse die wahre Bestimmung seiner Musik zu liegen: vom ›Cinammon Girl‹ zur ›Inca Queen‹, von den ineinander verkrallten Gitarrenerzählungen von ›Everybody Knows This Is Nowhere‹ zum brachialen Klanggewitter in ›Year Of The Horse‹.

»They all sound the same« schreit 1997 einer aus der Menge über die Stücke, eins ums andere, und Neil Young antwortet: »It's all one song.« Knüppelhart fallen die Schläge des Schlagzeugs, die Gitarren dröhnen dumpfe Akkorde, und Neil Youngs Stimme liegt wie Schaum auf den Wellen – »when you dance …« Es ist stets das gleiche Lied, das er singt, er wechselt nur die Genres, rettet sich in Synthesizerklänge und ver-

Neil Young mit Crazy Horse.
»Ursprünglich wollte ich Farmer
werden. Mit etwa zehn Jahren
begann ich sehr ernsthaft an
diesem Projekt zu arbeiten.

Ich beschaffte mir sogar Hühner
und baute einen Stall. Aber dann
geschah etwas Unvorhergesehenes:
Ich hörte Elvis Presley.«
Neil Young

Neil Youngs ›Tonight's The
Night‹: This album was made for
Danny Whitten and Bruce Berry
who lived and died for Rock 'n'
Roll. – Neil Young: »Hier hast du
die Rechnung. Freunde, die
starben, Kids, die nicht wußten,
was sie taten ... Die LP läßt dich
denken, ich müßte eigentlich
schon tot sein.«

»Ich hoffe bloß, daß sie nach meinem Tod nicht eines meiner alten Flanellhemden nehmen und es in einem Hard Rock Café hinter Glas hängen.« Neil Young zerrt seine Stimme, versinkt in Country-Melancholie oder näselt sich durch den Rock 'n' Roll der fünfziger Jahre – es hilft nichts. Am Ende des Weges wartet Neil Young auf ihn, und sein Publikum hat ihn wieder. Er verändert seine Songs nicht, wie etwa Bob Dylan, er steckt sie nur in verschiedene Hüllen. Gelobt sei er für die Verwandlungen, für den akustischen Folk und den Techno, für Streicher und Rockabilly, aber es ist Selbstschutz, es sind immer nur die zwei Seiten derselben Münze: »Ich habe meinen Standpunkt nie verlassen, ich habe einfach nur andere Dinge gemacht. Stets habe ich versucht, die kommerzielle Basis meines Publikums zu zerstören. Meine gesamte Karriere basiert auf systematischer Zerstörung! Seit Jahr und Tag! Und genau das hält mich am Leben. Du zerstörst, was hinter dir liegt, und kannst dann unbelastet weitermachen.«

Neil Youngs oft beschworene Integrität, sein Kampf gegen Kommerz, Plattenindustrie und die beengenden Erwartungen seines Publikums mögen ehrenhaft und anerkennenswert sein, zum größten Teil sind sie Bestandteil einer Haltung, die noch immer aus dem Geist des Rock 'n' Roll lebt. »Ursprünglich wollte ich Farmer werden. Mit etwa zehn Jahren begann ich sehr ernsthaft an diesem Projekt zu arbeiten. Ich beschaffte mir sogar Hühner und baute einen Stall. Aber dann geschah etwas Unvorhergesehenes: Ich hörte Elvis Presley.« Es ist die archetypische Geschichte unseres Amerikas. Seine Eltern trennen sich, er schmeißt die Schule, gründet eine Band, will wie die Beatles klingen, lernt ein Mädchen kennen, will zu Bob Dylan werden, macht sich auf den Weg in den Westen, nach Kalifornien. Er versinkt im Dope, bekommt seine Epilepsie in den Griff, verliert die Freunde, wird mit ›Heart Of Gold‹ zum Weltstar und versucht, seine Glaubwürdigkeit zu retten. Natürlich wird er zum Klischee: Heerscharen von Fußgängerzonen-Gitarristen ziehen seitdem klagend an unserem inneren Ohr vorbei, die Gitarre im Futteral und die Mundharmonika in der Jeansjacke. Man wird ihn eines Tages zur Rechenschaft ziehen, für die Risse an den Knien seiner Jeans, für seine Lederjacke, das schwarze, ärmellose T-Shirt und das blaukarierte Holzfällerhemd. Irgendwann wird er sich verantworten müssen, für all die traurigen Warum-bist-du-warum-bin-ich-gegangen-Songs, für die Unstimmen seiner Jünger.

Und doch verfällt er nicht dem Verdikt der Zeit, bespuckt ihn weder der Punk, noch ignoriert ihn die Jugend, seine Wut und seine bittere Ironie bewahren ihn vor dem Altenteil. Als »Pate des Grunge« wird er tituliert, als »Onkel von Unplugged«, als »Donnergott der Gitarre« – selbst den Hang zu ländlichen Idyllen und seine reaktionären Äußerungen zum Wohlfahrtsstaat verzeihen sie ihm. Vielleicht, weil er nie ins spirituelle Lager der Hippie-Stadtflucht einschwenkte, immer auf der Seite der Farmer stand, ein bißchen dreckig, abgedreht und verzweifelt.

Viele seiner Plattencover verströmen dieses Punk-Gefühl, mit ihren unscharfen und grobkörnigen Photographien, den krakeligen Beschriftungen und ihrer Amateurfilm-Attitüde. Lieber in Gesellschaft von Devo, Sonic Youth und Pearl Jam gesehen werden als mit den geleckten Produkten des kommerziellen Déjà-vu an einem Tisch sitzen. »Natürlich habe ich etwas mit Bob Dylan und Lou Reed gemein. Natürlich: Wir sind durchgekommen, wir haben überlebt und sind immer noch kreativ. Aber ich habe nichts mit den Who, den Stones oder Jefferson Airplane gemeinsam. Und ich will es auch nicht! Das ist nichts als ein Aufguß, ein deprimierender Abgesang. Essentiell ist das alles Perry Como.«

Als seine Plattenfirma Geffen ihn 1985 wegen »unrepräsentativer Musik« auf drei Millionen Dollar verklagen will, da er nach dem Rockabilly-Album ›Everybody's Rockin'‹ mit dem traditionellen Country-Album ›Old Ways‹ erneut einen stilistischen Haken schlägt, hat Neil Young endgültig die alternative Solidarität auf seiner Seite. »Ich habe ihnen gesagt, entweder ihr zieht das zurück, oder ich spiele Countrymusik bis zum Ende meiner Tage. Und dann könnt ihr mich deswegen nicht mehr verklagen, weil Countrymusik dann das ist, was ich immer mache, also nicht mehr ›uncharakteristisch‹ ist, hahaha.« Der Rest ist endlose Sympathie: für den Antikommerz-Song ›This Note's For You‹, der platt, aber wirksam die MTV-Welt der Werbemafia und ihrer Musikmitläufer erledigt, für seine wiederbelebte Garagenband-Ästhetik, für die kräftige Dosis Crazy-Horse-Rock, mit der er sich so lange und so laut bis an die Schmerzgrenze auflädt, bis ihn das Rauschen des Tinnitus wieder in die akustische, ruhige Welt von ›Harvest Moon‹ und ›Unplugged‹ zurückzwingt.

»Rock'n'Roll!« – Wie unter einem Genickschlag zuckt Neil Young zu-

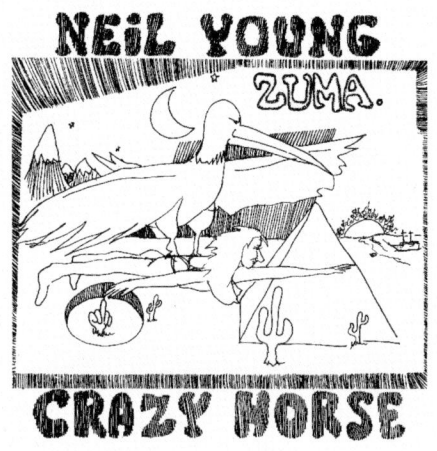

»Once I thought I saw you / In a crowded hazy bar / Dancing on the light from star to star / Far across the moonbeams / I know that's who you are / I saw your brown eyes turnin' once to fire«
Neil Young, ›Like A Hurricane‹

sammen, taumelt, rettet sich in eine theatralische Gitarrenpantomime, schreit zurück »You want Rock'n'Roll, eh?« und schleicht dann zum Klavier, murmelt immer wieder »I can't rock any more, I can't rock anymore«, bis die ersten schwermütigen Akkorde die Wunderkerzen aufleuchten lassen. Im Winter 1989 steht er erneut allein auf der Bühne, singt die alten Kampflieder aus Ohio, elegische Liebeslieder, die Drogenklage von der Nadel und dem Schaden, den sie anrichtet – es könnte peinlich sein. Mit dem Rücken an die Wand gelehnt, im Scheinwerferkegel gefangen, die Silhouette des Loners in der Sackgasse. Und dann löst er sich, bahnt sich mit gesenktem Gitarrenhals seinen Weg nach vorne. Knallende Schläge auf die Saiten, ein dumpfes Klopfen auf dem Gitarrenkorpus, die Gitarre wird zur Waffe, zum Colt des Kämpfers im Dienste der Freiheit. Nur bei Bob Dylan oder Bruce Springsteen wird das Doppelbödige so spürbar. Seine Hymnen sind befreiend und bedrückend zugleich: »Keep on rockin' in the free world.« Das Victory-Zeichen streckt sich ihm in Deutschland entgegen, nach dem Fall der Mauer singt das Publikum, als hätte es endlich seine wahre Nationalhymne entdeckt, vierzig Jahre später: »too late, too soon«. Neil Youngs Stimme legt sich über den Refrain, nervig und quälend zerstört sie den blinden Optimismus der Dreiklang-Stimmung. »Hey, hey, my, my, Rock'n'Roll will never die« – es sind seine großen Lieder mit den plakativen Singalongs, die

»The king is gone but he's not forgotten.« Fan bei einem Konzert in
der Berliner Waldbühne 1995. Neil
Young: »Natürlich habe ich etwas
mit Bob Dylan und Lou Reed
gemein. Natürlich. Wir sind durchgekommen, wir haben überlebt
und sind immer noch kreativ. Aber
ich habe nichts mit den Who, den
Stones oder Jefferson Airplane
gemeinsam. Und ich will es auch
nicht. Das ist nichts als ein Aufguß,
deprimierender Abgesang. Essentiell ist das alles Perry Como.«

von dieser trauedumflorten, eindringlichen Stimme gebrochen, von der Mundharmonika durchschnitten und der dröhnenden Gitarre vorwärtsgetrieben werden. Anders könnte man sie nicht hören.

»Saw it on the tube / Bought it on the phone / Now you're home alone / It's a piece of crap.« Neil Youngs Lieder sind von einem grimmigen Realismus, der einem das Mitsingen ohnehin vermiesen müßte. Ob er singt: »People sleepin' on the sidewalks on a rainy day / Families livin' under freeways, it's the American way« oder der Geliebten versichert, er werde sie umarmen, trösten, kontrollieren und zerstören, hinter jedem Anfang lauert die schlechteste aller möglichen Welten. Fast sieht es so aus, als sei er auf eine eigenartige Weise unverwundbar und könne nicht mehr zerbrechen, weil er schon lange gebrochen ist. Oder in seiner Perspektive: »Ich hatte wirklich Glück. Ich weiß nicht, was mich gerettet hat. Ich habe wohl die unbewußte Fähigkeit, mich rechtzeitig davonzumachen. Ich muß das dann nur kreativ nutzen. Ich betrachte meine besten künstlerischen Leistungen als eine Abfolge magischer Unfälle.« Und so wird der Sänger, der immer am Abgrund zu stehen schien, zum leidenschaftlichen Chronisten, er verwandelt die amerikanische Geschichte in ein Tableau der Rockmusik, von Hank Williams bis Jimi Hendrix, von Marilyn bis Madonna, er erzählt von Led Zeppelin und den Beach Boys und formuliert schließlich die klassische Standortbestimmung des Olymp: »The king is gone but he's not forgotten / This is the story of a Johnny Rotten / It's better to burn out than it is to rust / The king is gone but he's not forgotten.« Seine Musik wird zu einer gespenstischen musikalischen Reise, die an den Grabsteinen in Ohio, in Los Angeles und Seattle vorbeizieht, bei der alle Bilder gesammelt werden, die man zum Leben braucht: »There's more to the picture than meets the eye …« Und er ergänzt sie durch jene musikalischen Wandteppiche, die von der Geschichte der Zerstörung erzählen, von Cortez dem Killer, von Pocahontas, von Powderfinger.

»I was born in Toronto … God that sounds like the first line of a Bruce Springsteen song.« Unser Onkel aus Amerika, der »native American«, ist Kanadier, am 12. November 1945 geboren, einer aus jener zweiten Generation, die ihren Namenstag am 8. Januar 1935, an Elvis Presleys Geburtstag feiert. Für seine erste Band, die Squires, kaufte er einen

Buick-Roadmaster-Leichenwagen als Tourbus, den er »Mort« nannte, die Metapher war nicht zu überbieten. Danach konnte es nur noch weitergehen, auf amerikanischen Highways, entlang jener Todesszenarien, alt wurden immer die anderen. »People my age / They don't do the things I do / They go somewhere / While I run away with you« singt er seinem Publikum 1995, begleitet von der Grunge Band Pearl Jam. Dem ist nicht zu widersprechen.

»When your lonely heart breaks«, und eine orgelschwere Filmfanfare pfeift durch den Raum, »don't sit counting«, und die Baßtrommel schlägt zu, »your mistakes« – und die Gitarren? Wo bleiben die Gitarren? »When your lonely« – im schleppenden Rhythmus der Kettensträflinge – »heart breaks«, jetzt zwei Gitarrentöne, und man geht in die Knie, »When your lonely«, und man bittet, daß diese Trauer nie aufhören möge, »heart breaks«. Er sagt nichts Neues, singt die neuen, alten Lieder mit den alten, neuen Worten. Erst der Sound verbindet Gefühl und Härte, jenes magische Paar, das wir immer gesucht und nur in der Musik gefunden haben. Neil Young führt uns wieder zum Anfang des Rock'n'Roll. Dort, wo der Klang uns sagt, daß es nie zu spät, nie zu früh ist, daß wir jung sind, daß wir alt sind, ganz gleich, wie vertraut uns der Text erscheinen mag: Der Tag wird kommen.

Und Herbert Achternbusch schließt sein Buch: »Als die Musik, die die Zuschauer immer buhen läßt, einsetzt, kommt der verwirrte Mose Harper ins Bild, der halbnackt endlich in seinem Schaukelstuhl sitzt, was die Zuschauer leider nicht zu deuten wissen. Er ist zufrieden. Wayne ist sofort wieder im Freien und sucht weiter, denkend: I just sell sincerity. And I've been selling the hell out of it ever since I got going. Es ist gleichgültig, was das heißt. Aber vielleicht kann er einmal vergessen. Alles vergessen. Wenn dieser Film von mir wäre, hätte ich nichts mehr zu sagen. Aber das Flugzeug erhob sich und trug mich nur zu einem anderen Ort.«

It's All Over Now, Baby Blue

You must leave now, take what you need, you think will last.
But whatever you wish to keep, better grab it fast.
Yonder stands your orphan with his gun,
Crying like a fire in the sun.
Look out the saints are comin' through
And it's all over now, Baby Blue.

The highway is for gamblers, better use your sense.
Take what you have gathered from coincidence.
The empty-handed painter from your streets
Is drawing crazy patterns on your sheets.
This sky, too, is folding under you
And it's all over now, Baby Blue.

All your seasick sailors, they are rowing home.
All your reindeer armies, are all going home.
The lover who just walked out your door
Has taken all his blankets from the floor.
The carpet, too, is moving under you
And it's all over now, Baby Blue.

Leave your stepping stones behind you, something calls for you.
Forget the dead you've left, they will not follow you.
The vagabond who's rapping at your door
Is standing in the clothes that you once wore.
Strike another match, go start anew
And it's all over now, Baby Blue.

Bob Dylan

Bücher und Schallplatten

So nah, so fern

Joachim Ernst Berendt, Das Jazzbuch, Frankfurt am Main 1955

Billie Holiday/William Dufty, Schwarze Lady Sings the Blues, Hamburg 1957

Joachim Ernst Berendt/William Claxton, Jazz Life, Offenburg 1961

Karl O. Paetel, Beat – Eine Anthologie, Reinbek 1962

John Clellon Holmes, Der Saxophonist, Reinbek 1963

Frank O'Hara, Lunch Poems, Köln 1969

Leroi Jones (Amiri Baraka), Schwarze Musik, Frankfurt am Main 1970

Nik Cohn, AWopBopaLoo-Bop AlopBamBoom, Reinbek 1971

Robert Somma (Hg.), No One Waved Good-bye, London 1973

Andy Warhol, From A To B And Back Again, London 1975

Rainer Wallraf, Elvis Presley, München 1977

Valerie Willmer, As Serious As Your Life, London 1977

K. Humann/J. Gülden/C.L. Reichert/W. Hartmann/G. Pott/K. Frederking (Hg.), Rock Session 1–8, Reinbek 1977–1985

Julie Burchill/Tony Parsons, The Boy Looked At Johnny, London 1978

Jim Miller (Hg.), Rolling Stone Bildgeschichte der Rockmusik, Reinbek 1979

Patti Smith, Babel, Frankfurt am Main 1980

Rudi Thiessen, It's Only Rock'n'Roll But I Like It, Berlin 1981

Victor Bockris/Gerard Malanga, Up-Tight. The Velvet Underground Story, London 1983

Diedrich Diederichsen, Sexbeat, Köln 1985

Ross Russell, Bird lebt, Wien 1985

Ben Sidran, Black Talk, Hofheim 1985

Thomas Fitterling, Thelonious Monk, Schaftlach 1987

Lester Bangs, Psychotic Reactions And Carburetor Dung, New York 1987

Karl Lippegaus, Die Stille im Kopf, Zürich 1987

Ekkehard Jost, Europas Jazz 1960–1980, Frankfurt am Main 1987

Bob Dylan, Songtexte 1962–1985, Frankfurt am Main 1987

Derek Bailey, Musikalische Improvisation, Hofheim 1987

Buholzer/Rosenthal/Wilmer, Auf der Suche nach Cecil Taylor, Hofheim 1990

Miles Davis/Quincy Troupe, Die Autobiographie, Hamburg 1990

Klaus Wolbert (Hg.), That's Jazz. Der Sound des 20. Jahrhunderts, Frankfurt am Main 1990

Jeroen de Valk, Chet Baker, Schaftlach 1991

Geoff Dyer, But Beautiful, New York 1991

Richard Williams, Bob Dylan, München 1992

Greil Marcus, Mystery Train, Hamburg 1992

Wilhelm E. Liefland, Musik-Kritiken, Kriftel 1992

Lou Reed, Between Thought And Expression – Texte, Köln 1992

Nina Simone/Stephen Cleary, Meine schwarze Seele, Hamburg 1993

Greil Marcus, Im faschistischen Badezimmer, Hamburg 1993

Nick Kent, The Dark Stuff, London 1994

Neil Young, Rolling Stone – Fakten, St. Andrä-Wördern 1995

Jürg Laederach, Eccentric – Kunst und Leben, Frankfurt am Main 1995

Wolf Arnold, Neil Young – Chrome Dreams, Erlangen 1995

Rüdiger Bloemeke, Wie der Rock 'n' Roll nach Deutschland kam, St. Andrä-Wördern 1996

Brian Eno, A Year With Swollen Appendices – Diary, London 1996

David Toop, Ocean Of Sound, St. Andrä-Wördern 1997

John Cale/Victor Bockris, What's Welsh For Zen, London 1999

Elvis, Bird und Tipp-Kick

Siebzehn Singles:

Dizzy Gillespie Big Band: Cubana Be-Cubana Bop/Manteca, (1947)

Charlie Parker Quintet, Carnegie Hall: A Night In Tunisia/Confirmation, (1947)

Lennie Tristano Quintet: Intuition/Crosscurrent (1949)

Lee Konitz/Billy Bauer: You Go To My Head/Rebecca (1950)

Hank Williams: I'll Never Get Out Of This World Alive/I Could Never Be Ashamed Of You (1952)

Charlie Parker Quintet, Massey Hall: Wee/Hot House (1953)

Gerry Mulligan Quartet, Paris: Makin' Whoopee/ Love Me Or Leave Me (1954)

Chuck Berry: Too Much Monkey Business/Brown Eyed Handsome Man (1956)

Carl Perkins: Blue Suede Shoes/Honey Don't (1956)

Sonny Rollins Quartet: St. Thomas/Blue Seven (1956)

Elvis Presley: Heartbreak Hotel/I Was The One (1956)

The Jimmy Giuffre Three: The Train And The River/Gotta Dance (1956)

Jerry Lee Lewis: Great Balls Of Fire/You Win Again (1957)

Billie Holiday: Comes Love/ Body And Soul (1957)

Everly Brothers: Bird Dog/Wake Up Little Susie (1958)

Frank Sinatra, Melbourne: I Get A Kick Out Of You/The Lady Is A Tramp (1959)

Dion & The Belmonts: Where Or When/That's My Desire (1960)

Chet Baker – Auf der Suche nach Rosebud

Gerry Mulligan Quartet: The Best Of The Gerry Mulligan Quartet (1952)

Chet Baker Quartet: Chet Baker Sings (1954)

Chet Baker Quartet: Live At Ann Arbour (1954)

Chet Baker Quartet: Chet Baker in Paris (1955)

Chet Baker Quartet: It Could Happen To You (1958)

Chet Baker Octet: You Can't Go Home Again (1977)

Chet Baker Trio: Strollin' (1985)

Chet Baker & Paul Bley: Diane (1985)

Chet Baker Quartet: Silence (1987)

Chet Baker: Memories: Chet Baker in Tokyo (1987)

Chet Baker & Orchestra: The Last Concert Vol. 1 & 2 (1988)

Beatles – Wo geht's bitte nach Liverpool?

Beatles: With The Beatles (1963)

Beatles: Meet The Beatles (1964)

Kinks: The Kinks (1964)

Beatles: A Hard Day's Night (1964)

Beatles: Help! (1965)

Them: (The Angry Young) Them (1965)

The Who: My Generation (1965)

Beatles: Rubber Soul (1965)

Kinks: Kinda Kinks (1965)

Beatles: Revolver (1966)

Them: Them Again (1966)

Beatles: Sgt. Pepper's Lonely Hearts Club Band (1967)

Small Faces: There Are But Four Small Faces (1968)

Beatles: The Beatles (White Album) (1968)

Beatles: Abbey Road (1969)

John Coltrane – Nackt auf der Bühne

John Coltrane Quartet: Giant Steps (1959)

John Coltrane Quartet: My
 Favorite Things (1960)
John Coltrane Quartet/Quin-
 tet: The Complete 1961
 Village Vanguard Recor-
 dings (1961)
John Coltrane Quartet/Quin-
 tet: Impressions
 (1961/63)
John Coltrane Quartet: Live
 At Birdland (1963)
John Coltrane Quartet: A
 Love Supreme (1964)
John Coltrane Quartet:
 Crescent (1964)
John Coltrane Quartet/Octet:
 Selflessness (1963/65)
John Coltrane Sextet:
 Meditations (1965)
John Coltrane Quartet/Quin-
 tet: Expression (1967)

Rolling Stones – Erzähl
mir, Papa!

Rolling Stones: The Rolling
 Stones Now (1965)
Rolling Stones: Aftermath
 (1966)
Rolling Stones: Beggar's
 Banquet (1968)
Rolling Stones: Let It Bleed
 (1969)
Rolling Stones: Get Yer Ya
 Ya's Out (1970)
Rolling Stones: Sticky Fin-
 gers (1971)
Rolling Stones: Exile On
 Main Street (1972)
Rolling Stones: Some Girls
 (1978)
Rolling Stones: Stripped
 (1995)
Rolling Stones: Bridges To
 Babylon (1998)

Thelonious Monk –
Rolf Dieter Brinkmanns
›Wurlitzer‹

Thelonious Monk Trio: Thelonious Monk (1952)

Thelonious Monk Solo:
 Piano Solo Paris (1954)
Thelonious Monk Quintet:
 Brilliant Corners (1956)
Thelonious Monk Quartet:
 With John Coltrane (1957)
Thelonious Monk Septet:
 Monk's Music (1957)
Thelonious Monk Quartet:
 Live At The Five Spot
 (1958)
The Thelonious Monk Orche-
 stra: At Town Hall (1959)
Thelonious Monk Solo: Alone
 In San Francisco (1959)
Thelonious Monk Quartet:
 Live At The It Club (1964)
Thelonious Monk Solo: The
 Complete London Collec-
 tion (1971)

**Carla, Paul, Gary und
Annette** – Boheme in vier
Akten

Carla Bley
Carla Bley/Paul Haines:
 Escalator Over The Hill
 (1968/71)
Carla Bley: Tropic Appetites
 (1973)
Carla Bley: Dinner Music
 (1976)
Carla Bley/Steve Swallow:
 Duets (1988)
Paul Bley
Jimmy Giuffre 3: 1961
 (1961)
Paul Bley Trio: Blood (1966)
Paul Bley Solo: Open To Love
 (1972)
Bley/Peacock/Oxley/Sur-
 man: In The Evenings Out
 There (1993)

Annette Peacock
Annette Peacock: I'm The
 One (1971)
Annette Peacock: X-Dreams
 (1978)
Annette Peacock: Been In
 The Streets Too Long
 (1983)

Crispell/G. Peacock/Motian:
 Nothing Ever Was,
 Anyway (1997)

Gary Peacock
Albert Ayler Trio: Spiritual
 Unity (1964)
Gary Peacock Solo: Decem-
 ber Poems (1977)
P. Bley/Koglmann/G. Pea-
 cock: Annette (1992)
P. Bley/G. Peacock: Mindset
 (1997)

Bob Dylan – Vielen Dank für
die sechziger Jahre!

Bob Dylan: Bringing It All
 Back Home (1965)
Bob Dylan: Highway 61
 Revisited (1965)
Bob Dylan: Blonde On
 Blonde (1966)
Bob Dylan: The Royal Albert
 Hall Concert Live (1966)
Bob Dylan: Self Portrait
 (1970)
Bob Dylan: Blood On The
 Tracks (1975)
Bob Dylan & The Band: The
 Basement Tapes (1975)
Bob Dylan: At Budokan
 (1978)
Bob Dylan: Oh Mercy (1989)
Bob Dylan: Time Out Of Mind
 (1997)

Velvet Underground –
Musikalische Siebdrucke

Velvet Underground & Nico:
 Produced By Andy Warhol
 (1967)
Velvet Underground: White
 Light/White Heat (1968)
Velvet Underground: Velvet
 Underground (1969)
Velvet Underground: Loaded
 (1971)
Velvet Underground: Live At
 Max's Kansas City (1972)
Velvet Underground: Live
 1969 (1974)

Velvet Underground: V.U.
    (1985)
Velvet Underground: Another
    View (1987)
&
Nico: Chelsea Girl (1968)
Nico: The Marble Index
    (1969)
Lou Reed: Transformer
    (1972)
John Cale: Paris 1919
    (1973)
Lou Reed: Berlin (1973)
John Cale: Slow Dazzle
    (1975)
Lou Reed: Coney Island
    Baby (1976)
John Cale: Sabotage/Live
    (1979)
Maureen Tucker: Playing
    Possum (1982)
Lou Reed/John Cale: Songs
    For Drella (1990)

Nina Simone – Gewehr
im Kopf

Nina Simone: Little Girl
    Blue (1957)
Nina Simone: Nina At Town
    Hall (1959)
Nina Simone: Nina At New-
    port (1960)
Nina Simone: Nina At The
    Village Gate (1961)
Nina Simone: In Concert/I
    Put A Spell On You
    (1964/65)
Nina Simone: Anthology –
    The Colpix Years
    (1959–1966)
Nina Simone: Saga Of The
    Good Life And Hard Times
    (1968)
Nina Simone: Sugar In My
    Bowl (1967–1972)
Nina Simone: Live At The
    Olympia, Paris (1975)
Nina Simone: Baltimore
    (1978)
Nina Simone: Live At Ron-
    nie's Scott (1978)

**Love Parade, Made In
USA** – Newport, Monterey,
Woodstock

The Girl Can't Help It
    (Regie: Frank Tashlin –
    1956)
King Creole (Regie: Michael
    Curtiz – 1958)
Jazz On A Summer's Day
    (Regie: Bert Stern – 1960)
The T.A.M.I. Show
    (Regie: Steve Binder –
    1964)
Help (Regie: Richard Lester
    – 1965)
Don't Look Back
    (Regie: P.A. Pennebaker –
    1967)
One Plus One
    (Regie: Jean-Luc Godard
    – 1968)
The Last Waltz
    (Regie: Martin Scorsese –
    1978)
The Blues Brothers
    (Regie: John Landis –
    1980)
Stop Making Sense
    (Regie: Jonathan Demme
    – 1983)
Purple Rain
    (Regie: Albert Magnoli –
    1984)
Let's Get Lost (Regie: Bruce
    Weber – 1988)
Straight, No Chaser (Regie:
    Ch. Zwerin und B. Ricker –
    1989)

**Archie Shepp & Cecil
Taylor** – Mit den richtigen
Schuhen im falschen Kopf-
hörer

Cecil Taylor: The World Of
    Cecil Taylor (1960)
Archie Shepp: Fire Music
    (1965)
Archie Shepp: Life At The
    Donaueschingen Music
    Festival (1967)

Archie Shepp: Blasé (1969)
Cecil Taylor: Indent (1973)
Archie Shepp/Dollar Brand:
    Duet (1978)
Cecil Taylor: One Too Many
    Salty Swift And Not
    Goodbye (1978)
Archie Shepp: Mama Rose
    (1982)
Cecil Taylor: Berlin '88
    (1988)
Cecil Taylor: Double Holy
    House (1990)

David Bowie – Berliner
Maskenball

David Bowie: Hunky Dory
    (1971)
David Bowie: The Rise And
    Fall Of Ziggy Stardust
    And The Spiders From
    Mars (1972)
David Bowie: Young Ameri-
    cans (1975)
David Bowie: Station To
    Station (1976)
Iggy Pop: Idiot (1977)
David Bowie: Low (1977)
Iggy Pop: Lust For Life
    (1977)
David Bowie: Heroes (1977)
Brian Eno: Before And After
    Science (1977)
Robert Fripp: Exposure
    (1979)
David Bowie: Scary Mon-
    sters (1980)
David Bowie: Cat People
    (1982)

Patti Smith – CBGB im
Spessart

Patti Smith: Horses (1975)
Television: Little Johnny
    Jewel (1975)
Ramones: Ramones (1976)
Patti Smith: Radio Ethiopia
    (1976)
Television: Marquee Moon
    (1977)

Talking Heads: Talking
  Heads '77 (1977)
Suicide: Suicide (1977)
Ramones: Leave Home
  (1977)
Richard Hell & The Voidoids:
  Blank Generation (1977)
Blondie: Parallel Lines
  (1978)

Sex Pistols – Ferien an der
Mauer

Sex Pistols: Never Mind The
  Bollocks (1977)
Pere Ubu: The Modern Dance
  (1977)
Various Artists: New Wave
  (1977)
Siouxsie & The Banshees:
  The Scream (1978)
Devo: Be Stiff (1978)
Various Artists: Jubilee Cert.
  X (1978)
The Fall: Dragnet (1979)
James White And The
  Blacks: Off White (1979)
The Clash: London Calling
  (1979)
The Slits: Cut (1979)

Miles Davis – Time After
Time

Miles Davis: Birth Of The
  Cool (1949)
Miles Davis: Bag's Groove
  (1954)

Miles Davis: Workin' With
  The Miles Davis Quintet
  (1956)
Miles Davis + 19: Miles
  Ahead (1957)
Cannonball Adderley: Some-
  thin' Else (1958)
Miles Davis: Kind Of Blue
  (1958)
Miles Davis/Gil Evans: Sket-
  ches Of Spain (1959)
Miles Davis: In A Silent Way
  (1969)
Miles Davis: On The Corner
  (1972)
Miles Davis: Get Up With It
  (1970/72)
Miles Davis: You're Under
  Arrest (1984/85)

Bruce Springsteen – Born
In The B.R.D.

Johnny Cash: At San Quentin
  (1969)
Bruce Springsteen: Gree-
  tings From Asbury Park,
  N.J. (1973)
Gil Scott-Heron: Pieces Of A
  Man (1973)
Jackson Browne: Running On
  Empty (1978)
Lee Clayton: Naked Child
  (1979)
Bruce Springsteen: The River
  (1980)
Bruce Springsteen:
  Nebraska (1982)

Bruce Springsteen: Born In
  The U.S.A. (1984)
Bruce Springsteen: Live
  1977–1985 (1986)
Bruce Springsteen: The
  Ghost Of Tom Joad
  (1995)

Neil Young – Schlaf mit
Engeln

Neil Young (& Crazy Horse):
  Everybody Knows This Is
  Nowhere (1969)
Neil Young: Harvest (1972)
Neil Young (& Crazy Horse):
  Tonight's The Night
  (1975)
Neil Young (& Crazy Horse):
  Zuma (1975)
Neil Young (& Crazy Horse):
  Rust Never Sleeps (1979)
Neil Young (& Bluenotes):
  This Note's For You
  (1988)
Neil Young: Freedom (1989)
Neil Young (& Crazy Horse):
  Weld & Arc (1991)
Neil Young: Unplugged
  (1993)
Neil Young (& Crazy Horse):
  Sleeps With Angels
  (1994)

Bildnachweis

Archiv für Kunst und Geschichte Berlin (28, 46, 62, 71, 186, 188 o., 209, 210, 271); Archive Photos (42, 68, 102, 146, 151, 175, 188 u., 193, 282, 294, 297); Archiv Jazz Institut Darmstadt (44), Archiv Jazz Institut Darmstadt: Katsuji Abe (106), Hanns E. Haehl (89), E. Landy (138), Charles Stewart (84); Bilderdienst Süddeutscher Verlag (19, 230); Coda Magazine: Peter Danson (126), Bill Smith (176); Paul G. Deker (213, 287); Bob Douglas (41, 50); Peter Fischer/Historisches Archiv der Stadt Köln (12); Agentur Focus: Guido Harari/Agenzia Contrasto (245), Magnum (262), Guy Le Querrec/Magnum (81), Dennis Stock/Magnum (265), Homer Sykes/Network (92), Luciano Viti (272), Jürgen Vollmer (64), Alfred Wertheimer/Contact (37); Fotex/Redferns/W. G. (109); Esther Friedmann (227); Hans Harzheim (114, 122, 269); Paul J. Hoeffler (6, 55, 119, 129, 190); Archiv/Interfoto (15, 31, 32); inter-Topics: LGI (292), Lynn Goldsmith (234, 284); Andrew Kent (218, 221, 223, 225, 228); Keystone (17, 24, 96); Mephisto (59), Mephisto: Chenz (82), André Sas (267), T. Trombert (270); Uwe Möntmann (166, 238); Roland Owsnitzki (124, 130, 214, 278, 302); Bob Parent (38, 113); Jan Persson (144, 172, 182, 298); Pwe Kinoarchiv Hamburg (72); Photoselection: LFI (253, 256), Retna (98, 140, 250, 288); Ralph Quinke (149, 205); Manfred Rinderspacher (136); Stephen Shore (154, 156, 158, 162, 165); Herb Snitzer (86); Voe Sia/Star File (198); Chuck Stewart (76, 110); Lee Tanner (53, 134, 202); Tony Stone (10, 21, 100, 183); Ullstein Bilderdienst (170, 179); Samuel Zuder (206)

Zitatnachweis

Die Ziffern vor dem Schrägstrich verweisen auf die Seitenzahlen in den zitierten Werken, die Ziffern dahinter entsprechen den Seitenzahlen in diesem Buch.

Herbert Achternbusch, *Der Tag wird kommen*, Frankfurt am Main: Suhrkamp 1973, S. 242–244/S. 291, 302; James Baldwin, *Jimmys Blues. Gedichte*, Reinbek bei Hamburg: Rowohlt 1984, S. 59/S. 208; Rolf Dieter Brinkmann, *Erzählungen*, Reinbek bei Hamburg: Rowohlt 1985, S. 253–267/S. 107, 120; Rolf Dieter Brinkmann, Meine blauen Wildlederschuhe, in: *Akzente*, Heft 1, Februar 1971, hrsg. von Hans Bender, S. 2/S. 27; Miles Davis, *Die Autobiographie*, Hamburg: Hoffmann & Campe 1990, S. 482–484/S. 217, 263, 274; Bob Dylan, *Texte und Zeichnungen*, Frankfurt am Main: Zweitausendeins 1975, S. 538/S. 303; Max Frisch, *Tagebuch 1946–1949*, Frankfurt am Main: Suhrkamp 1950, S. 464/S. 155; Peter Handke, *Ich bin ein Bewohner des Elfenbeinturms*, Frankfurt am Main: Suhrkamp 1972, S. 156/S. 16; Peter Handke, *Der kurze Brief zum langen Abschied*, Frankfurt am Main: Suhrkamp 1972, S. 195/S. 281; Nick Hornby, *Ballfieber – Die Geschichte eines Fans*, Hamburg: Rogner & Bernhard 1996, S. 314–315/S. 289; Leroi Jones, *Schwarze Musik*, Frankfurt am Main: März Verlag 1970, S. 5/S. 85 ff.; Yaak Karsunke, memorial riff, in: *Fans, Gangs, Bands. Ein Lesebuch der Rockjahre*, hrsg. von Carl-Ludwig Reichert, Reinbek bei Hamburg: Rowohlt 1981, S. 134/ S. 105; Peter Schneider, Rede, in: Stefan Aust, *Der Baader-Meinhof-Komplex*, Hamburg: Hoffmann & Campe 1997, S. 50–51/S. 185; Patti Smith, *Babel*, Frankfurt am Main: Zweitausendeins 1980, S. 117, 119/S. 247; Terry Southern, *You're too hip, baby*, in: *Rock-Session 7*, hrsg. von Klaus Frederking, Reinbek bei Hamburg: Rowohlt 1983, S. 13/S. 91; Wim Wenders: Ein Genre, das es nicht gibt, in: *Materialien zur Filmgeschichte 4*, S. 29–30/S. 201

© 1999 Alexander Fest Verlag, Berlin

Alle Rechte vorbehalten,
auch das der photomechanischen Wiedergabe
Umschlaggestaltung: Ott + Stein, Berlin
Umschlagreproduktion: CitySatz & Nagel, Berlin
Buchgestaltung: Ⓢ sans serif, Berlin
Reproduktionen: Mega-Satz-Service, Berlin
Gesetzt aus der Bitstream Charter und der Bell Gothic
Druck und Bindung: Clausen & Bosse, Leck
Printed in Germany 1999
ISBN 3-8286-0048-4

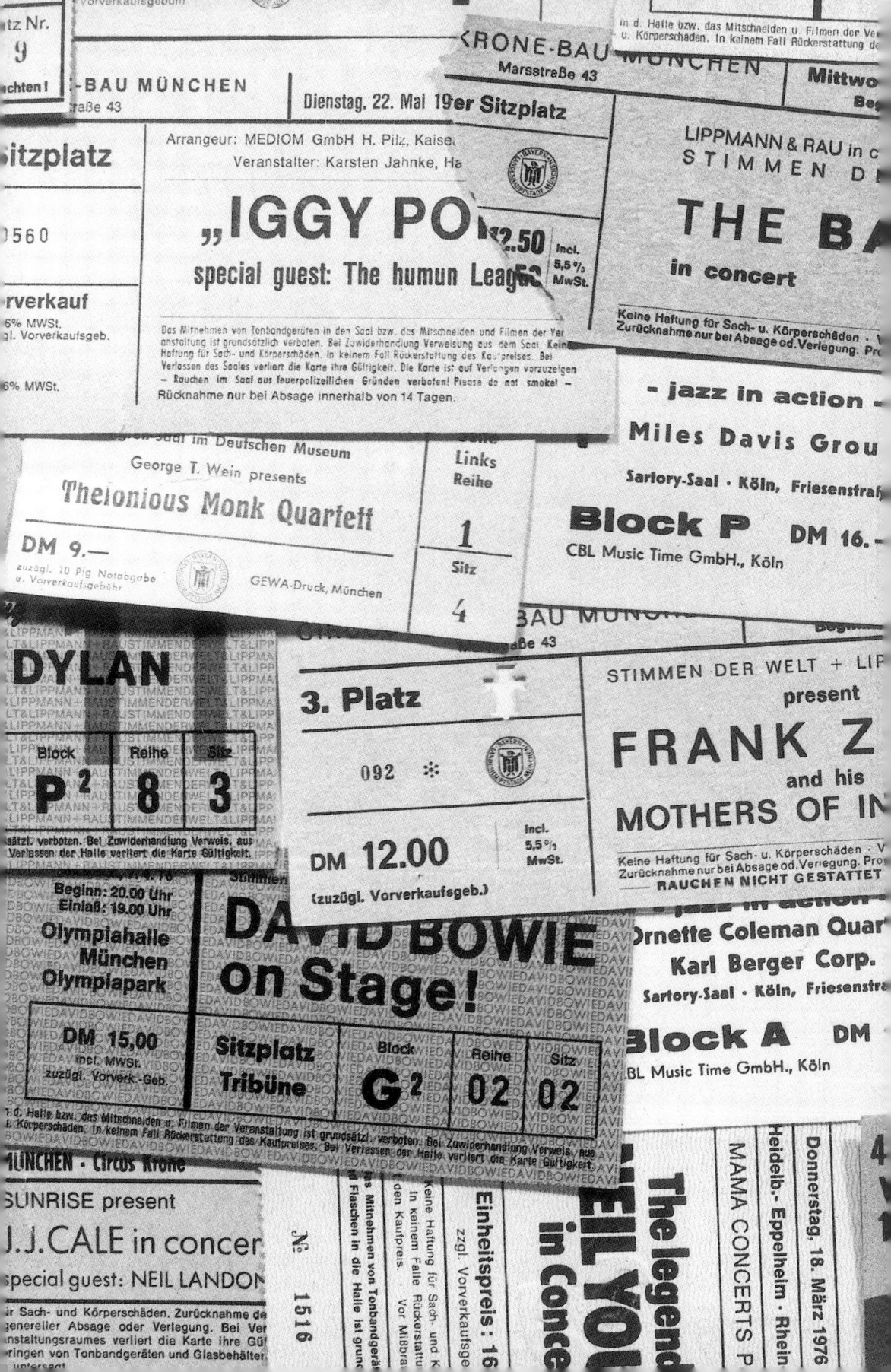